U0639323

课程治理新范式丛书

杨四耕　丛书主编

王凤芳 等◎著

学科课程与学科实践的整合设计

华东师范大学出版社

·上海·

图书在版编目（CIP）数据

学科课程与学科实践的整合设计 / 王凤芳等著.
上海 ：华东师范大学出版社，2025. -- （课程治理新范
式丛书）. -- ISBN 978 - 7 - 5760 - 5937 - 3

Ⅰ. G622.3

中国国家版本馆 CIP 数据核字第 2025JG4048 号

课程治理新范式丛书

学科课程与学科实践的整合设计

著　　者	王凤芳 等
责任编辑	刘　佳
项目编辑	林青荻
特约审读	陈成江
责任校对	樊　慧　时东明
装帧设计	卢晓红

出版发行　华东师范大学出版社
社　　址　上海市中山北路 3663 号　邮编 200062
网　　址　www.ecnupress.com.cn
电　　话　021 - 60821666　行政传真 021 - 62572105
客服电话　021 - 62865537　门市（邮购）电话 021 - 62869887
地　　址　上海市中山北路 3663 号华东师范大学校内先锋路口
网　　店　http://hdsdcbs.tmall.com

印 刷 者　上海锦佳印刷有限公司
开　　本　787 毫米×1092 毫米　1/16
印　　张　16.75
字　　数　176 千字
版　　次　2025 年 7 月第 1 版
印　　次　2025 年 7 月第 1 次
书　　号　ISBN 978 - 7 - 5760 - 5937 - 3
定　　价　58.00 元

出 版 人　王　焰

（如发现本版图书有印订质量问题，请寄回本社客服中心调换或电话 021 - 62865537 联系）

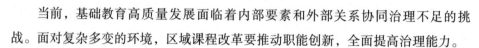

丛书总序

当前，基础教育高质量发展面临着内部要素和外部关系协同治理不足的挑战。面对复杂多变的环境，区域课程改革要推动职能创新，全面提高治理能力。

从空间社会学角度看，区域是物质空间、精神空间和社会空间的合体，内含关系、权力、情感、价值等诸多空间形态。区域课程改革是以特定区域为空间，由教育主管部门统筹组织实施的，以课程改革推动区域内学校发展，促进区域教育高质量发展的关系、权力、情感和价值运作体系；协同治理是强调治理主体多元化、治理方式协作化、治理目标一致化和治理行为一体化的治理体制。因此，区域课程改革协同治理是立足特定区域范围，由区域教育主管部门组织多元治理主体，依据相关价值理念和制度规范，通过多种方式对区域课程改革进行统筹治理、达到一体化治理要求的任务组合与要素协同。

区域课程改革基于区域发展需求，在区域内通过政策推动、专业引领、机制保障，落实国家课程治理体制，促使区域内各校推进国家课程方案落实。从纵向来看，有利于构建多层协同治理机制，形成区域课程改革合力；从横向来看，有利于构建多元协同工作机制，形成分工合理的协同育人格局。区域课程改革是强化课程改革国家意志的重要方法，是课程治理国家体制的场域实践。为此，"课程治理新范式丛书"聚焦以下基本问题。

一是区域课程改革协同治理的现实问题研究。区域课程改革协同治理水平决定着区域教育质量的高低。当前，国家、地方、学校三级课程管理更多地指向三类课程设置，国家、地方、学校在课程治理中的地位、权限及逻辑关系还不够明晰。伴随着《义务教育课程方案（2022 年版）》和各学科课程标准（2022 年版）落地，课程改革出现理念言说对标化、形态门类丰富化、主体介入多元化、技术运用智能化之格局，但不少区域课程治理还存在着理念理解失偏、系统设计失察、方法运用失当、主体参与失律、部门协同失调、行动推进失效等问题，未能建立一体化区域课程改革治理体系和专业规范，这不仅制约着义务教育课程方案和课程标准的落地，还影响了区域教育高质量发展。

二是区域课程改革协同治理的价值定位研究。在新课程背景下，区域课程改革是国家课程改革赋权的结果，是国家主导与统筹、多级分工与协同、标准规约与多样特色相结合的课程协同治理实践。区域课程改革是强化课程治理国家体制的重要方法，是课程的政治治理与专业治理协同共进的价值定位和场域选择。构建多元协同治理体制，是区域课程改革的基本立场，是落实新时代国家课程治理体制的基本路径，是区域课程改革协同治理的价值定位。换言之，区域课程改革是在政府统筹基础上多层参与治理体系的重要环节，是彰显国家课程治理主导地位的重要场域。

三是区域课程改革协同治理的路径设计研究。区域课程改革是融合"区域—学校—教研组—教师—学生"等课程治理主体、事件和活动的系统运作过程。区域课程改革协同治理有"自上而下""自下而上""平行共治"三种基本路径。不管是哪一种治理路径都有其优缺点。取长补短、聚焦质量，是区域课程改革协同治理路径设计的实践智慧。作为区域课程改革的主要参与力量，国家、区域、学校、教师和学生是课程协同治理的在场者，政府、学校、社会和家庭共同构成了区域课程改革协同治理主体。课程治理要素的合理组合，可以形成聚焦高质量发展的区域课程改革协同治理模式。

四是区域课程改革协同治理的机制建构研究。多主体参与课程治理，包含基于统筹协调的行政主体、基于民主协商的教师主体、基于家校合作的家长主体、基于社会发展的多方主体和基于智力资源的专家主体。多主体适时、合理、有序介入课程改革，是区域课程改革协同治理的标志。在新课程背景下，聚焦教育高质量发展的区域课程改革协同治理，需要借助决策机制，建立共同协商的课程治理文化；需要完善动力机制，赋予可持续发展的课程治理动能；需要建立协同机制，建设多主体合作的课程治理架构；需要巧用监控机制，制订高质量运行的课程治理标准；需要运用迭代机制，落实转换性进阶的课程治理创新；需要设计研修机制，建立跟踪性指导的课程治理系统。

五是区域课程改革协同治理的策略凝练研究。区域课程改革协同治理可采取以德治理与依法治理协同、民主治理与集中统一治理协同、内部治理与外部治理协同、全面治理与专项治理协同、横向治理与纵向治理协同等方式。在区域课程改革治理过程中，可根据治理的问题难度、治理的主体组合、治理的过程复杂性等，采取灵活多样的协同治理策略，实现课程治理方式的优化组合与功能互补，推进教育高质量发展。

总之，区域课程改革是一种理念、路径、机制和方法，是从区域层面强化课程改革国家意志、落实课程治理国家体制的价值理念、关键路径与重要方法，对于基础教育高质量发展有重要意义。

杨四耕

2023 年 7 月 21 日于上海市教育科学研究院

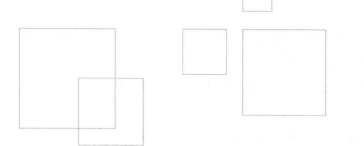

目 录

学科课程哲学是学科课程价值观，也是学科课程方法论，具有统率学科课程和学科实践的"龙头"作用。以"价值"为基轴审视学科课程与学科实践整合设计，用独特的价值思维阐释学科课程性质，通过概念建构洞悉学科课程本质意涵；以"方法"为视域把握学科课程与学科实践整合设计，用独特的概念演绎学科课程理念，通过概念建构表达学科课程观念系统。

素养聚焦的学科课程与学科实践整合设计，要注意学习目标的具体性与目标实现的针对性之间的关系，要处理好素养维度的抽象规定性与课程目标的具体描述性之间的关系、总体目标的具体性与局部实现的针对性之间的关系、素养达成的长期性与目标设计的切近性之间的关系。具体且有针对性的目标有利于指引学科实践的有效落实，让我们的教学实践更具有方向感。

第三章 结构优化：课程标准的理据性与框架建构的创造性 ／ 59

布鲁纳指出："不论我们选什么学科，务必使学生理解该学科的基本结构。"优化学科课程结构要关注课程的宏观结构、中观结构以及微观结构，特别需要关注课程标准的理据性与框架建构的创造性，即既要依据学科课程结构的标准规定，又不能完全因循课程标准，要有理念赋予的创造性。因此，在优化课程结构时，我们力求富有创造性地建构框架。

第四章 内容延展：基础拓展的融合性与知识情境的整合性 ／ 83

课程的丰富性给予儿童无限可能。在我们看来，课程的丰富性包含数量和质量两个维度。从数量角度看，课程的丰富性为儿童提供了大量的学习机会，使得儿童可以在知识的海洋中尽情遨游；从质量角度看，课程的丰富性让课程少而精、简而活，确保它们既能够引导儿童探索多元世界，又可以帮助他们更好地将理论知识转化为解决实际问题的能力。

第五章　路径回归：育人思维的转化性与课程实施的全息性　/ 113

　　课程是为了学生的生长，具有鲜明的回归性和转化性。为此，课程实施要关注知识与现实生活、个体经验、社会文化之间的联系。在具体操作层面，变革课堂教学，探索跨学科学习，开展多彩的学科节日，创设多样的学科社团，推进多维的学科研学，激活多元化的学科探究等学科实践，回归到鲜活的课程现场，是实现学科课程的全息性与学科实践的转化性的基本路径。

第六章　方式活跃：多维资源的介入性与学习方式的灵活性　/ 145

　　认知是具身的，学习本质上是生命存在的一种方式，而不仅仅是思维事件。这世界绝对不存在一个与世界分离的心智,心智与生命是整合为一体的,我们的心智,包含感知觉、注意、记忆、思维、想象、情感等,始终以具身的方式与世界同在。经验的多样种类和资源的多维介入能够丰富学习内容,提升学生的知识广度、获得更加广泛的学习材料和实践机会、增强学习的灵活性和自主性。可以说,多维资源的介入性与学习方式的灵活性,是实现课程育人的关键。

第七章　评价嵌入：质量标准的对照性与学习过程的增值性　／ 185

评价是课程教学的一部分。嵌入式评价是教师以一种不受外界干扰、系统化的方式确定具体课程目标,设计各目标的评价量规,根据学生表现对学生学习结果是否达到课程目标评出等级,记录保存用以评价的材料,同时提出课程改进措施的全过程。开展嵌入式评价时,需要以清晰的质量标准评价学习结果,引导师生时刻关注标准,保证教与学的一致性。也需要关注学习过程中的学生的发展性,引导学生对照质量标准与自己比,以提振学生的学习信心。

第八章　管理到位：课程主体的在场性与要素耦合的扎根性　／　217

斯滕豪斯认为，课程即研究假设，课堂即实验室，教师即研究者。由此可以认为，教师是课程的主体，在课程管理中需要充分发挥教师在课程开发中的主体作用，这是课程主体在场的关键。教师在课程开发的过程中，对课程的要素：课程理念、目标、内容、实施、评价的设计以满足教育教学实践需求为依据，这是课程具有扎根性的保证。

后记　／　243

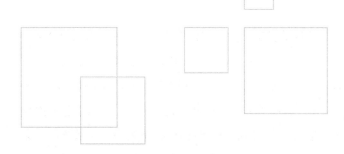

学科实践是一种课程取向

昆山市花桥金城小学位于花桥经济开发区远政路 21 号，创办于 2020 年 9 月，是一所全日制公办小学。2023 年，学校依据《教育部关于全面深化课程改革落实立德树人根本任务的意见》《中共中央国务院关于深化教育教学改革全面提高义务教育质量的意见》《义务教育课程方案和课程标准（2022 年版）》以及教育部办公厅印发的《基础教育课程教学改革深化行动方案》等文件精神，制订了学校整体课程规划。

教育就是价值建构。我们校名中"金城"之"金"，化学元素为 Au，本义为光辉灿烂的黎明，是闪耀、光明、美丽的代表，具有向上、致美、和合的价值观；"启蒙"的单词是 enlightenment，其词根是 light，本义即是光明、照亮的意思。两者意义相同。我们认为，真正的教育，如同黑暗中的亮光，启人智慧，照亮心灵，所谓"明心见性""此心光明"是也。学校致力点亮每一个学生的心灵之灯，让每一个学生向着明亮的远方，成为精神明亮的人。因此确立学校的教育哲学为"明亮教育"。

"明亮教育"是直抵心灵的教育。教育是心灵的艺术，要从心灵深处唤醒每一个学生的精神力量、天赋潜能和人格理想，唤醒学生的生命自觉、激发学生的内在动力，促使其不断地发掘内心力量、健全身心、明亮精神，让每一个学生的心灵澄澈明亮。爱是教育的前提和基础，是教育的灵魂。教育是一场温暖的修行，就是用温情去感应儿童的存在，用饱满的热情和积极的态度去感染儿童的心灵，让儿童内心洒满阳光。可以说，"明亮教育"是以明亮的方式培育明亮的人的教育，是让人性丰富起来、生动起来、明亮起来的教育，是学校推进素质教育的个性化实践样态。

在"明亮教育"这一办学哲学引领下，学校提出了"让每一个生命更明亮"这一课程理念。我们认为：课程即个性张扬。没有个性特色的课程是毫无生命力的课程，无法培养学生们积极向上的鲜活个性。我校课程基于国家课程刚性要求，充分肯定教师的个性主张，尊重学生个性选择，激发灵性，激活潜能。课程即文化相遇。课程是一个有机系统，是特定教育目标引领下的一个个散落的、无序的知识的有序整合。这种整合不是简单的排序和组装，而是文化的相遇、相知和相融，获得的是文化的濡染。课程对学生的影响也不是单线的和统一的，学生在同一门课程的熏陶下获得的发展是不一样的。课程即生命走向。课程中教师、学生、家长，环境、课程、资源等多样互融、多维互动、多元互助，真正助力学生成为自主探索、自我建构、自主发展的主人。课程即心灵敞亮。敞亮意味着我们彼此要照亮，这需要师生共同探索和创造。德国教育家雅斯贝尔斯所说，"人与人之间的交往是双方的对话和敞亮"。学校课程通过重视个性发展、激发内在潜能，在师生共同成长的过程中，保持身心敞放、相互完全平等的关系。

　　基于学校教育哲学以及课程理念，我们将学校课程模式命名为"萤火虫课程"。我们用"萤火虫"寓意看似微弱的光也能照亮世界，因为让每个生命在这里都可以实现自身的价值，都能发出璀璨的光芒。"萤火虫课程"的开发，将我校"让每一个生命更明亮"的课程理念落到实处，使学生个性得以发展，使教师专业得以成长，使学校文化得以彰显。我们倡导每一个学生都具有明亮的心态、明亮的思维和明亮的气质，即做亮堂堂的儿童，明是非，乐生活；活泼泼的儿童，爱学习，好探究；健康康的儿童，眼睛亮，精力足；水灵灵的儿童，宽视野，雅情趣。美国心理学家加德纳博士认为，人人皆有无限的潜能与可能，只要从学生的优势智能引导学生，就能令学生有成就感，而达到自我悦纳、自我肯定、自我实现。学校依据多元智能理论构建了丰富多样的学校课程体系，开设了明语课程（语言与表达）、明创课程（科学与探索）、明智课程（逻辑与思维）、明心课程（自我与社会）、明美课程（艺术与审美）、明健课程（运动与健康）六大课程领域，形成了"萤火虫课程"模式。

　　在"萤火虫课程"的实践中，我校将视野从"学科本位"向"儿童本位"回归，科学地把握"面向全体"与"关注个体"的关系，推进课程实施。我们通过建构"明亮课堂"，建设"明亮学科"，创设"明亮社团"，设计"明亮之旅"，做活

"明亮探究"，评选"明亮之星"，激活"明亮校园"，创新"明亮节日"，打造"明亮工坊"，做实"明亮心育"等方面，全面推进课程深度实施，提升学校课程品质。

"明亮学科"是我校各学科基于《义务教育课程方案和课程标准（2022年版）》，以教学主张为导向，通过"找概念""下定义""提理论"三大步骤，提炼各学科课程特色。我们推进"明亮语文""情智数学""活力英语""大美音乐""乐智体育""童韵美术""磁性科学""智创科技"八个特色学科建设，建构学科课程群，落实学科课程与学科实践的整合设计。

"明亮语文"旨在用语言照亮儿童的精神世界。"明亮语文"是工具性与人文性统一的具体表征。"明亮语文"是清晰的、通透的，充分利用语言文字的工具性，进一步提升学生的语文素养，使其学习生活道路畅通，人生价值哲思达观；同时，"明亮语文"是人的精神世界和人性涵养的表达，具有鲜明的人文性。"明亮语文"是滋养生命、点亮生活、开阔心灵、促进生长的语文。"明亮语文"就是要让儿童明表达、明思考、明心灵，它犹如一束自然而温暖的光，长久而持续地照亮儿童生长的方向，让儿童语言亮、思维亮、精神亮，将儿童带入明朗而又美好的境地，遇见最美的自己。根据《义务教育语文课程标准（2022年版）》"三层四维"的语文课程结构观，"明亮语文"主要分为明亮识写、明亮阅读、明亮表达和明亮探究四大类课程，从建构"明亮课堂"、建设"明亮社团"、推行"明亮研学"、欢度"明亮语文节"、打造"明亮学习场馆"五大途径入手，践行"用语言照亮精神世界"的理念。

"情智数学"让儿童进入情智共生的数学世界。在数学教学中不仅要在基础性、发展性上去唤醒儿童的潜在智慧，也要关注普及性，要激发儿童对数学的热爱，需要在智慧与情感上双管齐下。"情智数学"是情智和谐发展的数学，是以情诱智的数学，是感情先行、以情促智、养情于智的数学，是注重情智相长的数学。"情智数学"注重以情诱智、养情于智、启智育情、情智相长，致力于培养儿童的创新思维、实际应用能力、情感态度和价值观，让儿童在掌握数学知识的同时体验到数学的美妙与趣味，从而提高儿童的数学素养和综合能力。依据《义务教育数学课程标准（2022年版）》中的课程内容数与代数、图形与几何、统计与概率、综合与实践四个学习领域，我校"情智数学"课程分为情智运算、情智图玩、情智统计和情智实践四个大类，从构建"情智课堂"，开发"情智课程"，开设"情智社团",开展"情智研学",推动"情智赛事"五个方面进行课程实施与评价。

"活力英语"让生命元气满满。"活力英语",即"Live English",具体提倡生活化(Life-style)、兴趣导向(Interest-oriented)、价值引领(Value-based)、情感渗透(Emotion-involved)。注重学生的实际需求和兴趣爱好,以培养学生的英语应用能力和跨文化交际能力为核心目标,将课程性质与课程理念紧密结合,形成一个系统化的英语学习体系。我校根据《义务教育英语课程标准(2022年版)》中语言技能的分类,将"活力英语"课程分为活力口语、活力阅读、活力视听、活力写作和活力探究,由此构建出一个系统的、有机的课程体系。通过成立"活力社团"、借力"活力研学"、开展"活力英语节"、组织"活力实践",为学生提供丰富多样的实践活动,拓宽学生文化视野,在全校范围内营造浓厚的英语学习氛围。

"大美音乐"用旋律之美浸润儿童心灵。"大美音乐"扎根生活之本源,尊重学生之本体,立足艺术之本位,坚持以美育人,重视艺术体验,突出课程综合,用旋律之美浸润学生的心灵,展现向美的自己。"大美音乐"是颂美音乐,把自身学习生活中的各项美的情感体验通过音乐为载体而进行表现;是聆美音乐,在广泛聆听的过程中形成美的认知;是显美音乐,用歌唱、演奏、舞蹈等形式把音乐进行展现;是品美音乐,对儿童的审美能力进行评价。根据《义务教育艺术课程标准(2022年版)》中艺术实践内容分类,"大美音乐"课程分为大美欣赏、大美表现、大美创造和大美探究四大类,从建构"大美课堂"、开发"大美课程"、创建"大美社团"、激活"大美探究"、设计"大美音乐节"五大方面入手,践行"用旋律之美浸润心灵"的理念。

"乐智体育"让儿童在快乐世界中智慧生长。"乐智体育"旨在让儿童体以为乐、育以启智。"乐"是指乐学、乐练、乐赛,"智"是指智慧的生长,是一种动脑的表现。"乐"与"智"紧密联系,相辅相成,使学生在学习中愉悦身心、发展素养。"乐智体育"是启智体育,是完整体育,是实践体育,是有趣体育。《义务教育体育与健康课程标准(2022年版)》中指出课程内容主要包括基本运动技能、体能、健康教育、专项运动技能和跨学科主题学习五大领域。我校将体育与健康课程分为乐智运动、乐智体能、乐智健康、乐智技能、乐智融合五个模块进行课程构建。通过"乐智课堂""乐智社团""乐智赛事""乐智体育节"和"乐智探究"等课程的实施,实现学生在体育中"享受乐趣、增强体质、健全人格、锤炼意志、提升智力"。

"童韵美术"让学生们走进富有儿童味的色彩世界。"童"即儿童,"韵"即趣味、审美,"童韵美术"以儿童的知识掌握和对世界的认知为基础,引导儿童表现创造具有少儿审美情趣的艺术形象,以此培养儿童的想象力、创造力,促进健康、积极的个性发展。帮助儿童建立自信心,提高综合表现能力,走进富有儿童味的色彩世界。"童韵美术"是儿童的美术,是生活的美术,是创意的美术,是成长的美术。根据《义务教育艺术课程标准(2022 年版)》中艺术实践内容分类,"童韵美术"课程分为童韵赏评、童韵造型、童韵设计和童韵探索四大类,从建构"童韵课堂"、开发"童韵课程"、创建"童韵社团"、设计"童韵美术节"、激活"童韵研学"五个方面进行课程实施与评价。

"磁性科学"让儿童走进富有吸引力的科学世界。"磁性科学"以生活中有吸引力的科学现象为切入点,激发儿童对科学探究的好奇心、求知欲,吸引儿童亲历有趣的科学探究过程,引领儿童走进富有吸引力的科学世界,进而以小科学家的态度研究科学问题,促使儿童的能力得到发挥,科学核心素养得到提升,为建设祖国提供科学人才。"磁性科学"是儿童的科学,是生活的科学,是探究的科学,是发展人的科学。《义务教育科学课程标准(2022 年版)》中小学科学课程设置包含物质与能量、结构与功能、系统与模型、稳定与变化 4 个跨学科概念,将科学观念、科学思维、探究实践、态度责任等核心素养的培养有机融入学科核心概念的学习过程中。据此,"磁性科学"学科课程分为磁性物质、磁性结构、磁性系统、磁性变化四大板块,从建构"磁性课堂"、开发"磁性课程"、创建"磁性社团"、激活"磁性研学"、设计"磁性科学节"五大方面入手,让儿童走进富有吸引力的科学世界。

"智创科技"让儿童领略科技的智慧。"智创科技"坚持以学生信息核心素养成长为目标,培养学生的创造力、解决问题的能力。该课程将学生带入广阔的科技天地,用他们的聪明才智去创新建设未来。"智创科技"是引领成长的科技,是"科""技"并重的科技,是注重实用的科技,是多元评价的科技。《义务教育信息科技课程标准(2022 年版)》围绕数据、算法、网络、信息处理、信息安全、人工智能六条逻辑主线,设计义务教育全学段内容模块,依据小学阶段学习内容，"智创科技"主要分为智创信息、智创设备、智创编码、智创编程和智创生活五大类课程，从构建"智创课堂"，组织"智创社团"，开展"智创研学"，举办"智创科技节"，策划"智创赛事"等五个方面进行课程实施与评价。

我们认为，学科实践是一种课程取向。本书是从学科建设视角来看学科课程与学科实践的整合设计的，特别强调学科课程与学科实践整合设计的八个关键维度，因此本书分为八个章节来撰写。

第一章，阐明学科课程和学科实践整合设计的理念统率问题。学科课程和学科实践的整合设计本质上是一种价值创造活动，需要哲学作为理论基础。学科课程哲学是课程哲学的学科化，具体表现为对学科课程性质的理解及其据此而对学科课程理念的建构。学科课程理念是基于学科课程性质提出的学科课程核心概念范畴，这一概念范畴是学科特点的集中概括，既关联学科性质，又联结意义世界，是个体或集体在认知和精神上对学科课程的本质聚焦和价值建构。建构学科课程哲学是一个系统工程，需要立足学科课程标准，从学科课程的目标观、内容观、实施观和评价观等方面考虑。首先，要明确学科课程的教育目标，反映学科的核心价值。其次，要明确学科独特的知识体系、思维方式和学习路径。再次，要明确学科实践的实现路径，从静态知识转向动态知识，从坐而论道转向知行合一，从学科学习转向素养形成。最后，要明确课程评价的多元化呈现，保持课程的活力与时代适应性。

第二章，厘清学科课程和学科实践整合设计的素养聚焦问题。素养聚焦是学科课程与学科实践整合设计的靶心，即把目标与实施整合设计的靶心。素养聚焦的学科课程与学科实践整合设计，要注意理解学习目标的具体性与目标实现的针对性。所谓学习目标的具体性是指在制定学习目标时，目标应该是明确、具体的，而不是模糊或宽泛的，具备可衡量性、可达成性、相关性和时效性。所谓目标实现的针对性是指教育活动中根据学生的特点和需求，因材施教，针对性地进行教学活动。学习目标要符合国家课程标准的规定，要符合学生的身心发展规律，应当结合教材，解读其中的有效资源，从而让目标更有针对性。素养聚焦的学科课程与学科实践整合设计，要注意把握学习目标的具体性与目标实现的针对性之间的关系，即素养维度的抽象规定性与课程目标的具体描述性之间的关系，总体目标的具体性与局部实现的针对性之间关系，素养达成的长期性与目标设计的切近性之间的关系。

　　第三章，把握学科课程和学科实践整合设计的结构优化问题。课程不应仅是孤立知识点的集合，而应构成一个有结构的体系。学科课程的基本结构，主要是指某一学科领域中现代科学知识体系的基本概念和原理。优化学科的基本结构有助于达成夸美纽斯倡导的"少教多学"的教学理念，促进学生知识的迁移能力，构建解决问题的有效框架；有助于消融"低级知识"与"高级知识"之间的隔阂，推动学生高阶思维能力的提升。要实现学科课程的结构优化，就要关注课程结构的层级，即要注意宏观层次、中观层次以及微观层次。在宏观上，必须关注整体课程目标，调整各课程类型之间的比例。在中观上，需要在宏观结构的基础上进一步解决各类课程内的结构问题，关注如何有效地组织课程内容。在微观上，应将重点放在学科内知识的结构以及教材的设置与安排上。优化学科课程结构需要关注课程标准的理据性与框架建构的创造性。课程标准的理据性，即依据学科课程结构的标准规定；框架建构的创造性，即不能完全因循课程标准，要有理念赋予的创造性。

　　第四章，论述学科课程和学科实践整合设计的内容延展问题。内容延展是课程丰富性的来源。课程的丰富性给予儿童无限可能。所谓课程的丰富性，在后现代课程学者多尔看来，是"课程的深度、意义的层次、多种可能性或多重解释"。在我们看来，课程的丰富性包含数量和质量两个维度。从数量角度看，课程的丰富性为儿童提供了大量的学习机会，为儿童准备了各式各样、内容丰富的教材，儿童可以根据自己的兴趣和需求找到最适合自己的学习路径，儿童学习的方式也呈现出多样性。从质量角度看，课程的丰富性具体表现为精致的典型，做到少而精；适量的耗散，做到简而活。课程内容在努力追求丰富性的同时，还需注重基础拓展的融合性，追求知识情境的整合性。课程设计应力求将知识性与情境性紧密结合。知识将不再是抽象的、孤立的教条，而是要放在具体的、真实的背景中去呈现和应用，以此激发儿童的学习兴趣，帮助他们更好地将理论知识转化为解决实际问题的能力。

　　第五章，阐明学科课程和学科实践整合设计的路径回归问题。课程是为了人的生长的，具有鲜明的回归性和转化性。课程的回归性和转化性不是简单的重复，它是带有反思性和开放性的。为了实现课程的回归性和转化性，课程实施的路径必须是多维的，具有现实生活的全息性。所谓全息性指在课程设计与实施过程中，课程内容和教学方法需要全方位反映知识与现实生活、个体经验、社会文化之间的联系。通过实践获取、理解与运用知识，倡导学生在实践中建构、巩固、创新自己的学科知识。基于此，学科实践的转化性就是强调了理论与实践相结合，加强知行合一、学思结合，注重"做中学"，引导学生参与学科探究活动，经历发现问题、解决问题、建构知识、运用知识的过程，体会学科思想方法。加强知识学习与学生经验、现实生活、社会实践之间的联系，注重真实情境的创设，增强学生认识真实世界、解决真实问题的能力。课程实施是一个互动调适的过程，是一个由课程的设计者和执行者共同对课程进行使用、反思、调整和改进的过程。随着信息技术的迅速发展，知识更新速度加快，课程实施需要通过多维度、全方位的教育，为学生提供个性化需求和发展的机会。

第六章，论证学科课程和学科实践整合设计的方式活跃问题。具身认知理论倡导学习是身体与环境互动的过程，多维资源与灵活的学习方式强化了这一互动。这涉及经验的多样种类和资源的多维介入，身心的立体参与和学习的整体建构。现代教育强调通过丰富的学习材料和多样的教学方法，满足学生个性化和多样化的学习需求，将学习与实际生活紧密结合，使学生能在真实环境中运用所学知识，增强学习的现实感和社会责任感，帮助学生从多角度理解和掌握知识，实现个性化教育。具身认知理论强调，认知过程和认知发展深深植根于人的身体结构以及身体与世界的相互作用中。学习不仅是纯粹的认知过程，更是身体与感知全面投入的过程。通过多感官体验和实践参与，创设有利于身体互动的学习环境，能极大增强学习效果。学习是身体与环境互动的整体活动，身体的活动方式直接影响学习结果。具身认知视角下的教学设计注重创设有利于师生身体展演的教学场景，通过虚拟学习空间与现实教学世界的联通，为学习者提供实践参与的个性化学习场景。在这些场景中，学生通过观察、体验、交流、反思等方式，找到适合自身的学习方法，增强学习的情境真实性和问题导向性。

第七章，阐明学科课程和学科实践整合设计的评价嵌入问题。嵌入式评价是课程教学的一部分，是指教师以一种不受外界干扰、系统化的方式确定具体课程目标，设计各目标的评价量规，根据学生表现对学生学习结果是否达到课程目标评出等级，记录保存用以评价的材料，同时提出课程改进措施的全过程。嵌入式评价的重要性在于它能够紧密结合课程教学实施，实现对学生学习过程的连续性监测和评估。嵌入式评价强调教师和学生的参与，增加了评价过程的透明度和参与感，从而提高了教育的整体质量。这种评价方式通过系统地集成到课程中，能够保证评价的连续性和一致性，有利于培养学生的综合能力，更好地实现教育目标。要实现评价嵌入，首先需要对照质量标准评价学习结果，关注学习结果是否达成学习目标。需注意增强评价的透明度，让学生明确了解课程目标和评价标准。评价过程要重点关注学生的学习过程，确保教学活动能够有效地达到教育目标。其次，评价嵌入需要关注学习过程的增值性。根据标准与学生学习起点进行比照，关注学生在学习上的发展性、进步程度。评价嵌入通过持续的评价监测和分析反馈，能为学生提供及时的反馈，指导他们改进学习策略和方法；能使教师的课程设计得到科学的数据支持，为教师及时调整教学方法、提高教学效果提供了支持；教育管理者可以根据真实的评估数据做出科学决策，提升教育管理水平。

第八章，落实学科课程和学科实践整合设计的管理到位问题。课程的开发及实施是一个需要教师持续研究的过程，课程管理制度设计的关键在于保证教师在课程开发中的充分参与以及建立课程品质的监控机制，对课程要素的耦合关系进行有效调控和强化。课程管理主要包括以下方面：一是价值引领，这是课程管理的核心；二是组织建设，这是课程管理的重要保障；三是制度建构，这是课程管理的重要基础；四是评价导航，这是课程管理的重点环节；五是课程研修，这是课程管理的特色彰显。此外，还要做好时间管理和课时安排。

我们的实践表明，学科课程与学科实践的整合设计为核心素养时代回答如何育人的问题提供了新的实践范式，对儿童成长而言具有十分重要的意义。在教育实践过程中，学科课程与学科实践的整合设计具有可能性和可行性，需要依赖教师的课程意识觉醒，需要从"教师即课程"的视角考察学科课程与学科实践。缺乏教师深度参与的学科课程与学科实践，定会出现假、大、空、浅等问题，如此课程改革的目标终将难以实现。教师是落实学科课程与学科实践的整合设计最为关键的要素。教师基于自己的学科课程哲学，带领儿童创造性地开展学科学习和实践的过程，即是学科课程开发过程。学科课程与学科实践整合设计是课程改革的逻辑必然，具有多维的学理依据与深厚的实践基础，是学科课程改革和育人方式变革的一个重要方向。

第一章

理念统率：学科性质的关联性与意义世界的可能性

学科课程哲学是学科课程价值观，也是学科课程方法论，具有统率学科课程和学科实践的"龙头"作用。以"价值"为基轴审视学科课程与学科实践整合设计，用独特的价值思维阐释学科课程性质，通过概念建构洞悉学科课程本质意涵；以"方法"为视域把握学科课程与学科实践整合设计，用独特的概念演绎学科课程理念，通过概念建构表达学科课程观念系统。

黄向阳先生指出：价值取向是课程的核心，健全的课程价值观是课程改革成功的关键，课程内容的选择和课程实施的激活，都隐含着明显价值取向。①据此，学科课程和学科实践的整合设计必须有清晰的价值取向，这一价值取向直接影响学科课程和学科实践整合的目标设计、内容建构、实施激活和评价增值。

每一种学校课程都隐含着课程设计者的某些哲学思想与观念，不同的课程理论都因其不同的哲学观点而不同。② 学科课程和学科实践的整合设计本质上是一种价值创造活动，需要哲学作为理论基础，运用哲学范畴构建学科课程，生成学科课程哲学。可以说，确定学科课程哲学是学科课程和学科实践整合设计的关键。

课程哲学不是对课程实践进行现实性的描述和技巧上的解答，而是从哲学的视域对课程理论与实践的合理性进行质疑、反思、批判和超越的智慧。③ 我们认为，学科课程哲学是课程哲学的学科化，具体表现为对学科课程性质的理解及其据此而对学科课程理念的建构。

学科课程性质体现学科课程的基本特点，体现教育目标的导向性、课程内容的结构性和课程实施过程的连续性。学科课程理念是基于学科课程性质提出的学科课程核心概念范畴，这一概念范畴是学科特点的集中概括，既关联学科性质，又联结意义世界，是个体或集体在认知和精神上对学科课程的本质聚焦和价值建构。

建构学科课程哲学是一个系统工程，需要立足学科课程标准，从学科课程的目标观、内容观、实施观和评价观等方面考虑。首先，要明确学科课程的教育目标，反映学科的核心价值。其次，要明确学科独特的知识体系、思维方式和学习路径。再次，要明确学科实践的实现路径，从静态知识转向动态知识，从坐而论

---

① 黄向阳. 论课程改革实施中的价值整合 [J]. 南京社会科学，2010 (11)：120 - 127.
② 胡斌武. 试析课程哲学基础的研究 [J]. 教育实践与研究，2002 (10)：7 - 9.
③ 吴刚平. 课程哲学学科化的初步探索——评《课程哲学导论》[J]. 大学教育科学，2019 (6)：128.

道转向知行合一，从学科学习转向素养形成。① 最后，要明确课程评价的多元化呈现，保持课程的活力与时代适应性。

学科课程哲学是学科课程价值观，也是学科课程方法论，具有统率学科课程和学科实践的"龙头"作用。以"价值"为基轴审视学科课程与学科实践整合设计，用独特的价值思维阐释学科课程性质，通过概念建构洞悉学科课程本质意涵；以"方法"为视域把握学科课程与学科实践整合设计，用独特的概念演绎学科课程理念，通过概念建构表达学科课程观念系统。

明亮语文：用语言照亮精神世界

昆山市花桥金城小学语文组，现有教师54人，其中高级教师2人，研究生8人，市级及以上骨干教师12人，市名师工作室成员7人。目前，语文组有江苏省"十三五"规划课题"用项目化学习推动小学语文综合性学习单元教学的实践研究"，苏州市"十四五"规划课题"大概念视角下小学语文'简·思'教学模式构建研究"，苏州市教学前瞻性项目"大概念视角下小学语文'简·思'教学构建研究"。语文组成功创建了"苏州市语言文字规范学校""苏州市书法教育先进集体""昆山市非遗文化进校园联盟校"且加入"长三角阅读与项目化学习联盟校"。语文组8人在2024年苏州市素养竞赛中获奖，1位老师获苏州市评优课一等奖；2位老师指导学生在苏州市课本剧展演活动中获二等奖。我们依据2019年中共中央、国务院颁布的《关于深化教育教学改革全面提高义务教育质量的意见》和《义务教育语文课程标准（2022年版）》，推进"明亮语文"课程建设，取得了明显的成效。

---

① 陆卓涛，安桂清. 学科实践的内涵、价值与实现路径［J］. 课程·教材·教法，2022，42（9）：73-78.

第一节 在语言中敞开的存在

一、学科课程性质

《义务教育语文课程标准（2022年版）》指出："语文课程是一门学习国家通用语言文字运用的综合性、实践性课程。工具性与人文性的统一，是语文课程的基本特点。语文课程应引导学生热爱国家通用语言文字，在真实的语言运用情境中，通过积极的语言实践，积累语言经验，体会语言文字的特点和运用规律，培养语言文字运用的能力；同时，发展思维能力，提升思维品质，形成自觉的审美意识，培养高雅的审美情趣，积淀丰厚的文化底蕴，继承和弘扬中华传统文化、革命文化、社会主义先进文化，增强对习近平新时代中国特色社会主义思想的理解和认识，全面提升核心素养。"[①]

基于新课标，我们认为，语文课程的核心价值是学习国家通用语言文字运用，培养语言文字运用的能力，发展思维能力，涵养审美情趣，建立文化自信。因此，语文课程有外显和内隐两个维度的价值：一是外显的价值，在工具意义上，表现为学习国家通用语言文字运用，明确语言运用之道，清晰思维发展之径。语言运用是基础，学生要在丰富的语言实践中形成良好的语感和语言经验，具有良好的交流沟通能力。思维发展是关键，学生在语文学习过程中联想想象、分析比较、归纳判断等认知表现逐层提升。二是内隐的价值，在人文意义上，表现为思想和心灵的开阔、明朗。学生具有开阔的文化视野和丰厚的文化底蕴，具有好奇心、求知欲，崇尚真知，勇于探索创新，具备健康的审美意识和正确的审美观念。一句

---

① 中华人民共和国教育部. 义务教育语文课程标准（2022年版）〔S〕. 北京：北京师范大学出版社，2022：1.

话，语文课程是工具性和人文性的统一，致力于全面提升学生的语文核心素养。

二、学科课程理念

基于上述认识，我们提出我校语文学科的核心概念为"明亮语文"。语言所及、心灵所抵，[①]"明亮语文"是用语言照亮精神世界。在我们看来，"明亮语文"是工具性与人文性统一的具体表征。海德格尔说"没有语言，一切思想和行动就没有能够借以激发和发挥作用的那一度"，从这个意义上讲，语言是思想和行动的工具。"明亮语文"是清晰的、通透的、简约的、简练的，充分利用语言文字的工具性，进一步提升学生的语文素养，使其学习生活道路畅通，人生价值哲思达观；同时，"明亮语文"是人的精神世界和人性涵养的表达，具有鲜明的人文性。海德格尔说"语言是存在的家"，语言体现出人的智慧、涵养和品质，"哪里无语言，哪里即无在者的敞开。"因此，语文课程最重要的意义在于让存在在语言中敞开，使之精神更为灿烂。

（一）"明亮语文"是滋养的语文

《义务教育语文课程标准（2022年版）》指出：立足学生核心素养发展，充分发挥语文课程育人功能。[②]为学生形成正确的世界观、人生观、价值观，形成良好个性和健全人格打下基础；为培养学生求真创新的精神、实践能力和合作交流能力，促进德智体美劳全面发展及学生的终身发展打下基础。[③]"明亮语文"以语言运用为基础，用语言唤醒儿童的生命自觉，激发儿童的内在动力，带领儿童走向诗和远方。具体表现为让儿童在语文实践活动中经历精神享受的过程，滋养儿童的精神生命，培养思想自由、精神明亮、人格独立的人。

（二）"明亮语文"是生活的语文

《义务教育语文课程标准（2022年版）》指出：义务教育语文课程结构遵循

---

① 海德格尔. 海德格尔如是说：人，诗意地安居 [M]. 郜元宝，译. 上海：上海远东出版社，2022：6.

② 中华人民共和国教育部. 义务教育语文课程标准（2022年版）[S]. 北京：北京师范大学出版社，2022：2.

③ 中华人民共和国教育部. 义务教育语文课程标准（2022年版）[S]. 北京：北京师范大学出版社，2022：1.

学生身心发展规律和核心素养形成的内在逻辑，以生活为基础，以语文实践活动为主线，以学习主题为引领，以学习任务为载体，整合学习内容、情境、方法和资源等要素，设计语文学习任务群。义务教育语文课程突出内容的时代性，强调内容的典范性。① "明亮语文"坚持语文即是生活，生活即是语文。具体表现为以生活为基础创设真实的主题情境，链接生活中的资源，注重与生活的联系，突出儿童的实践活动，在语文中理解生活，在生活中学习语文，促使儿童从容应对生活，成长为生活优雅的人。

（三）"明亮语文"是明朗的语文

《义务教育语文课程标准（2022 年版）》指出：义务教育语文课程实施从学生语文生活实际出发，创设丰富多样的学习情境，设计富有挑战性的学习任务，引导学生注重积累，勤于思考，乐于实践，勇于探索；关注个体差异和不同的学习需求，拓展语文学习空间，提高语文学习能力。② "明亮语文"立足广阔的世界与生活，遵循儿童发展规律，尊重儿童个性差异，倡导教师清清楚楚地教，学生明明白白地学，让学习真实发生，把儿童的心带到一个开阔的空间里去。具体表现为通过建构结构化的知识与技能，探索清晰化的过程与方法，让儿童感触文字的温度，感受文学的高度，感知文理的深度，感悟文化的厚度，在愉快的阅读和自由的表达中与身外的世界和谐相处，与自己的心灵喁喁私语。

（四）"明亮语文"是生长的语文

《义务教育语文课程标准（2022 年版）》指出：课程评价应准确反映学生的语文学习水平和学习状况，注重考察学生的语言文字运用能力、思维过程、审美情趣和价值立场，关注学生学习过程和学习进步。③ "明亮语文"指向儿童物质生命、精神生命和灵性生命的持续生长，能够激活儿童的生命活力。具体表现为语言的生长，由规范准确走向丰富灵动；思维的生长，由低阶思维走向高阶思维；精神的生长，由积极阳光走向自由个性。

---

① 中华人民共和国教育部. 义务教育语文课程标准（2022 年版）［S］. 北京：北京师范大学出版社，2022：3.
② 中华人民共和国教育部. 义务教育语文课程标准（2022 年版）［S］. 北京：北京师范大学出版社，2022：3.
③ 中华人民共和国教育部. 义务教育语文课程标准（2022 年版）［S］. 北京：北京师范大学出版社，2022：3.

总之，"明亮语文"是滋养生命、点亮生活、开阔心灵、促进生长的语文。"明亮语文"就是要让儿童明表达、明思考、明心灵，它犹如一束自然而温暖的光，长久而持续地照亮儿童生长的方向，让儿童语言亮、思维亮、精神亮，将儿童带入明朗而又美好的境地，遇见最美的自己。

第二节　滋养儿童的精神生命

《义务教育语文课程标准（2022年版）》指出：语文课程围绕核心素养，体现课程性质，反映课程理念，确立课程目标。核心素养是学生通过课程学习逐步形成的正确价值观、必备品格和关键能力，是课程育人价值的集中体现。义务教育语文课程培养的核心素养，是学生在积极的语文实践活动中积累、建构并在真实的语言运用情境中表现出来的，是文化自信和语言运用、思维能力、审美创造的综合体现。[①] 我们认为，语文课程培养思想道德，形成正确的"三观"，弘扬中华文化等，均是"明亮语文"对儿童生命、精神、思想层面的滋养与培育，即是滋养的语文，儿童在语文实践活动中经历精神享受的过程，语文滋养儿童的精神生命，让他们成长为思想自由、精神明亮、人格独立的人。

一、学科课程总体目标

根据《义务教育语文课程标准（2022年版）》，确定"明亮语文"总体目标如下。[②]

---

① 中华人民共和国教育部. 义务教育语文课程标准（2022年版）［S］. 北京：北京师范大学出版社，2022：4.
② 中华人民共和国教育部. 义务教育语文课程标准（2022年版）［S］. 北京：北京师范大学出版社，2022：6－7.

1. 在语文学习过程中，培养爱国主义、集体主义、社会主义思想道德，逐步形成正确的世界观、人生观、价值观。

2. 热爱国家通用语言文字，感受语言文字及作品的独特价值，认识中华文化的丰厚博大，汲取智慧，弘扬社会主义先进文化、革命文化、中华优秀传统文化，建立文化自信。

3. 关心社会文化生活，积极参与和组织校园、社区等文化活动，发展交流、合作、探究等实践能力，增强社会责任意识。感受多样文化，吸收人类优秀文化的精华。

4. 认识和书写常用汉字，学会汉语拼音，能说普通话。主动积累、梳理基本的语言材料和语言经验，逐步形成良好的语感，初步领悟语言文字运用规律。学会使用常用的语文工具书，运用多种媒介学习语文，初步掌握基本的语文学习方法，养成良好的学习习惯。

5. 学会运用多种阅读方法，具有独立阅读能力。能阅读日常的书报杂志，初步鉴赏文学作品，能借助工具书阅读浅易文言文。学会倾听与表达，初步学会用口头语言文明地进行人际沟通和社会交往。能根据需要，用书面语言具体明确、文从字顺地表达自己的见闻、体验和想法。

6. 积极观察、感知生活，发展联想和想象，激发创造潜能，丰富语言经验，培养语言直觉，提高语言表现力和创造力，提高形象思维能力。

7. 乐于探索、勤于思考，初步掌握比较、分析、概括、推理等思维方法，辩证地思考问题，有理有据、负责任地表达自己的观点，养成实事求是、崇尚真知的态度。

8. 感受语言文字的美，感悟作品的思想内涵和艺术价值，能结合自己的经验，理解、欣赏和初步评价语言文字作品，丰富自己的情感体验和精神世界。

9. 能借助不同媒介表达自己的见闻和感受，学习发现美、表现美和创造美，形成健康的审美情趣。

二、学科课程学段目标

滋养儿童的精神生命要遵循儿童生命成长规律，确定适合儿童成长的课程学段目标。根据《义务教育语文课程标准（2022 年版）》学段目标，确定"明亮语文"课程学段目标（见表1-1）。①

表1-1   "明亮语文"课程学段目标

	第一学段	第二学段	第三学段
识字与写字	1. 喜欢学习汉字，有主动识字、写字的愿望。学会汉语拼音。 2. 掌握汉字的基本笔画和常用的偏旁部首，能按基本的笔顺规则用硬笔写字，注意间架结构。 3. 养成良好的写字习惯，姿势正确，书写规范、端正、整洁。 4. 学习独立识字。学会用音序检字法和部首检字法查字典。	1. 对学习汉字有浓厚的兴趣，养成主动识字的习惯。有初步的独立识字能力。 2. 能用音序检字法和部首检字法查词典。 3. 能用硬笔熟练地书写正楷字，用毛笔临摹正楷字帖，感受汉字的书写特点和形体美。 4. 能感知常用汉字形、音、义之间的联系，初步感受汉字的文化内涵。	1. 有较强的独立识字能力。感受汉字的构字组词特点，体会汉字蕴含的智慧。 2. 硬笔书写楷书，行款整齐，力求美观，有一定的速度。能用毛笔书写楷书，在书写中体会汉字的优美。
阅读与鉴赏	1. 喜欢阅读，感受阅读的乐趣。学习用普通话正确、流利、有感情地朗读课文。 2. 结合上下文和生活实际，了解课文中词句的意思，在阅读中积累词语。认识课文中出现的常用标点符号，在阅读中体会句号、问号、感叹号所表达的不同语气。 3. 借助读物中的图画阅读。阅读浅近的童话、寓言、故事，向往美好的情境，关心自然和生命，对感兴趣的人物和事件有自己的感受和想法，并乐于与他人交流。 4. 诵读儿歌、儿童诗和浅近的古诗，展开想象，获得初步的情感体验，感受语言的优美。	1. 初步学会默读，做到不出声，不指读。学习略读，粗知文章大意。 2. 能联系上下文，理解词句的意思，体会课文中关键词句表达情意的作用。能借助字典、词典和生活积累，理解生词的意义。体会句号与逗号的不同用法，了解冒号、引号的一般用法。 3. 能初步把握文章的主要内容，体会文章表达的思想感情。学习圈点、批注等阅读方法。能对课文中不理解的地方提出疑问，乐于与他人讨论交流。 4. 能复述叙事性作品的大意，初步感受作品中生动的形象和优美的语言，关心作品中人物的命运和喜怒哀乐，与他人交流自己的阅读感受。诵读优秀诗文，注意	1. 默读有一定的速度。学习浏览，扩大知识面，根据需要搜集信息。 2. 能联系上下文和自己的积累，推想课文中有关词句的意思，辨别词语的感情色彩，体会其表达效果。在理解课文的过程中体会顿号与逗号、分号与句号的不同用法。 3. 在阅读中了解文章的表达顺序，体会作者的思想感情，初步领悟文章的基本表达方法。在交流和讨论中，敢于提出看法，作出自己的判断。 4. 阅读叙事性作品，了解事件梗概，能简单描述印象最深的场景、人物、细节，说出自己的喜爱、憎恶、崇敬、向往、同情等感受；阅读诗歌，大体把握诗意，想象诗歌描述的情境，体会作

① 中华人民共和国教育部. 义务教育语文课程标准（2022年版）［S］. 北京：北京师范大学出版社，2022：7-13.

	第一学段	第二学段	第三学段
阅读与鉴赏	5. 尝试阅读整本书，用自己喜欢的方式向他人介绍读过的书。 6. 养成爱护图书的习惯。积累自己喜欢的成语和格言警句。	在诵读过程中体验情感，展开想象，领悟诗文大意。 5. 阅读整本书，初步理解主要内容，主动和同学分享自己的阅读感受。 6. 积累课文中的优美词语、精彩句段，以及在课外阅读和生活中获得的语言材料。	品的情感；阅读说明性文章，能抓住要点，了解文章的基本说明方法；阅读简单的非连续性文本，能从图文等组合材料中找出有价值的信息。尝试使用多种媒介阅读。 5. 阅读整本书，把握文本的主要内容，积极向同学推荐并说明理由。 6. 背诵优秀诗文，注意通过语调、韵律、节奏等体味作品的内容和情感。扩展阅读面。
表达与交流	1. 学说普通话，逐步养成说普通话的习惯，有表达交流的自信心。 2. 能认真听他人讲话，努力了解讲话的主要内容。听故事、看影视作品，能复述大意和自己感兴趣的情节。能较完整地讲述小故事，能简要讲述自己感兴趣的见闻。与他人交谈，态度自然大方，有礼貌。积极参加讨论，敢于发表自己的意见。 3. 对写话有兴趣，留心周围事物，写自己想说的话，写想象中的事物。在写话中乐于运用阅读和生活中学到的词语。 4. 根据表达的需要，学习使用逗号、句号、问号、感叹号。	1. 乐于用口头、书面的方式与人交流沟通，增强表达的自信心。 2. 学会认真倾听，并能简要转述。能就不理解的地方向人请教，就不同的意见与人商讨。能清楚明白地讲述见闻，说出自己的感受和想法。讲述故事力求具体生动。能根据不同的场合，尝试运用合适的音量和语气与他人交流。 3. 观察周围世界，能不拘形式地写下自己的见闻、感受和想象，把自己觉得新奇有趣或印象最深的内容写清楚。能用便条、简短的书信等进行交流。尝试在习作中运用自己平时积累的语言材料。 4. 学习修改习作中有明显错误的词句。根据表达的需要，正确使用冒号、引号等标点符号。	1. 听人说话认真、耐心，能抓住要点，并能简要转述。乐于表达，与人交流能尊重和理解对方，注意语言美。 2. 表达有条理，语气、语调适当。参与讨论，敢于发表自己的意见，说清自己的观点。 3. 养成留心观察周围事物的习惯，有意识地丰富自己的见闻，珍视个人的独特感受，积累习作素材。 4. 能写简单的记事作文和想象作文，内容具体，感情真实。能根据内容表达的需要，分段表述。学写读书笔记，学写常见应用文。 5. 修改自己的习作，并主动与他人交换修改，做到语句通顺，行款正确，书写规范、整洁。根据表达需要，正确使用常用的标点符号。
梳理与探究	1. 梳理学过的字，感知汉字与生活的联系。 2. 观察大自然，热心参加校园、社区活动，积累活	1. 尝试分类整理学过的字词。 2. 结合语文学习，观察大自然，观察社会，积极思	1. 分类整理学过的字词。 2. 学习跨媒介阅读与运用，初步运用多种方法整理和呈现信息。

	第一学段	第二学段	第三学段
梳理与探究	动体验。结合语文学习，用口头或图文等方式整理、表达自己在活动中的见闻和想法。 3. 对周围事物有好奇心，能就感兴趣的内容提出问题，结合其他学科的学习和生活经验交流讨论，尝试提出自己的看法。	考，运用书面或口头方式，并可尝试用表格、图像、音频等多种媒介，呈现自己的观察与探究所得。 3. 能提出学习和生活中的问题，有目的地搜集资料，共同讨论，尝试运用语文并结合其他学科知识解决问题。	3. 利用图书馆、网络等渠道获取资料，解决与学习和生活相关的问题。尝试写简单的研究报告。 4. 策划简单的校园活动和社会活动，对所策划的主题进行讨论和分析，学写活动计划和活动总结。通过调查访问、讨论演讲等方式，开展专题探究活动，学习辨别是非、善恶、美丑。
文化自信	1. 关注中华优秀传统文化在日常生活中的表现，初步感受中华优秀传统文化的重要价值。 2. 初步懂得幸福生活是革命前辈浴血奋战、艰苦奋斗换来的，激发对革命领袖、革命家、英雄人物的崇敬之情。	1. 注重感悟国家通用语言文字的文化内涵，初步认识中华优秀传统文化蕴含的思想和智慧。 2. 感悟革命英雄、模范人物的爱国主义情怀和高尚品质，激发向英雄模范学习的意愿和行动，增强民族自豪感。	1. 注重了解中华优秀传统文化的源远流长、丰富多彩，提升自身中华优秀传统文化修养。 2. 感悟无产阶级革命家的英雄气概、优良作风和高尚品质，体会捍卫民族尊严、维护国家利益和世界和平的伟大精神。

三、学科课程具体目标

滋养儿童的精神生命，要关注不同阶段儿童的认知特点、起点水平、学习习惯和能力等，准确定位各年级的课程具体目标。根据《义务教育语文课程标准（2022 年版）》课程目标，义务教育教科书语文教材及教师教学用书，我们确定"明亮语文"课程具体目标，这里以三年级为例（见表 1-2）。

表 1-2　"明亮语文"三年级课程目标表

	第一学期		第二学期
第一单元	1. 认识 24 个生字，读准 3 个多音字，会写 26 个字和 28 个词语。能说出"摇头晃脑、面红耳赤"等成语的特点。 2. 能关注有新鲜感的词句并与同学交	第一单元	1. 认识 30 个生字，读准 4 个多音字，会写 37 个生字，正确读写 30 个词语。能运用偏旁归类识字的方法认识生字。能积累"剪刀似的尾巴"等词语。

	第一学期		第二学期
第一单元	流，借鉴课文的表达仿说或仿写。 　3. 正确、流利地朗读课文，能边读边想象画面，能根据语义表达的需要，读出恰当的重音。默读课文，能初步了解略读课文的基本学习要求，了解课文的主要内容，说出自己的看法。背诵古诗《所见》。 　4. 能选择一两点印象深刻的地方，写几句话或一段话介绍自己的同学。能注意写一段话时开头空两格。	第一单元	2. 正确、流利、有感情地朗读课文。能试着一边读一边想象画面。背诵古诗和指定的课文段落。默写《绝句》《忆江南》。 　3. 能借助记录卡，写清楚植物的样子、颜色等，并写出自己的感受。能仿照课文中的片段，写一种自己喜欢的植物。能仿照例句，写出一种小动物的外形特点。
第二单元	1. 认识35个生字，读准1个多音字，会写38个生字，会写29个词语。能运用多种方法理解难懂的词语，并结合已有的学习经验，总结理解难懂词语的方法。积累"秋高气爽、天高云淡"等9个与秋天有关的词语。能写出形容四季的词语。 　2. 能正确、流利、有感情地朗读课文。能借助注释理解诗句的意思。背诵《古诗三首》和指定的课文段落，默写《山行》。摘抄自己喜欢的句子。 　3. 能通过读课文，展开想象，了解课文的主要内容，体会秋天的活力。	第二单元	1. 认识27个生字，读准3个多音字，会写34个生字，正确读写29个词语。积累"源源不断、无忧无虑""邯郸学步、滥竽充数"等成语。 　2. 能正确、流利、有感情地朗读课文。能借助注释读懂文言文。能结合相关语句，体会人物不同的性格特点。读懂故事，明白道理。背诵《守株待兔》。 　3. 能按一定的顺序观察图画，展开想象。能与同学分享习作，并能根据同学的意见修改习作。 　4. 能按照正确的格式写一个通知。
第三单元	1. 认识47个生字，读准8个多音字，会写26个生字和32个词语。能用减一减的方法，认识"申、介"等7个生字。能了解3组带口字旁的字不同的字义特点。 　2. 能边读边想象，感受童话的奇妙。能给习作加题目。能借助教材提示内容，发挥想象，编写童话故事。能了解改正、增补、删除3种修改符号的用法，并在修改自己的习作时尝试使用。 　3. 默读课文，能了解故事的主要内容。能对文中的人物作出简单的评价。能展开想象，体会人物心情的变化。分角色朗读课文，能读出相应的语气。 　4. 背诵关于"理"的3条谚语。	第三单元	1. 认识37个生字，读准8个多音字，会写36个生字，正确读写29个词语。能分享在日常生活中自主识字的途径及成果，认识"税、档"等7个生字。了解、积累"文房四宝"等有关中华优秀传统文化的四字词语。 　2. 能根据要求提取段落中的重要信息，并对有关的现象或成因做出解释。能背诵、默写古诗。 　3. 能按活动的步骤，介绍某一手工活动的过程。 　4. 了解课文相关段落是怎样围绕一个意思把一段话写清楚的。能就自己感兴趣的一个传统节日写一篇习作，写清楚过此节日的过程。
第四单元	1. 认识23个生字，读准5个多音字，会写13个生字和14个词语。能运用查字典的方法，自主认识"轴、基"等7个生字。能说出"百发百中、四面八方、	第四单元	1. 认识25个生字，会写24个生字，正确读写30个词语。 　2. 正确、流利地朗读课文，能背诵指定的段落。默读课文，能借助关键语句

第一学期		第二学期
第四单元	七上八下"等成语构词的特点并说出其他类似的成语。朗读、背诵与团结有关的俗语。 2. 能边阅读边预测，初步感受预测的好处和乐趣，预测故事的发展和结局。 3. 知道预测有不同的角度，预测有一定的依据，能将自己的预测与原文进行比较，体会预测的多样性。	概括一段话的大意，读懂课文内容，感受观察和发现带来的乐趣。朗读、背诵古诗《滁州西涧》。 3. 能体会并积累课文中描写得生动、准确的词句，能借鉴课文的写法仿写句子。 4. 能借助图表记录自己做过的一项小实验的主要信息，能按顺序将实验过程写清楚。 5. 学习"对调"和"移动"两种修改符号，并尝试运用修改符号修改自己的习作。
第五单元	1. 认识 10 个生字，读准 1 个多音字，会写 25 个生字和 25 个词语。 2. 感受作者细致的观察，体会并梳理留心观察的好处。初步了解可以调动多种感官进行观察。 3. 注意作者所观察到的事物的变化。初步了解可以从不同的方面观察事物以及事物的变化，体会作者观察的细致。 4. 能写下自己的观察和思考。	1. 认识 13 个生字，会写 23 个生字，正确读写 24 个词语。 2. 了解课文内容，感受作者想象的大胆、神奇。 3. 能和同学交流自己想象到的内容。 4. 能借助习作例文进一步体会想象的神奇与丰富，写一个想象故事。
第六单元	1. 认识 42 个生字，读准 6 个多音字，会写 52 个生字和 46 个词语。能说出"蝌、鲤"等字声旁表音、形旁表义的特点。能说出"懒洋洋、慢腾腾"等词语想象到的画面，并能选择一两个词语写句子。 2. 能结合注释，想象古诗中描绘的景色，用自己的话说出诗句的意思。能借助关键语句理解一段话的意思。能交流、总结一段话中关键语句的位置及作用。 3. 背诵课文中的 3 首古诗和日积月累中的 1 首古诗。默写《望天门山》。	1. 认识 36 个生字，读准 1 个多音字，会写 37 个生字，正确读写 41 个词语。学习一组与海岛、港口有关的词语，并能根据词语想象画面。 2. 朗读课文，背诵《溪边》。默读课文。能运用多种方法理解难懂的句子，理解课文的主要内容。朗读和背诵 4 句关于"改过"的名言。 3. 体会汉语一词多义的语言现象。 4. 写一个身边的人，突出人物性格特点。写完后，根据人物特点拟定题目。能仿照例句，围绕一个意思写一段话。
第七单元	1. 认识 25 个生字，读准 1 个多音字，会写 39 个生字，会写 47 个词语。能了解撇和捺要舒展的书写要点，写好"父、英"等 8 个字。 2. 能初步了解"用前面结尾的词语或句子做下文的开头"的语言现象，尝试续说这样的句子。能掌握"得"的用法并仿写句子。 3. 正确、流利地朗读课文，并背诵	1. 认识 24 个生字，读准 2 个多音字，会写 36 个生字，正确读写 36 个词语。熟读并背诵 4 个成语。 2. 有感情地朗读课文，背诵《火烧云》第 3—6 自然段。关注重要句子，了解课文是从哪几个方面把事物写清楚的，感受大自然的奇妙。能仿照课文内容，展开想象并仿写句子。 3. 能查找资料，整合信息，围绕提示

第一学期		第二学期	
第七单元	《大自然的声音》第 2、3 自然段，背诵《采莲曲》。借助图表理解课文的大致内容。默读课文，能说出语句的深刻含义，辨析文中人物的判断。 　　4. 能清楚地写下生活中的某种现象及自己的想法。能梳理总结摘抄的方法。	第七单元	的问题写一写大熊猫。 　　4. 了解用问句作为文章开头的作用，学习用这种方法说一段话，向别人介绍一种事物。 　　5. 了解寻物启事的写法，能用正确的格式写一则寻物启事。
第八单元	1. 认识 32 个生字，读准 3 个多音字，会写 31 个生字，会写 29 个词语。能根据形声字的特点认识"眨、瞪"等 5 个生字，大致理解和"目"有关的词语的意思。 　　2. 能辨析"陆续、连续、继续"3 个副词的用法并选择一个写句子。 　　3. 能分类整理购物清单，体会分类列清单的好处。 　　4. 能正确、流利地朗读课文。背诵《司马光》。能借助注释理解课文大意，初步感受文言文的特点。能尝试通过人物的动作、语言等揣摩人物的心理活动。能带着问题默读课文，理解课文内容。朗读、背诵关于如何待人的名言。	第八单元	1. 认识 44 个生字，读准 7 个多音字，会写 25 个生字，正确读写 22 个词语。能说出带有口字旁和言字旁的形声字的特点。积累 8 个成语。 　　2. 分角色朗读课文，能读出故事中人物对话的语气，体会人物特点。默读课文，交流体会故事的趣味性。能借助提示，按顺序复述故事，不遗漏重要情节。朗诵、背诵古诗《大林寺桃花》。 　　3. 能选择一种动物作为主角，大胆想象它因特征变化而带来的生活变化，编写一个童话故事。能模仿例子说几个有趣的题目。 　　4. 能总结复述故事的方法。

第三节　设计完整的学习任务

　　《义务教育语文课程标准（2022 年版）》指出：义务教育语文课程注重整体规划，根据学段特征，突出不同学段学生核心素养发展的需求，体现连贯性和适应性，具有时代性和典范性。① 为了更好地实现课程目标要求，我们据此建构

――――――――――

① 中华人民共和国教育部. 义务教育语文课程标准（2022 年版）[S]. 北京：北京师范大学出版社，2022：2.

"明亮语文"课程体系，为儿童设计完整的语言学习任务。

一、学科课程结构

《义务教育语文课程标准（2022年版）》中呈现"三层四维"的语文课程结构观。所谓"三层"，是指分三个层面设置学习任务群，第一层设"语言文字积累与梳理"1个基础型学习任务群，第二层设"实用性阅读与交流""文学阅读与创意表达""思辨性阅读与表达"3个发展型学习任务群，第三层设"整本书阅读""跨学科学习"2个拓展型学习任务群。[①] 所谓"四维"，是指识字与写字、阅读与鉴赏、表达与交流、梳理与探究四方面的学段要求。基于此，我校"明亮语文"主要分为"明亮识写、明亮阅读、明亮表达、明亮探究"四大类，如图1-1所示。

图1-1 "明亮语文"课程结构图

---

① 中华人民共和国教育部. 义务教育语文课程标准（2022年版）[S]. 北京：北京师范大学出版社，2022：20.

图1-1中，各板块课程内涵如下。

1. 明亮识写：遵循"音—形—义"和"读—写—说"相对应的逻辑。学习分类整理字词，掌握书写特点，发现汉字音、形、义之间的联系；通过比较同音字、形近字、象形字、会意字等感知汉字的构字规律；通过探索字理字源，鉴赏汉字之美，感受汉字文化的博大精深、源远流长。基于小学生的生活情境和兴趣爱好，以游戏、竞赛、展演等方式，让学生在语文学习中增强识记效果，提高识字、写字水平，同时养成良好的书写习惯。如第一学段"认识象形字""认识会意字""有故事的汉字"等；第二学段"汉字与生活""'字'从遇见你"等；第三学段"甲骨王国""汉字五千年""说文解字"等。

2. 明亮阅读：遵循"文字—文章—文学—文化"的逻辑。阅读优秀典范作品，积累语言材料和语言经验，形成良好语感；掌握阅读方法，在阅读过程中培养思维能力，能够进行整本书阅读；鉴赏文学作品，感受作品中的形象，体会作品表达的情感；在文学阅读中开阔文化视野，丰厚文化底蕴。通过创设情境、开展活动等方式，引导学生有效阅读，带领学生进入阅读情境，获得阅读体验，养成良好的阅读习惯。如第一学段阅读绘本《我爱一年级》《我爱我家》《我爱自然》《我爱探索》，经典诵读儿歌、童谣、名言警句等；第二学段阅读童话、寓言、神话、民间故事，诵读不同主题的古诗等；第三学段阅读古典名著、名人传记等，阅读不同主题的文言故事等。

3. 明亮表达：遵循"规范—创意—个性"的逻辑。主要包括口头表达和书面表达。能够采用合适的、规范的语言进行清晰、完整地表达；掌握表达的方法和技巧进行创意表达；吸收优秀文化元素，个性化地表达自己的观点和见解，在碰撞与消融中形成明辨是非、善恶、美丑的文化价值观。通过各种表达形式，如演讲、评论、辩论、创编、表演等，让学生充分表达自我思想，加强语言思维训练，提高表达能力。如第一学段学会介绍、学会夸奖、看图写话等；第二学段小小畅想家、小小播报员、表演课本剧等；第三学段时政评论员、学会辩论、小小非遗宣讲员、模拟法庭等。

4. 明亮探究：遵循"校内—校外""课内—课外""学科内—学科间"相结合的逻辑。根据学生学习兴趣和学习需求，采用调查、实验、模拟、参观等手段，开展探究活动，创造性地解决问题，获得丰富的实践经验，培养乐于探索、勤于思考的能力。如第一学段校园寻宝、小鬼当家、护蛋行动、春蚕之旅等；第二学段自然书签、端午粽、植物生命的意义、草履虫的秘密等；第三学段遇见白鹭、诗词大会、笔尖博物馆、毕业联欢会等。

二、学科课程设置

除了基础课程之外，我校"明亮语文"1—6年级共计12个学期课程设置如表1-3所示。

表1-3　"明亮语文"课程设置

年级	学期	明亮识写	明亮阅读	明亮表达	明亮探究
一年级	上	认识象形字	绘本阅读《我爱一年级》系列 诵读儿歌、童谣1	学会介绍1 看图说话1	校园寻宝
	下	认识会意字	绘本阅读《我爱我家》系列 诵读儿歌、童谣2	学会介绍2 看图说话2	小鬼当家
二年级	上	有故事的汉字1	绘本阅读《我爱自然》系列 诵读名言警句1	学会夸奖1 看图写话1	护蛋行动
	下	有故事的汉字2	绘本阅读《我爱探索》系列 诵读名言警句2	学会夸奖2 看图写话2	春蚕之旅
三年级	上	汉字与生活1	阅读童话故事 诵读"古诗中的四季"	表演童话故事	自然书签
	下	汉语与生活2	阅读寓言故事 诵读"古诗中的节气"	小小畅想家	端午粽
四年级	上	"字"从遇见你1	阅读神话故事 诵读"古诗中的美景"	小小播报员	植物生命的意义 （湿地课程）
	下	"字"从遇见你2	阅读民间故事 诵读"古诗中的品格"	表演课本剧	草履虫的秘密 （项目化学习）
五年级	上	《甲骨王国》	阅读古典名著 文言阅读"故事"	时政评论员 学会辩论	遇见白鹭（湿地课程）
	下	汉字五千年	阅读古典名著 文言阅读"博物"	我来当编剧	诗词大会

年级	学期	明亮识写	明亮阅读	明亮表达	明亮探究
六年级	上	《说文解字》1	阅读名人传记 文言阅读"修身"	小小非遗宣讲员	笔尖博物馆（项目化学习）
	下	《说文解字》2	阅读名人传记 文言阅读"名篇"	模拟法庭	毕业联欢会

第四节　丰富儿童的语言实践

　　《义务教育语文课程标准（2022 年版）》指出：教师要准确理解义务教育语文课程的基本理念，把握学生核心素养发展的基本规律，根据课程目标、课程内容和学业质量的要求，创造性地开展语文教学，充分发挥语文学科独特的育人功能。[①] 为此，我校"明亮语文"从建构"明亮课堂"、建设"明亮社团"、推行"明亮研学"、欢度"明亮语文节"、打造"明亮学习场馆"五大途径入手，丰富儿童的语言实践，践行"用语言照亮精神世界"的理念。

一、建构"明亮课堂"，提升语文教学质量

　　依据"明亮语文"课程理念，我们认为"明亮课堂"应该是清晰明朗、自然生长的课堂，师生在课堂上清楚地知道做什么、如何做、做得如何，看得见每一个生命在真实成长。构建符合我校语文学科课程的"明亮课堂"，需要从实践操作和评价要求两个方面入手。

---

① 中华人民共和国教育部. 义务教育语文课程标准（2022 年版）［S］. 北京：北京师范大学出版社，2022：44.

（一）"明亮课堂"的实践操作

我们在确定教学目标、规划学习内容、设计学习活动、选择学习方法、实施学习评价时，应紧扣"明亮课堂"特点。

《义务教育语文课程标准（2022年版）》指出：立足核心素养，彰显教学目标以文化人的育人导向。引导学生在学习语言文字运用的过程中，逐步树立正确的世界观、人生观、价值观，积淀深厚的文化底蕴，增强文化自信。从培养核心素养出发，把握四个方面整体交融的特点，设定教学目标时既有所侧重，又融为一体。①"明亮课堂"的教学目标坚持一个导向——以文化人的育人导向，找准两个关键点——教学重点和难点，融合四个方面——核心素养。"明亮课堂"的教学目标应聚焦核心概念，目标明确且科学，符合学生发展规律，如认知领域、情感领域、动作技能领域等方面；表述简洁且准确，体现目标分类及层级，如认知性目标、情感性目标、过程性目标。

1."明亮课堂"要规划少而精、博而实的教学内容。《义务教育语文课程标准（2022年版）》指出：体现语文学习任务群特点，整体规划学习内容。综合考虑教材内容和学生情况，设计不同类型的学习任务，安排连贯的语文实践活动。注重语文与生活的结合，注重听说读写的内在联系，追求语言、知识、技能和思想情感、文化修养等多方面、多层次发展的综合效应。②"明亮课堂"在规划教学内容时要以学科为本，创造性地用好语文教材；以学生为本，精选适合儿童学习和发展的内容；以生活为本，链接生活中广博的学习资源。"明亮课堂"的教学内容提倡少而精，要与教学目标相统一；追求博而实，满足核心素养的多层次发展。

2."明亮课堂"要设计具有逻辑性和实践性的教学过程。《义务教育语文课程标准（2022年版）》指出：创设真实而富有意义的学习情境，凸显语文学习的实践性。语文学习情境源于生活中语言文字运用的真实需求，服务于解决现实生活的真实问题。创设情境，应建立语文学习、社会生活和学生经验之间的关联，

---

① 中华人民共和国教育部. 义务教育语文课程标准（2022年版）[S]. 北京：北京师范大学出版社，2022：44.

② 中华人民共和国教育部. 义务教育语文课程标准（2022年版）[S]. 北京：北京师范大学出版社，2022：45.

符合学生认知水平；应整合关键的语文知识和语文能力，体现运用语文解决典型问题的过程和方法。①"明亮课堂"的教学过程要具有逻辑性和实践性。依托学习任务群整合学习情境、学习内容、学习方法和学习资源，设计联动的教学过程，实现"主题—任务—活动"相互统一，"语文学习—社会生活—学生经验"相互联系，"文化自信—语言运用—思维能力—审美创造"相互促进。

3."明亮课堂"要选择多元、互动的教学方法。《义务教育语文课程标准（2022年版）》指出：教师要关注互联网时代日常生活中语言文字运用的新现象和新特点，把握信息技术与语文教学深度融合的趋势，促进师生在语文学习中的多元互动，充分利用网络平台和信息技术工具，支持学生开展自主、合作、探究性学习，为学生的个性化、创造性学习提供条件。②"明亮课堂"在教学方法的选择上要体现多元化，借助图片和音视频、设计任务单或思维导图、采取角色代入或表演等。还要体现互动性，自主学习与合作学习相结合，线上学习与线下学习相结合，开展项目式、探究性学习，促进学生的个性发展。

4."明亮课堂"要实施真实、有效的学习评价。《义务教育语文课程标准（2022年版）》指出：教师应树立"教—学—评"一体化的意识，科学选择评价方式，合理使用评价工具，妥善运用评价语言，注重鼓励学生，激发学习积极性。③《义务教育语文课程标准（2022年版）》指出：过程性评价重点考察学生在语文学习过程中表现出来的学习态度、参与程度和核心素养的发展水平。评价要真实、完整地记录学生参与语文实践活动的整体表现，关注学生在活动中表现出来的沟通、合作和创新能力。评价应发挥多元评价主体的积极作用，应运用多种评价方法，要拓宽评价视野，倡导学科融合。④"明亮课堂"要及时关注学生真实的课堂表现，包括学习态度、参与程度、知识掌握、能力增强、思维发展、态度情感等方面。尊重学生的个性差异，面向全体，关注个体，让每一个学生在课

---

① 中华人民共和国教育部. 义务教育语文课程标准（2022年版）［S］. 北京：北京师范大学出版社，2022：45.

② 中华人民共和国教育部. 义务教育语文课程标准（2022年版）［S］. 北京：北京师范大学出版社，2022：46.

③ 中华人民共和国教育部. 义务教育语文课程标准（2022年版）［S］. 北京：北京师范大学出版社，2022：48.

④ 中华人民共和国教育部. 义务教育语文课程标准（2022年版）［S］. 北京：北京师范大学出版社，2022：46-47.

堂上呈现自然生长的样态。课堂评价可以采取自评、互评进行多元评价，加强教师对学生评价的再评价，让学生学会评价。可以设计评价量表、采取课堂观察等方式进行评价；可以在小组合作、汇报展示中进行评价。

（二）"明亮课堂"的评价标准

"明亮课堂"的评价标准主要从教学目标、教学内容、教学过程、教师课堂表现、学生课堂表现、教学效果六个方面进行评价，采取等级式评价（见表1-4）。

表1-4　"明亮课堂"评价表

评价要素	评价具体标准	评价等第		
		☆☆☆	☆☆	☆
教学目标	1. 具体明确，符合学生特点，体现核心素养要求。			
	2. 主次清晰，把握教学重点难点，能够有效落实。			
	3. 科学准确，指向不同目标分类，体现层次性。			
教学内容	4. 有针对性，精选教材内容，突出教学重点。			
	5. 符合学情，适合学生的认知特点和能力水平。			
	6. 适度拓展，满足不同层次学生的学习需求。			
教学过程	7. 创设真实的生活情境，主题、任务、活动相统一。			
	8. 设计相互联系的活动，步骤清晰，让学生亲身经历。			
	9. 体现"做中学""用中学""创中学"理念，方法有效。			
教师课堂表现	10. 教学方法灵活多样，善于激发学生兴趣、引发思考。			
	11. 基本功扎实，教学调控能力强，善于利用课堂生成资源。			
	12. 合理运用教学资源，善于引导学生自主学习。			
	13. 课堂评价及时有效，尊重和关注学生课堂表现。			
学生课堂表现	14. 对学习充满兴趣，能积极主动地参与学习。			
	15. 能声音响亮地发表自己的想法，思路清晰，表达完整。			
	16. 善于倾听，思维活跃，自主学习能力强。			
	17. 能有序地和同伴互动交流、合作探究。			

评价要素	评价具体标准	评价等第		
		☆☆☆	☆☆	☆
教学效果	18. 课堂教学目标能够有效达成。			
	19. 课堂氛围生动和谐，师生投入度高。			
	20. 课堂体现以学生为主，学生学习充分。			
评价等第	□优秀　　　　　□良好　　　　　□合格			
建议或意见				

二、建设"明亮社团"，发展语文学习兴趣

基于"明亮语文"的课程框架，我校"明亮社团"从学生成长需要出发，聚焦学生的语言表达与运用，以听、说、读、写为基本形式，开设门类丰富的语文社团。

（一）"明亮社团"的内容与组织形式

我校成立"儿童文学社""金玉书声朗诵社""金石翰墨书法社""快乐读书吧""明亮宣讲团""'向日葵'电视台"等众多语文学习社团，以学生自主选择为主，让学生张扬个性，展示自我，享受语文学习带来的快乐。具体设置如下（见表1-5）。

表1-5　"明亮社团"设置表

社团名称	社团目标	主要内容	年级与规模
儿童文学社	学习文学创作技巧，激发写作热情。	基于学习与生活进行文学创作，如儿童诗、散文等。	三至六年级30人
金玉书声朗诵社	掌握朗诵技巧，提高朗诵水平。	诵读经典诗文。	三、四年级15人
金石翰墨书法社	掌握软笔书写技巧，激发对传统文化的热爱。	欣赏软笔书法作品，临摹和创作书法作品。	四至六年级30人

社团名称	社团目标	主要内容	年级与规模
快乐读书吧	掌握阅读策略，养成阅读习惯。	开展整本书阅读活动，进行形式多样的阅读成果展示。	三至六年级各 15 人
明亮宣讲团	培养主题演讲能力。	宣讲校园故事、红色故事等，传递正能量。	四至六年级 10 人
明亮小记者	培养收集信息和处理信息的能力。	学习新闻采访、撰写、编辑和参与一系列社会实践活动。	四至六年级 10 人
"向日葵"电视台	培养主持的能力，增强语言表达能力。	播报校园新闻、宣传师生优秀作品和事迹等。	四、五年级 8 人
丁达尔戏剧社	培养创编能力与表演能力。	学习创编剧本，排演戏剧等。	四至六年级 20 人
模拟法庭	增强法治意识，培养思辨能力。	角色体验，熟悉开庭基本流程。	六年级 20 人

（二）"明亮社团"的评价方法

"明亮社团"主要采取考级、展演、成果集等方式进行评价。

1. 考级式评价。以"金石翰墨"书法社为例，学校制定书法考级制度，每学年开展一次书法考级考试（一级至十级），学生根据自身实际进行报考。经考核后，颁发等级证书。

2. 展演式评价。通过表演、演讲、辩论等多种形式展示社团成果。以"金玉书声"朗诵社为例，组织学生进行诗词、散文朗诵比赛或集体朗诵表演。以"丁达尔"戏剧社为例，组织学生排演课本剧、童话剧等。

3. 成果集评价。搜集整理创作的优秀作品，如诗歌、剧本、读书笔记、思维导图、研究报告等。以儿童文学社为例，把优秀作品汇编成册，形成个人或团队成果集。以"快乐读书吧"为例，通过阅读整本书，形式阅读笔记、读后感、书评等各类作品。

三、推行"明亮研学"，做实语文课程整合

基于"明亮语文"课程理念和目标，通过整合校内外优质课程资源，设计具

有鲜明特色和实践意义的"明亮研学之旅"。为儿童提供丰富多彩的学习内容和实践机会，培养儿童良好的语文素养、思维能力和审美情趣。

"明亮研学之旅"以年级组为单位开展活动，通过研学旅行的形式将儿童带至广阔的学习空间，亲身体验日常生活中语文的独特魅力。

"明亮研学"的主要内容

"明亮研学之旅"根据不同年龄段儿童的特点，按照年段进行划分，各个年级均侧重于不同的研学主题和学习任务。具体设置如下（见表1-6）。

表1-6 "明亮研学"研学主题、学习任务设置表

研学主题	实施年级	学 习 任 务
我爱我家	一年级	仔细观察自己的家由哪些部分组成，分组讨论各部分功能，思考如何打造自己的梦想之家，尝试用笔画出梦想家园并配上文字说明。
美丽校园	二年级	手绘一幅校园平面图，标示出自己最喜欢校园中的一处美景，拍下一张照片并用简单的文字进行介绍。
人文花桥	三年级	参观花桥历史陈列馆和杰出人物馆，了解花桥地区具有代表性的杰出人物风采，感受"人文荟萃 德耀花桥"的丰厚历史底蕴。
湿地探秘	四年级	走进天福国家湿地公园，了解湿地相关知识，观察认识湿地中独特的动植物，亲近大自然，激发对生态环境的热爱和保护意识。
文化传承	五年级	走进昆山昆曲文化中心，参观溯源昆曲发展史，通过化妆摄影、研习赏戏等形式沉浸式体验昆曲之美。
未来规划	六年级	实地参观苏州地区的高校、花桥复旦科技园、大数据产业园、才智科技园等，了解职业发展方向和科技带来的变化，激发学习动力，为即将到来的中学生活做好规划。

此外，结合语文教材开展"跟着课本去旅行"系列研学活动。具体内容如下（见表1-7）。

表1-7 "跟着课本去旅行"系列研学活动

年 级	课 文	推 荐 目 的 地
一年级	《我是中国人》	北京天安门
	《吃水不忘挖井人》	江西瑞金

年 级	课 文	推荐目的地
一年级	《我多想去看看》	北京天安门、新疆天山
	《赠汪伦》	安徽宣城桃花潭
二年级	《登鹳雀楼》	山西运城鹳雀楼
	《望庐山瀑布》	江西庐山
	《黄山奇石》	安徽黄山
	《日月潭》	台湾日月潭
	《葡萄沟》	新疆吐鲁番
	《八角楼上》	江西井冈山
	《难忘的泼水节》	云南西双版纳
	《晓出净慈寺送林子方》	浙江杭州西湖
	《邓小平爷爷植树》	北京天坛
三年级	《望天门山》	安徽芜湖天门山
	《饮湖上初晴后雨》	浙江杭州西湖
	《望洞庭》	湖南岳阳
	《富饶的西沙群岛》	海南西沙群岛
	《海滨小城》	广东湛江
	《美丽的小兴安岭》	黑龙江小兴安岭
	《早发白帝城》	重庆瞿塘峡
	《三衢道中》	浙江衢州
	《赵州桥》	河北石家庄
	《一幅名扬中外的画》	北京故宫
	《大林寺桃花》	江西庐山
四年级	《观潮》	浙江海宁
	《题西林壁》	江西庐山
	《爬天都峰》	安徽黄山
	《出塞》	内蒙古

年　级	课　文	推荐目的地
四年级	《延安，我把你追寻》	陕西延安
	《记金华的双龙洞》	浙江金华
	《颐和园》	北京颐和园
	《七月的天山》	新疆天山
	《独坐敬亭山》	安徽宣城
	《芙蓉楼送辛渐》	江苏镇江
	《挑山工》	山东泰山
五年级	《冀中的地道战》	河北保定
	《题临安邸》	浙江杭州
	《圆明园的毁灭》	北京圆明园
	《枫桥夜泊》	江苏苏州寒山寺
	《景阳冈》	山东聊城
	《猴王出世》	江苏连云港花果山
	《黄鹤楼送孟浩然之广陵》	湖北武汉黄鹤楼
	《威尼斯的小艇》	意大利威尼斯
	《牧场之国》	荷兰
	《金字塔》	埃及开罗
六年级	《草原》	内蒙古呼伦贝尔草原
	《宿建德江》	浙江杭州
	《狼牙山五壮士》	河北保定
	《开国大典》	北京天安门
	《故宫博物院》	北京故宫
	《我的伯父鲁迅先生》	浙江绍兴
	《北京的春节》	北京胡同
	《藏戏》	西藏
	《泊船瓜洲》	江苏扬州

四、欢度"明亮语文节",浓郁语文课程氛围

"明亮语文节"围绕课程目标要求,根据不同年级学生的特点,采取多样的活动形式,调动学生参与的热情,让学生充分展示所学,以达到在活动中运用语言文字,激发学生学习语文兴趣的目的。

(一)"明亮语文节"的活动设计

"明亮语文节"每学年一次,为期一个月。各年级围绕不同主题开展语文活动,以传统活动与特色活动相结合的方式,给学生营造浓厚的语文学习氛围。具体活动安排如下(见表1-8)。

表1-8 "明亮语文节"活动安排

时间	年级	传统活动	具体内容	特色活动	具体内容
3月中旬—4月23日	一年级	读好书	诵童谣比赛	拼音节	拼音趣味闯关
	二年级	写好字	整班铅笔字比赛	汉字节	讲好汉字故事
	三年级	写好字	整班钢笔字比赛	童话节	手绘童话、亲子秀
	四年级	读好书	图书跳蚤市场	诗歌节	创作诗歌、诗歌会
	五年级	写好字	整班钢笔字比赛	诗词节	开展诗词大会
	六年级	读好书	课外阅读知识竞赛	戏剧节	课本剧展演

(二)"明亮语文节"的评价标准

我校"明亮语文节"内容丰富,形式多样,深受学生喜爱。"明亮语文节"设立活动组委会,我们主要从活动内容、活动形式、活动过程、活动效果等方面进行评价(见表1-9)。

表1-9 金城小学"明亮语文节"评价表

评价内容	评 价 标 准	评价结果
活动内容(30分)	难易适度,符合学生的年龄特征;有趣味性,激发学生的学习兴趣;贴合生活实际,提高学生学语文、用语文的实践能力。	

评价内容	评　价　标　准	评价结果
活动形式 （20分）	形式生动活泼，把学生引入求知的活动中；个人与团队结合，语文知识与社交能力共同增长。	
活动过程 （30分）	学生参与积极，主体作用发挥好；学生口头、写作等语文水平提高循序渐进。	
活动效果 （20分）	学生兴趣得到培养，个性特长得到发展；拓展了学生的思维空间，培养了学生的创新意识。	
总体评价		
精彩之处	问题及建议	

五、打造"明亮学习场馆"，促进学校内涵发展

要打造一个优秀的语文学习场馆，需要从校级、年级和班级三个层面进行规划和落实。

（一）学校建设"学习大街"的物态环境

根据学校校园廊道宽阔、空间联通特点，设计流动的"学习大街"，打造特色的语文学习空间，满足学生展示、交流、互动和体验。这里的"大"，一是指向生活中的大情境；二是指向素养导向的大概念；三是指向自由、灵活的大空间。

"学习大街"分为七个部分："一个广场""一座城堡""四园""三站""三廊"以及规划中的"一个舞台"和"四个庭院"。

金色广场由校训石、成长金字塔、明亮之门组成，墙面上布置着学校的办学愿景、育人目标和一训三风，彰显学校"明亮教育"的核心文化。

金色童年图书馆共分两层，包括自由阅览区、金声小舞台、整班阅读课学习区、分组阅读区、教师阅览区、教师研讨区，满足师生不同的语文学习和阅读需求。

"四园"指春园、夏园、秋园、冬园，分别对应"我与自然""我与社会""我与他人"和"我与自己"四个主题，是展示、交流、互动的语文学习空间。

"三廊"分别是多维阅读廊、科艺实践廊和明星闪耀廊。其中多维阅读廊是

开展主题阅读、亲子阅读活动的主要场所。

在这些校级打造的"明亮学习场馆"中，将组织丰富多样的语文学习活动，如诗歌朗诵、演讲比赛、写作比赛等，激发学生的语文学习兴趣。

（二）各年级设置"明亮语文"学习区域

各个年级选择一个空旷而安静的角落作为学习区域，确保有足够的光线和舒适的环境。根据学段特性在语文学习角布置一些与语文学习相关的墙贴画，如汉字拼音、诗词句子、写作指导等，激发学习兴趣和提醒学习重点。

在廊道角落中设置一个书架，并放置一些适合年级的语文教材、语文读物和故事书籍，供儿童随时阅读，让儿童在学习时感受到语文的魅力。

在"明亮语文"学习区域的显眼位置，张贴学习规则和纪律要求，加强儿童的自觉性和纪律性。选拔优秀的学习能手，定期检查角落的布置和书架的整齐度，以保持学习环境的整洁和良好状态。

这样就可以打造一个专属的年级语文学习角落，提供一个舒适、富有学习氛围的环境，激发儿童对语文学习的兴趣和热情。

（三）各班级创建温馨"明亮语文"学习角落

每个班级外墙布置"明亮语文"学习园地，每月更换语文学习主题，展示学生的优秀作品和阅读成果。设置班级阅读区域，组织学习小组，进行课外阅读、讨论和分享，拓展学生的语文视野和能力。为班级设置一个专属的语文学习角，为儿童提供一个舒适、便利、有学习资源的环境，激发儿童的语文学习兴趣和主动性，让"明亮语文"照亮每一位儿童的心灵。

综上所述，"明亮语文"课程是结合教材和学生生活的真实体验而设计的课程，挖掘生活中的语文素材，通过建构"明亮课堂"、开发"明亮课程"、创建"明亮社团"、激活"明亮研学"、设计"明亮语文节"五大途径，践行"用语言照亮精神世界"这一理念。"明亮语文"面向全体学生，以培养学生的语文核心素养为目标，重视学生的个性化发展，激发学生学习的内在动力，努力实现"让每一个生命更明亮"的学校教育理念。

（本章主执笔人：昆山市花桥金城小学　王凤芳）

第二章

素养聚焦：学习目标的具体性与目标实现的针对性

素养聚焦的学科课程与学科实践整合设计，要注意学习目标的具体性与目标实现的针对性之间的关系，要处理好素养维度的抽象规定性与课程目标的具体描述性之间的关系、总体目标的具体性与局部实现的针对性之间的关系、素养达成的长期性与目标设计的切近性之间的关系。具体且有针对性的目标有利于指引学科实践的有效落实，让我们的教学实践更具有方向感。

课程是国家意志在教育领域中的主要载体，只有树立正确的课程目标，才能达到课程开展的效果，落实立德树人的根本任务。泰勒认为，课程目标的来源包括：对学习者本身的研究、对校外当代生活的研究。① 因此，课程目标应该体现课程教学的时空差异和个体差异，设立能够为学生提供具体学习方向的学习目标，帮助学生更加有效地规划与组织学习内容，提高学生课堂学习的效率。而且，具体性的学习目标能够让学生更加清晰地了解自己想要达到的学习效果，从而更加有针对性地进行学习。可以说，素养聚焦是学科课程与学科实践整合设计的靶心，即把目标与实施整合设计的靶心。素养聚焦的学科课程与学科实践整合设计，要注意理解学习目标的具体性与目标实现的针对性。

所谓学习目标的具体性是指在制定学习目标时，目标应该是明确、具体的，而不是模糊或宽泛的。具体的学习目标可以帮助学习者清楚地了解自己希望达到的具体效果，从而更有针对性地进行学习。学习目标是某一堂课（或几堂课构成的单元）希望要学习到的知识技能。它与特定的环境因素及师生因素是密不可分的，格朗伦德认为：作为学习结果之表述的学习目标，应当具有"行为目标""达成目标""可计测目标"的性质。② 也就是说，学习目标应当十分具体，且在课堂教学结束以后是能够进行检测的。由此可知，具体性的学习目标是指在学习的过程中所设定的具体的、明确的目标，还需具备可衡量性、可达成性、相关性和时效性，从而更有效地指导学习过程，建立学科核心素养。

所谓目标实现的针对性是指教育活动中根据学生的特点和需求，因材施教，有针对性地进行教学活动，以满足学生的学习需求。这种教育注重个体差异，关注学生的兴趣、能力和学习风格，让学生在个体化的学习环境中获得更好的学习效果。设计具体的学习目标，要注意三个方面：一是学习目标要符合国家课程标准的规定。只有这样，学习目标才能有理有据，明确政治站位，将立德树人具体

---

① Ralph W. Tyler. 课程与教学的基本原理［M］. 罗康，张阅，译. 北京：中国轻工业出版社，2008：68.

② Linn Gronlund. 教学中的测验与评价［M］. 国家基础教育课程改革"促进教师发展与学生成长的评价研究"项目组，译. 北京：中国轻工业出版社，2003：42.

化，在课程标准的要求下，确保学习目标与国家课程要求的一致性。二是学习目标要符合学生的身心发展规律，满足学生的个体需要，了解学生的个性差异，根据学生的学习实情合理设计，不能大而化小、千篇一律，让学生抓不到关键，而是要将学习过程中的问题与要求细化，要在活动中把目标细化，也就是要有针对性地设计。三是学习目标应当结合教材。对于学生而言，教材是学习的垫脚石。学习不能脱离生活，其实也不能脱离教材，教材的辅助往往起到了最关键的作用，那么学习目标在设计的时候也应该要结合这个载体，深度挖掘教材知识的要点，解读其中的有效资源，从而让目标更有针对性。

素养聚焦的学科课程与学科实践整合设计，要注意把握学习目标的具体性与目标实现的针对性之间的关系。具体来说，有三对关系值得注意：第一对关系是素养维度的抽象规定性与课程目标的具体描述性之间的关系，两者之间的关系是相辅相成、相互促进、相互制约，在教育实践中，我们需要充分发挥两者的作用，不断探索和创新，以更好地培养学生的素养和能力。第二对关系是总体目标的具体性与局部实现的针对性之间关系，课程总体目标与局部实现的针对性是相辅相成的两个方面。教师需要在明确课程总体目标的基础上，设计出具体、可操作的教学目标，并根据学生的实际情况和需求，灵活调整教学策略，以确保学生能够逐步实现课程总体目标。第三对关系是素养达成的长期性与目标设计的切近性之间的关系，长期性的素养培养需要通过切近性的目标设计来实现。教师在设计教学目标时，应当考虑到学生的长期发展需求，确保目标既有挑战性，又能够在学生的学习过程中逐步实现。同时，教师还需要根据学生的学习进展和反馈，适时调整教学目标，以保持目标的切近性和有效性。

总之，素养聚焦的学科课程与学科实践整合设计，要注意学习目标的具体性与目标实现的针对性之间的关系，要处理好素养维度的抽象规定性与课程目标的具体描述性之间的关系、总体目标的具体性与局部实现的针对性之间的关系、素养达成的长期性与目标设计的切近性之间的关系。具体且有针对性的目标指引学科实践的进行，让我们在教学实践中更具有方向感，从而使得学科实践得以进一步发展。从总体目标的具体性与局部实现的针对性之间的关系出发，引导学生从合理丰富的课堂活动中提高自身对学习行为的主动性和积极性，进而提高学习质量，充实自身各方面的能力，这也正是我们希望的在学科素养这样的大环境中需要培养出来的模样。从素养达成的长期性与目标设计的切近性之间关系出发，教师可以切实关注学生的长远发展，在更高效地完成教学任务的同时提升自身的教学能力，能从更加多维的方向上掌握学生的学习情况，再通过总结分析反思更好地开展其他的教学活动，可谓是一举多得，这也是在一定程度上让学生的学习有了保障。由此可见，多效性的学习目标在各式各样的学科实践中不仅是不可或缺，更是关键的链条，所有的教学活动都由此展开。

大美音乐：用旋律之美浸润心灵

昆山市花桥金城小学音乐组共有专任教师 9 名，平均年龄 27 岁，是一支年轻而又充满阳光与活力的队伍。全体音乐教师致力于研究音乐教材与教法，探索深化课堂改革，认真开展教研组活动和备课组活动。以备课组为单位开展听课、说课、磨课活动，以教研组为单位开展教学研究，每位教师都形成了各具个性的教学特色，课堂教学深受学生喜爱。我校"心声合唱团"连续两年获昆山市中小学艺术节合唱比赛二等奖；"心动舞蹈团"连续两年获昆山市级三等奖；"琴瑟筝鸣民乐团"获昆山市级二等奖。在教育教学实践中提炼出了"大美音乐"的学科理念。现依据《教育部关于全面深化课程改革落实立德树人根本任务的意见》《义务教育艺术课程标准（2022 年版）》等文件精神，推进"大美音乐"课程建设，取得了可喜的成效。

第一节　感受音乐的独特之美

一、学科课程性质

《义务教育艺术课程标准（2022年版）》指出："艺术是人类精神文明的重要组成部分，是运用特定的媒介、语言、形式和技艺等塑造艺术形象，反映自然、社会及人的创造性活动。艺术教育以形象的力量与美的境界促进人的审美和人文素养的提升。艺术教育是美育的重要组成部分，其核心在于弘扬真善美，塑造美好心灵。是对学生进行审美教育、情操教育、心灵教育、培养想象力和创新思维等的重要课程，具有审美性、情感性、实践性、创造性、人文性等特点。"①

基于新课标，我们认为音乐课程的核心价值是培养人的审美能力，音乐学科是极富情感力量和感性特征的，在发展人的感性素养和人文素养，丰富人的情感体验，培养健全人格，促进心理、情感、认知、能力的和谐发展方面有着其他学科不可替代的作用。

二、学科课程理念

基于上述认识，我们提出我校音乐学科的核心概念为"大美音乐"。在我们看来"大美音乐"以坚持"以美育人"的理念为大前提，面向全体学生，适应学生个性发展的需要，帮助学生找到适合自己的音乐学习方法，不断建构属于自己的音乐知识体系，丰富自己的音乐艺术体验，在音乐学习的形式、方式上做出创

---

① 中华人民共和国教育部. 义务教育艺术课程标准（2022年版）[S]. 北京：北京师范大学出版社，2022：1.

新，在内容上充分发掘与运用其他学科中体现中华美育精神与民族审美特质的心灵美、礼乐美、语言美、行为美、科学美、秩序美、艺术美等丰富美育资源，进而引导学生积极参与各类音乐艺术活动，感受美、欣赏美、表现美、创造美，丰富审美体验，学习和领会中华民族艺术精髓，增强中华民族自信心与自豪感；了解世界文化的多样性，开阔艺术视野。因此，音乐课程最重要的意义在于让学生在活动中潜移默化地感受音乐之美，塑造美好心灵。

（一）"大美音乐"即颂美音乐

《义务教育艺术课程标准（2022 年版）》指出："注重艺术与自然、生活、社会、科技的关联，汲取丰富的审美教育元素，传递人与自然和谐共生理念，促进学生身心健康全面发展。"[①]"颂美"即把自身学习生活中的各项美的情感体验通过音乐为载体而进行表现，用音乐表现的方式抒发出自身对于各项外界事物美的感受，把外在的、客观存在事物的"美"与自身的"心灵美"进行融合，创造出符合自身情感表达的、富含审美体验的音乐。

（二）"大美音乐"即聆美音乐

《义务教育艺术课程标准（2022 年版）》指出："学习领会中华民族艺术精髓，增强中华民族自信心与自豪感；了解世界文化的多样性，开阔艺术视野。"[②]"聆美"即聆听音乐美。其中的音乐形式多种多样，包含我国及全世界范围内其他国家的反映地区与民族特色的各类音乐、舞蹈艺术。在广泛聆听的过程中形成美的认知，感知与感受各民族地区音乐、舞蹈艺术的特色，开拓自身的音乐艺术视野。

（三）"大美音乐"即显美音乐

《义务教育艺术课程标准（2022 年版）》指出："激发学生参与艺术活动的兴趣和热情，使学生在欣赏、表现、创造、联系、融合的过程中，形成丰富、健康的审美情趣。"[③]"显美"即表现美，用歌唱、演奏、舞蹈等形式把音乐进行展

[①] 中华人民共和国教育部. 义务教育艺术课程标准（2022 年版）［S］. 北京：北京师范大学出版社，2022：2.

[②] 中华人民共和国教育部. 义务教育艺术课程标准（2022 年版）［S］. 北京：北京师范大学出版社，2022：2.

[③] 中华人民共和国教育部. 义务教育艺术课程标准（2022 年版）［S］. 北京：北京师范大学出版社，2022：2.

现。利用合唱团、舞蹈队、器乐团等校级社团与班级、校级文艺表演等各项活动为载体，让学生参与到活动当中去，展现自身的音乐素养，从而进一步丰富学生的审美体验，让音乐更具象更立体。

（四）"大美音乐"即品美音乐

《义务教育艺术课程标准（2022年版）》指出："重视表现性评价。围绕学生艺术学习实践性、体验性、创造性等特点，注重观察、记录学生艺术学习、实践、创作等活动中的典型行为和态度特征，运用作品展示、技艺表演等形式，对学生艺术学习情况进行质性分析，同时兼顾其他评价方式的应用。注重引导学生对自己的学习历程进行写实记录，丰富评价内容，提高评价的全面性、准确性。"① "品美"即对学生的审美能力进行评价，从音乐欣赏时的感受直至音乐表现时的效果进行评价。另外，因不同个体对于音乐的审美体验具有差异性，也应根据不同年龄学生学习特点与不同学段的学习目标，选用恰当的评价方式，抓住关键，突出重点，加强音乐课程评价的整体性和综合性。立足广阔的世界与生活，遵循儿童发展规律，尊重儿童个性差异，让审美体验真实发生。

总之，"大美音乐"扎根生活之本源，尊重学生之本体，立足艺术之本位，坚持以美育人，重视艺术体验，突出课程综合，用旋律之美浸润学生的心灵，展现向美的自己。

第二节　浸润儿童的精神世界

《义务教育艺术课程标准（2022年版）》指出：音乐课程围绕核心素养，

---

① 中华人民共和国教育部. 义务教育艺术课程标准（2022年版）[S]. 北京：北京师范大学出版社，2022：114.

体现课程性质，反映课程理念，确立课程目标。核心素养是课程育人价值的集中体现，是学生通过课程学习逐步形成的适应个人终身发展和社会发展需要的正确价值观、必备品格和关键能力。艺术课程要培养的核心素养主要包括审美感知、艺术表现、创意实践、文化理解等。[①] 我们认为，音乐课程培养审美能力，形成有个性的审美表现，加强对全国、全世界的文化理解，均是"大美音乐"对学生精神世界的浸润与培养，通过感知美、体验美、表现美浸润儿童的精神世界。

一、学科课程总体目标

根据《义务教育艺术课程标准（2022 年版）》总目标，"大美音乐"课程的学习，学生应达到以下目标。[②]

1. 感知、发现、体验和欣赏艺术美、自然美、生活美、社会美，提升审美感知能力。

2. 丰富想象力，运用多媒体技术和独特的艺术语言进行表达与交流，运用形象思维创作情景生动、意蕴健康的艺术作品，提高艺术表现能力。

3. 发展创新思维，积极参与创作、表演、展示、制作等艺术实践活动，学会发现并解决问题，提升创新实践能力。

4. 感受和理解我国深厚的文化底蕴和党的百年奋斗重大成就，传承和弘扬中华优秀传统文化、革命文化、社会主义先进文化，坚定文化自信，铸牢中华民族共同体意识。

5. 了解不同地区、民族和国家的历史与文化传统，理解文化与构建人类命运共同体的关系，学会尊重、理解和包容。

[①] 中华人民共和国教育部. 义务教育艺术课程标准（2022 年版）［S］. 北京：北京师范大学出版社，2022：114.

[②] 中华人民共和国教育部. 义务教育艺术课程标准（2022 年版）［S］. 北京：北京师范大学出版社，2022：114.

二、学科课程学段目标

浸润学生的精神世界，是指在音乐学科的学习中，学生观察自然、了解社会、感悟人生。探究、体验、领会艺术的魅力，积极主动参与到艺术活动当中去，用有组织、有意义的音乐语言表达思想，用视觉媒介和多媒体技术创造形象，用舞蹈语言抒发情感，通过扮演戏剧角色品味丰富的人生，运用现代媒介和数字媒体技术再现与表现世界，在艺术的世界中求真、崇善、尚美。依据课程分段设计思路，在学段划分上将第二阶段细化为两个学段，形成三个学段，分别是：第一学段为一、二年级，第二学段为三至五年级，第三学段为六年级。①

第一学段（1—2 年级）

1. 能体验音乐的情绪与情感，了解音乐的基本特征，感知音乐的艺术形象，对音乐产生兴趣。在音乐体验中唤起爱党、爱国、爱家乡的情感，具有乐观的生活态度以及激发对身边人的友爱之情。

2. 能积极参与演唱、演奏、歌表演、律动、音乐游戏、舞蹈、戏剧表演等艺术活动，积累实践经验，享受艺术表现的乐趣，在各种艺术实践中初步建立规则意识和合作意识。

3. 对音乐有好奇心和探究欲，能在探究声音与音乐的过程中表达自己的想法和感受。

4. 初步了解中国音乐文化和世界多元音乐文化，对身边的音乐和音乐现象感兴趣，能与他人分享、交流自己的发现和感受。

第二学段（3—5 年级）

1. 具有丰富的音乐情绪与情感体验，在与音乐作品的情感共鸣中焕发爱党、爱国、爱社会主义的情感，具有乐观的态度以及对美好事物的关爱之情；感知、体验、了解音乐的感性特征和审美特质，养成良好的欣赏习惯，能对音乐作品和

---

① 中华人民共和国教育部. 义务教育艺术课程标准（2022 年版）［S］. 北京：北京师范大学出版社，2022：7.

音乐活动进行简单评价,增强对音乐的兴趣。

2. 能自信、自然地进行演唱、演奏、歌表演、律动、音乐游戏、舞蹈、戏剧表演等艺术活动,乐于表达自己独特的感受和想法,在实践中增强规则意识、责任意识和学习意志力等,发展交流与合作能力。

3. 对音乐保持好奇心和探究欲,能在探究、即兴表演和编创等艺术创造活动中展现个性和创意。

4. 增进对中国音乐文化的了解和喜爱之情,了解世界多元音乐文化,开阔文化视野。

5. 关注社会生活和社会文化中的音乐现象,对音乐与姊妹艺术、其他学科以及个人、自然、生活、社会、科技的联系有初步的了解。

第三学段(6 年级)

1. 领悟音乐的思想感情和内涵意蕴,增强爱党、爱国、爱社会主义的情感和乐观的态度,以及对美好事物的热爱之情;加深对音乐感性特征和审美特质的感知、体验与理解,提高音乐欣赏和评述能力;对音乐产生浓厚的兴趣。

2. 乐于参与多种与音乐相关的艺术表现活动,展现自己的个性化理解和创意,在实践中增强交流与合作能力,学会尊重、理解和包容他人,养成守规则、负责任等良好品质。

3. 能选用合适的音乐作品表达自己的情感,编创与展示简单的音乐作品,具有一定的想象力和创造力。

4. 理解中国音乐文化中的中华美育精神和民族审美特质,增强文化自信;进一步了解、尊重世界多元音乐文化。

5. 能从文化的角度理解音乐与姊妹艺术、其他学科,以及个人、自然、生活、社会、科技的广泛联系,对社会生活和文化中的音乐现象有自己的想法。

三、学科课程具体目标

浸润学生的精神世界,把国家课程所规定的单元进行创意设计,并根据《义务教育艺术课程标准(2022 年版)》课程目标,义务教育教科书音乐教材及教师教学用书,确定"大美音乐"课程具体目标是通过学科的学习领会艺术的魅力,在艺术的世界中求真、崇善、尚美。基于此"大美音乐",以一年级为例设置了以下具体目标(见表2-1)。

表2-1　金城小学"大美音乐"课程具体目标(一年级)

学期 年级	上 学 期	下 学 期
一年级	【第一单元】 　1. 本单元名为"小手拉小手",意在鼓励小朋友之间手拉手,和老师手拉手,也要与音乐手拉手,成为好朋友。 　2. 一年级的起始单元,我们要了解音乐学习的主要形式,如听、唱、动、奏,建立基本的课堂规范。 　3. 在老师的指导下,亲身参与音乐实践活动,学会"聆听音乐",建立恒拍的感觉,享受音乐学习的快乐。 【第二单元】 　1. 本单元以"听"为主,把会唱歌的动物、乐器、小朋友等"集合"在一起,构成一个小小的音乐世界。 　2. 通过听唱歌曲《你听,什么敲响了》《嘎嘎小鸭子》《动物说话》《你早》和《成长的足迹》等内容,提高听辨声音的能力。 　3. 运用人声模拟、音色听辨、声势动作、歌词创编、节奏念读、旋律模唱等不同的活动方式,提高模仿声音的水平。 【第三单元】 　1. 本单元根据一年级学生爱唱好动的心理特点,选择了三首歌曲:《娃哈哈》《多快乐》《太阳》。通过对歌曲的学习,培养学生爱唱爱跳、活泼开朗的性格。在学唱歌曲的同时,体会、理解词义,初步萌发热爱祖国的情感。 　2. 在《娃哈哈》《多快乐》这两首歌曲的学习过程中,要注重感受歌曲活泼、热情的情绪和富有动感的旋律,并学习简单的舞蹈动作。 　3. 通过学唱歌曲《太阳》,巩固 la、sol、mi 的音高,并试着用 ta 和 ta-a 代替四分音符和二分音符读节奏,通过反复地练习逐渐熟悉歌曲节奏。 【第四单元】 　1. 本单元的《上学歌》和《放学歌》	【第一单元】 　1. 在唱、奏、动相结合的活动中,体验二拍子和三拍子的不同韵律。 　2. 我们将认识"三角铁"和"沙球"两件打击乐器,在一年级上学期"知其形、辨其声、会演奏"的基础上,在"尝试用打击乐器表现生活中的声音""学习多声部的伴奏"等方面进一步提高。 　3. 在唱、听、动、创中逐步提高音乐欣赏与表现能力,并享受音乐带来的快乐。 【第二单元】 　1. 本单元所选曲目欢快活泼,极富律动性。通过参与演唱、演奏、集体舞、综合艺术表演等音乐实践活动,从欢快的音乐中体验生活的快乐和幸福是本单元的重点。 　2. 欣赏《快乐的啰嗦》,小朋友们可以闻乐而动,踩着快乐的拍点,在轻松活泼的氛围中进行。《拍手唱歌笑呵呵》和《幸福拍手歌》都围绕"拍"字展开。 　3. 通过"拍"的活动激发小朋友们学习音乐的兴趣,培养他们的内心听觉和音乐表现力,同时增进同学之间的友谊和相互合作的能力。 【第三单元】 　1. 本单元以"鼓儿响咚咚"为题,学习两首与鼓有关的歌曲《小鼓响咚咚》和《大鼓和小鼓》。 　2. 尝试用鼓奏出强弱、长短、音色不同的声音,让学生体会鼓在演奏方法上的变化,启发学生想象。 　3. 在学习过程中,小朋友们仔细聆听,区分不同演奏方法所产生的不同鼓声效果。尝试演奏时,鼓点要清晰,并注意与歌声(乐声)的协调。

学期 年级	上　学　期	下　学　期
一年级	是一对题材相仿的歌曲。 　　2. 两首歌曲都加入响板、手串铃、碰铃等打击乐器为歌曲伴奏，通过不同的音乐实践活动体会感受二拍子、三拍子的不同。 　　3. 律动中的《问好歌》将感受音的高低与动作巧妙结合。《跳绳》也要随乐曲做律动，这些活动都可以发挥自己的想象力。 　　【第五单元】 　　1. 学习本单元时正值秋天。在学生们眼里，秋天总是色彩斑斓的季节，充满了欢乐与遐想。飘舞的红叶、高飞的大雁、香甜的瓜果，这些都让学生们陶醉。 　　2. 本单元在感受金秋丰韵的同时，尝试通过演唱、律动与舞蹈来表现对大自然丰富馈赠的珍爱与感谢，并且学会分享这些体现于音乐中的情感。 　　3. 在整个单元的学习中，要抓住每一个机会来强化对不同节拍、强弱的感受。 　　【第六单元】 　　1. 在唱、念、玩、奏的音乐活动中，使同学们喜欢上这些不同地区、幽默诙谐的儿歌童谣。 　　2. 在多种多样的活动中进行复习唱、奏方法，并且认识、练习唱、奏方法。 　　3. 通过演唱简单有趣的童谣巩固基本的音高（如 sol、la、mi、re）。 　　【第七单元】 　　1. 本单元以《唱游森林》为主题，让学生们通过诵读、演唱、欣赏、表演等方式亲近大自然，积极主动地参与到音乐学习中，并能从中体会学习的快乐。 　　2. 在前面几个单元学习的基础上，通过节奏声势、演唱律动等活动进一步强化恒拍感，进一步巩固节奏的感觉。在音乐活动中，感知歌曲结构，了解故事情节，表现音乐形象，体验"玩中学"的乐趣。 　　3. 在听赏活动中尝试用学过的打击乐器、声势动作随乐表现，获得愉悦的体验。能熟练演唱《隆咚锵》和《堆雪	【第四单元】 　　1. 本单元以"劳动最光荣"为主题，选择若干与劳动有关的音乐作品，让小朋友们在音乐活动中感受活泼、欢快的情绪。 　　2. 通过体验劳动的愉快，产生热爱劳动、热爱学习、热爱生活的情感。 　　3. 小朋友们通过参与歌表演、律动等综合性艺术表演活动，将感受到劳动歌曲的特点，激发起学习音乐的兴趣，表演潜能得到发掘，音乐表现力得到发展。 　　【第五单元】 　　1. 本单元通过生动有趣的音乐故事，在听听、唱唱、演演、奏奏的音乐活动中，丰富同学们对音乐的感受。 　　2. 将二分、四分、八分节奏的复习与四分休止的学习融入丰富多彩的活动中去，加强音乐表现的综合能力。 　　3. 通过简单旋律的模唱，巩固 sol、mi、do 的音高。 　　【第六单元】 　　1. 本单元将欢乐的歌和轻快的舞结合起来，学生们手拉手边唱边跳起圆圈舞，在集体的舞蹈中体验合作的愉快，感受各民族音乐的情绪、丰富的情感和生活的幸福。 　　2. 在聆听的基础上，通过演唱、节奏声势、律动、加乐器伴奏等活动，感受、体验三拍子、二拍子不同的韵律特点。 　　3. 学习用图形、节奏声势等手段表现乐句的异同，初步建立对音乐作品结构的印象。 　　【第七单元】 　　1. 本单元围绕"夏天的池塘"这一主题展开生动活泼的欣赏、唱歌等音乐活动，小朋友们可以从中感受到夏天池塘的自然气息和美妙意境。 　　2. 初步学会从大自然和音乐中发现美、感受美、创造美，激发起对大自然的热爱之情。

学期 年级	上　学　期	下　学　期
一年级	人》等歌曲，体会三拍子和二拍子的不同。 【第八单元】 　1. 本单元围绕"迎接春天，感受春日的美好，体验春天蓬勃的朝气"这个主题，小朋友们通过参与丰富的音乐实践活动，将尽情抒发对春天的期盼，感受春日蓬勃向上的朝气以及和同伴合作的快乐。 　2. 在听赏活动中，尝试用学过的打击乐器、声势动作随乐表现，获得愉悦的体验。 　3. 能熟练演唱《隆咚锵》和《堆雪人》等歌曲，体会三拍子和二拍子的不同。	3. 教学中，在聆听的基础上，通过演唱、节奏声势、律动、加乐器伴奏等活动，感受、体验二拍子、四拍子的韵律特点。 【第八单元】 　1. 本单元着重于体验与表现二拍子和三拍子的不同韵律，听辨、区分音乐在情绪、音高、表现形式等方面的变化。 　2. 小朋友要在教师的引导下，用自然的声音演唱《爱唱什么歌》和《萤火虫》。 　3. 积极地参与歌表演，尝试用体态语言表现歌曲的情绪，体验到与他人合作的乐趣。

第三节　设计完整的音乐审美体验

　　《义务教育艺术课程标准（2022 年版）》指出：在各艺术学科的学习中，学生观察自然、了解社会、感悟人生，探究、体验、领会艺术的魅力，积极、主动参与艺术活动，用有组织、有意义的音乐语言表达思想，用视觉媒介和技术创造形象，用舞蹈语言抒发情感，通过扮演戏剧角色品味丰富的人生，运用现代媒介和数字媒体技术再现与表现世界，在艺术的世界中求真、崇善、尚美。[①] 为了更好地实现课程目标要求，我们据此建构"大美音乐"课程体系，为儿童设计完整的音乐审美体验。

---

① 中华人民共和国教育部. 义务教育艺术课程标准（2022 年版）［S］. 北京：北京师范大学出版社，2022：7.

一、学科课程结构

《义务教育艺术课程标准（2022 年版）》指出：义务教育艺术实践内容包括欣赏（欣赏·评述）、表现（造型·表现）、创造（设计·应用）和联系/融合（综合·探索），是学生学习艺术、提升艺术素养必须经历的活动和过程。[①] 因此，我们认为音乐学科课程内容包括"欣赏""表现""创造"和"融合"四类艺术实践，进而"大美音乐"课程分为"大美欣赏""大美表现""大美创造""大美融合"四大类（见图 2－1）。

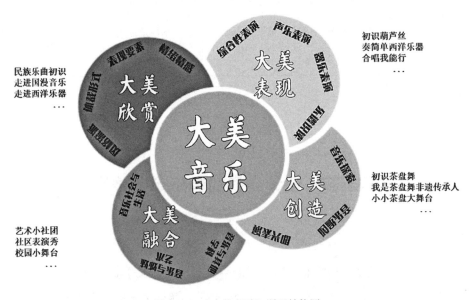

图 2－1 "大美音乐"课程结构图

各板块课程具体内涵如下。

（一）大美欣赏

内容为音乐情绪情感、音乐表现要素、音乐体裁形式、音乐风格流派。例如：聆听歌曲的速度、节拍、乐曲的结构划分，通过"欣赏"，学生体验音乐的情

---

① 中华人民共和国教育部. 义务教育艺术课程标准（2022 年版）［S］. 北京：北京师范大学出版社，2022：14.

绪与情感，了解音乐的表现要素、表现形式，感知、理解音乐的体裁与风格等，发展音乐听觉与感知能力，丰富音乐审美体验，深化音乐情感体验，提升审美感知和文化理解素养。

（二）大美表现

内容为声乐表演、器乐表演、综合性艺术表演、乐谱识读。例如：独唱歌曲、器乐合作、情境表演。通过"表现"，学生掌握声乐、器乐、综合性艺术表演所需的基础知识和基本技能，在艺术表现中表达思想和情感，丰富音乐活动经验，提升艺术表现素养。

（三）大美创造

内容为音乐探索、即兴表演、音乐编创。例如：音乐创作、合作表演。通过"创造"，学生对音乐及其他各种声音进行探索，综合运用所学知识、技能和创造性思维，开展即兴表演和音乐编创活动，表达个人想法和创意，提升创意实践素养。

（四）大美融合

内容为音乐与社会生活、音乐与姊妹艺术、音乐与其他学科。例如：多学科融合、与生活音乐相联系。通过"融合"，学生将音乐与社会生活、姊妹艺术及其他学科加以关联和融合，并在欣赏、表现和创造等实践中结合相关文化，理解音乐的人文内涵和社会功能，开阔文化视野，提升文化理解素养。

二、学科课程设置

除了基础课程之外，"大美音乐"1—6年级共计12个学期的课程设置如下（见表2-2）。

表2-2 金城小学"大美音乐"课程设置表

学期 年级 类别 内容		大美欣赏	大美表现	大美创造	大美融合
一年级	上学期	民族乐器初识（管乐）	初识葫芦丝（了解演奏方法）	初识茶盘舞（结合绘本）	艺术小社团1（与书法融合）
	下学期	民族乐器初识（弹拨乐）	进识葫芦丝（简单吹奏）	初识茶盘舞（结合视频）	艺术小社团1（与绘画融合）

学年级 期 类别内容		大美欣赏	大美表现	大美创造	大美融合
二年级	上学期	走进国漫音乐（弦乐类）	葫芦丝吹奏（简单乐曲）	茶盘舞初识（基础动作训练）	社区表演秀（表演自己的特长）
	下学期	走进国漫音乐（管乐类）	葫芦丝吹奏（简单乐曲）	茶盘舞初识（基础动作训练）	社区表演秀（表演自己的特长）
三年级	上学期	走进西洋乐器（弦乐初识）	葫芦丝小乐队（中难度乐曲）	看我跳：茶盘舞（个人展示）	社区表演秀（表演自己的特长）
	下学期	走进西洋乐器（管乐初识）	葫芦丝小乐队（中难度乐曲）	看我跳：茶盘舞（个人展示）	校园小舞台（表演自己的特长）
四年级	上学期	音乐会小听众（民族音乐）	奏简单西洋乐器（钢琴）	我是茶盘舞非遗传承人（宣讲绘本知识）	校园小舞台（表演自己的特长）
	下学期	音乐会小听众（西洋音乐）	合唱我能行（多声部训练）	我是茶盘舞非遗传承人（宣讲绘本知识）	乐之雅1（音乐读本）
五年级	上学期	戏曲乐魅力（昆曲）	合唱我能行（多声部演唱）	看我跳茶盘舞（向一年级同学展示茶盘舞）	乐之雅2（音乐读本）
	下学期	戏曲乐魅力（昆曲）	合唱我能行（多声部演唱）	看我跳茶盘舞（向一年级同学展示茶盘舞）	乐之雅3（音乐读本）
六年级	上学期	戏曲乐魅力（京剧）	才艺我最棒	小茶盘大舞台（集体跳茶盘舞）	音乐文化我来说
	下学期	戏曲乐魅力（京剧）	校园歌手大赛	小茶盘大舞台（集体跳茶盘舞）	音乐文化我来说

第四节　让审美体验真实发生

《义务教育艺术课程标准（2022年版）》指出：艺术教学要以立德树人为根本任务，以核心素养为导向。教师要深入理解艺术课程的性质、理念、目标、内容、学业质量，充分考虑学生的身心发展、个性特点和学习经验，设计并实施教学。① 为此，我校"大美音乐"从建构"大美课堂"、开发"大美课程"、创建"大美社团"、激活"大美探究"、设计"大美音乐节"这五大方面入手，让审美体验真实发生，践行"用旋律之美浸润心灵"的理念。

一、建构"大美课堂"，提升音乐教学质量

《义务教育艺术课程标准（2022年版）》指出：教师要立足学生的全面发展，挖掘教学内容多方面的育人价值，结合学生的成长需求，把握显性和隐性、近期和远期、部分和整体的关系，指向学生审美和人文素养发展进行教学目标设计，使学生通过艺术学习陶冶情操，温润心灵，激发学生想象力与创造力，充分发挥艺术教育培根铸魂、启智增慧的功能。②

（一）"大美课堂"的基本特征

我们认为，"大美课堂"拥有浸润性、审美性、成长性的这三个基本特征。

1. 浸润性。《义务教育艺术课程标准（2022年版）》中提出：艺术教育是美

---

① 中华人民共和国教育部. 义务教育艺术课程标准（2022年版）［S］. 北京：北京师范大学出版社，2022：111.
② 中华人民共和国教育部. 义务教育艺术课程标准（2022年版）［S］. 北京：北京师范大学出版社，2022：111.

育的重要组成部分，其核心在于弘扬真善美，塑造美好心灵。① 音乐在不同的场景、不同的时间，表达出不同的情感，我们在"大美课堂"中引导学生感受不同的音乐，如中国民族音乐、西洋音乐，剖析不一样的音乐风格如巴洛克时期、浪漫主义时期，从而达到心灵净化的目的，也让学生对"大美音乐"有基本认识。

2. 审美性。《义务教育艺术课程标准（2022 年版）》提出：以美育人。② 自古以来，音乐的呈现方式多种多样，在不同的场景、不同的时间所表达的音乐情感都有所不同。在"大美课堂"中，学生将了解各式各样的音乐形式，如早期歌剧与现代歌剧的不同，中国民族管弦乐的发展历程等，进一步去加深学生的音乐概念，提高音乐审美水平。

3. 成长性。《义务教育艺术课程标准（2022 年版）》中指出：坚持育人为本，强化素养立意。③ 每一首乐曲，每一支舞曲所表达的情感皆有不同，通过"看我跳：茶盘舞""民族乐器初识"等课程让学生进一步体会音乐背后的故事，了解音乐传递的道理、音乐发展的过程，从而更好地促进学生内心的成长。

（二）"大美课堂"的实践操作

我们在教学目标设定时，在教学内容选定时，在教学环节确定时，在教学方法确定时，在教学评价方法的选用时，紧扣"大美课堂"特点。

1. 明确教学目标。《义务教育艺术课程标准（2022 年版）》指出：教师不仅要关注自己的"教"，还要指导学生明确"为什么学艺术"。④ 课堂目标既是教师教的目标也是学生学的目标。从课堂过程看，将教学目标明确化，体现了"大美音乐"的理念：浸润心灵，例如欣赏中国民族音乐时，将聆听不同类型的民

---

① 中华人民共和国教育部. 义务教育艺术课程标准（2022 年版）[S]. 北京：北京师范大学出版社，2022：1.

② 中华人民共和国教育部. 义务教育艺术课程标准（2022 年版）[S]. 北京：北京师范大学出版社，2022：2.

③ 中华人民共和国教育部. 义务教育艺术课程标准（2022 年版）[S]. 北京：北京师范大学出版社，2022：111.

④ 中华人民共和国教育部. 义务教育艺术课程标准（2022 年版）[S]. 北京：北京师范大学出版社，2022：111.

族音乐（可把音乐类型细分成民歌、民族管弦乐、民乐等）感受民族音乐，了解民族音乐的形式等作为教学目标，让学生从教师的教授中明确自己在学习哪些知识。从课堂效果看，明确的目标更能体现"大美音乐"的特点：提升审美、促进成长。

2. 创新教学内容。《义务教育艺术课程标准（2022年版）》提出：教师要以任务、主题或项目的形式开展教学，将知识、技能嵌入其中，通过综合性、创造性的艺术实践活动，促进学生深度理解知识、技能，提升综合能力。[①] 丰富的课堂内容能调动学生参与课堂的积极性，"大美音乐"旨在用各式各样的教学方式创新教学内容，例如设置"走进国漫音乐""奏简单西洋乐器"等不同的课程，在课堂中带领学生从听音乐、看音乐、触乐器这几方面一步步深入了解音乐，从不同的角度去了解音乐，发现音乐的美。

3. 丰富教学过程。《义务教育艺术课程标准（2022年版）》提出：艺术教学要通过各种艺术实践活动，激发想象、调动情感、创造形象，为学生提供丰富的艺术表现方式和认识世界的途径，尊重学生独特的感知体验和多样化的艺术表达。[②]"大美课堂"旨在通过愉快的课堂让学生的音乐精神生命世界得到持续生长，保持活力，比如通过带领学生认识民族乐器、西洋乐器的不同之处以及不同乐器的背景，并能简单演奏某种乐器，例如：葫芦丝、钢琴等，从而能够让学生的心灵得到快乐。

4. 拓展教学方法。《义务教育艺术课程标准（2022年版）》指出：艺术教学要创造性地运用传统器具、材料和现代媒介，如乐器的材质和造型、中国画的笔墨纸砚、舞蹈与戏剧的服装和布景、影视的光效和影调等，发挥多种媒材的特性，展现多样的表现形式、形象与意境，充分调动学生的听觉、视觉、触觉、动觉等多种感觉，融想象、思考、创造于一体，增强学生对艺术的深层体验，丰富学生的精神世界。[③]"大美音乐"坚持要从听觉、动觉、视觉、触觉等多方面调动

① 中华人民共和国教育部. 义务教育艺术课程标准（2022年版）[S]. 北京：北京师范大学出版社，2022：112.
② 中华人民共和国教育部. 义务教育艺术课程标准（2022年版）[S]. 北京：北京师范大学出版社，2022：112.
③ 中华人民共和国教育部. 义务教育艺术课程标准（2022年版）[S]. 北京：北京师范大学出版社，2022：112.

学生运用多感官去感受音乐，用多样的方法使学生充分地学习与创新，从而引导学生用心去感悟音乐。在课堂中，运用但不限于不同乐器的实物展示，让学生对乐器有实质性的了解。也可以带领学生进入歌剧院、音乐厅等专业场所聆听专业歌剧表演、乐团演奏，从而能更好、更全面地理解音乐。

（三）"大美课堂"的评价标准

《义务教育艺术课程标准（2022年版）》指出：课堂评价是教学的有机组成部分。教师应面向全体学生进行评价，评价内容包括学生在学习过程中的行为表现、学习态度、课堂学习阶段目标的达成情况等方面。通过观察、提问、交流、记录等方式，了解学生在欣赏、表现和创意实践等过程中的学习进程、行为表现，分析、把握学生的学习态度、学习体验、学习困难，给予必要的指导。评价反馈应注重即时性、生成性、针对性，以鼓励为主，激发学生的积极性，同时指出存在的问题，帮助学生改进学习。① 因此，我们认为"大美课堂"的评价要从课堂、学生、家长这三个方面同时进行（见表2-3、表2-4）。

表2-3　课堂评价标准表

一级指标	二级指标	评 价 标 准	等 第		
			A	B	C
教学目标	目标要求	1. 学习目标明确具体，体现浸润心灵的理念			
	目标任务	2. 重难点讲授明确，能引导学生自行解决遇到的音乐问题			
	目标情境	3. 学生能理解音乐，从情绪理解、旋律节奏等多方面进行描述			
教学内容	内容要求	1. 教学内容丰富多彩，音乐知识讲授全面，课堂饱满			
		2. 课题讲授不同的音乐知识，拓宽学生知识面			
	教学方法	3. 运用多种教学方法引导学生参与活动，包括但不限于律动教学法、感受教学法等			

---

① 中华人民共和国教育部. 义务教育艺术课程标准（2022年版）［S］. 北京：北京师范大学出版社，2022：115.

一级指标	二级指标	评价标准	等　第		
			A	B	C
教学成果	知识掌握	1. 学生兴趣浓厚，热情度高，能够发现问题，大胆质疑			
		2. 课堂气氛活跃，学生能够说出自己对音乐的理解			
	知识理解	3. 学生能用自己的方式演奏出所听到的音乐			
	学习迁移	4. 学生能在课后运用所学知识找到自己更喜爱的音乐			

表 2－4　学生、家长评价标准表

班级_____　姓名_____

评 价 内 容	自我评价	小组评价	家长评价
给我的表现打个分！	☆ ☆ ☆ ☆ ☆	☆ ☆ ☆ ☆ ☆	☆ ☆ ☆ ☆ ☆
都学会了吗？	☆ ☆ ☆ ☆ ☆	☆ ☆ ☆ ☆ ☆	☆ ☆ ☆ ☆ ☆
我的积极性怎么样？	☆ ☆ ☆ ☆ ☆	☆ ☆ ☆ ☆ ☆	☆ ☆ ☆ ☆ ☆
我的作品棒不棒！	☆ ☆ ☆ ☆ ☆	☆ ☆ ☆ ☆ ☆	☆ ☆ ☆ ☆ ☆
我能找到身边的音乐了吗？	☆ ☆ ☆ ☆ ☆	☆ ☆ ☆ ☆ ☆	☆ ☆ ☆ ☆ ☆

二、开发"大美课程"，强化音乐课程特色

《义务教育艺术课程标准（2022 年版）》指出：根据不同学段学生的年龄特点，1—2 年级在唱游音乐课程中设置"趣味唱游""聆听音乐""情境表演""发现身边的音乐"4 项学习任务，3—9 年级在音乐学科课程中设置"听赏与评述""独唱与合作演唱""独奏与合作演奏""编创与展示""小型歌舞剧表演""探索生活中的音乐"6 项学习任务。[①]"大美课程"是指能够引导学生感知音乐的美，

[①] 中华人民共和国教育部. 义务教育艺术课程标准（2022 年版）[S]. 北京：北京师范大学出版社，2022：16.

勇于通过音乐去表达创意、展现自我的课程。由此开发符合我校音乐学科的"大美课程",需要从设计要点和评价要求两个方面入手。

(一)"大美课程"的设计要点

1. "大美课程"注重体验。《义务教育艺术课程标准(2022年版)》指出:在艺术教学过程中,教师要营造开放的学习情境,引导学生亲近自然、感受生活,让学生全身心地参与其中,焕发积极情绪,获得审美直觉和美感体验。[①] 创设丰富多样的学习情境,引导学生链接生活与音乐学习,激发学生的好奇心、求知欲,促进学生音乐体验。例如我们设置了"走进西洋乐器""葫芦丝吹奏"等体验类课程,让学生能够更好地感受音乐。

2. "大美课程"与生活关联。《义务教育艺术课程标准(2022年版)》指出:发现身边的音乐旨在引导学生从关注身边的声音和音乐开始,萌生探究愿望,逐步发现、关注更多的音乐和相关现象,展示、交流自己的发现,体会音乐与社会生活的关系,主动参与身边的音乐活动。[②]"大美课程"旨在从学生的音乐生活实际出发,把握整体,关联相关学科。比如"社区表演秀""校园小舞台"等课程能让学生更好地将音乐融入进生活中,感受到生活中处处有音乐。

3. "大美课程"鼓励创作。《义务教育艺术课程标准(2022年版)》指出:教师要努力营造促使学生积极参与、敢于质疑、乐于交流的学习氛围,保护学生的好奇心、求知欲,激发学生艺术学习的内驱力;尊重学生的个体差异、艺术个性及独特发现,提供多种选择,加强个别指导,满足学生多样化的艺术学习需求;鼓励学生分享、交流艺术学习体验和成果。[③]"大美课程"以丰富的课程种类吸引学生自主选择,表达自己的音乐理解,通过"音乐文化我来说"这一类课程去引导学生表达出自己内心世界对于音乐的理解,也能在"音乐会小听众"这样的课程中进行交流感受不一样的音乐美。

---

① 中华人民共和国教育部. 义务教育艺术课程标准(2022年版)[S]. 北京:北京师范大学出版社,2022:112.

② 中华人民共和国教育部. 义务教育艺术课程标准(2022年版)[S]. 北京:北京师范大学出版社,2022:21.

③ 中华人民共和国教育部. 义务教育艺术课程标准(2022年版)[S]. 北京:北京师范大学出版社,2022:113.

（二）"大美课程"的评价要求

《义务教育艺术课程标准（2022年版）》提出：课堂评价是教学的有机组成部分。教师应面向全体学生进行评价，评价内容包括学生在学习过程中的行为表现、学习态度、课堂学习阶段目标的达成情况等方面。通过观察、提问、交流、记录等方式，了解学生在欣赏、表现和创意实践等过程中的学习进程、行为表现，分析、把握学生的学习态度、学习体验、学习困难，给予必要的指导。评价反馈应注重即时性、生成性、针对性，以鼓励为主，激发学生的积极性，同时指出存在的问题，帮助学生改进学习。[①] 因此，"大美课程"的评价应符合以下基本原则。

1. 能够充分运用多媒体或网络资源，指导学生从模仿或改编入手，逐步过渡到独立创编和表演，充分尊重学生的自主创意和个性化表现。

2. 能够联系日常生活或学生的生活经验挖掘素材，设计符合学生年龄和心理特征的主题，如自然现象、生活场景、影视故事中的各类主题；提供丰富的材料、道具，适宜的场地等，营造相应的表演氛围。

3. 除规定的情境表演活动之外，能够结合演唱、欣赏等教学内容设计相关主题，根据不同学段学生的年龄特点，设计不同的表演活动。

三、创建"大美社团"，发展音乐学习兴趣

《义务教育艺术课程标准（2022年版）》提出：坚持以学生发展为本的教育理念，坚信每一位学生都具有学好艺术的潜能。面向全体学生，丰富艺术实践活动，建立学会、勤练、常展（演）于一体的机制，创造更多展示交流机会，激发每一位学生的艺术潜能，调动学生学习的积极性，发展学生的艺术素养，培养学生的艺术特长。[②] 创建"大美社团"旨在为学生创造展示平台，引导每一位学生参与音乐活动，用不同的方式去感受音乐、聆听音乐、理解音乐。所以创建我校

---

① 中华人民共和国教育部. 义务教育艺术课程标准（2022年版）[S]. 北京：北京师范大学出版社，2022：115.

② 中华人民共和国教育部. 义务教育艺术课程标准（2022年版）[S]. 北京：北京师范大学出版社，2022：112.

"大美社团"需从以下三个方面入手。

（一）"大美社团"的类型

我校成立了"心声合唱团""琴瑟争鸣民乐团""心动舞蹈团"等优质音乐学习社团。

1. 心声合唱团：通过基本的歌唱练习，训练学生的气息、音准、节奏，锻炼学生多声部演唱的能力。并通过欣赏优秀的合唱作品加深学生对合唱的理解。

2. 琴瑟争鸣民乐团：以中国民族器乐为主，社团多选有基础的学生，在日常训练中以不同乐器如何相互配合为主，锻炼学生手眼耳的协调能力，同时欣赏不同的器乐合奏作品，让学生对合奏有更深的概念。

3. 心动舞蹈团：通过某一实例舞蹈，训练学生的舞蹈基本功以及团队协作能力，最终能将实例舞蹈呈现出来，也通过欣赏舞蹈作品提高学生的舞蹈审美能力。

（二）"大美社团"的组织形式

为了更好地开展"大美社团"为学生提供多样化、个性化的自由展示空间，让学生张扬个性，感受音乐学习带来的快乐。组织形式有以下几点。

1. 尊重差异，自主选择。"大美社团"不同学段学生的年龄特点都有所不同，比如低、中年级学生活泼好动，形象思维比较活跃，而高年级的学生已经具有一定的音乐感性经验和认知基础，基于此，学校根据师资配备、周边资源，在广泛调研、征求意见的基础之上甄选出适合学生的音乐社团。

2. 走出校园，丰富体验。基于音乐与生活的密切关系，在创建社团的过程中要多途径创设社团学习活动。比如，组织学生参与社区表演秀、送温暖进养老院或者其他单位的文艺活动，引导学生积极探索生活中的音乐，感受音乐在生活中是不可或缺的。

（三）"大美社团"的评价标准

《义务教育艺术课程标准（2022 年版）》指出：坚持多主体评价。充分发挥学校、教师、学生、家长等不同评价主体或角色的作用，形成多方共同激励的机制，增强学生学习艺术的动力和信心。[①] 因此"大美社团"评价应关注以下几个方面。

---

① 中华人民共和国教育部. 义务教育艺术课程标准（2022 年版）［S］. 北京：北京师范大学出版社，2022：114.

1. 等级评价：以"琴瑟争鸣民乐团"为例，负责教师根据现阶段的训练要求，提出相对应的考核标准及评价等级。以考核的方式激发学生的积极性与主动性。

2. 团内互评：以学生自评、他评为主，引导学生从多个角度看待自己和他人的优缺点，从而增强学生的学习自主性。

3. 家长测评：家长结合自家学生在社团中的表现以及对该社团开展的活动进行评价，能够有效地推动社团发展和整改。

四、激活"大美探究"，做实音乐课程整合

《义务教育艺术课程标准（2022 年版）》提出：在艺术教学过程中，教师要注重引导学生运用各式各样的器具和材料进行演奏、创作、表演和编创。例如：音乐活动运用吹、拉、弹、打的乐器，以及乐谱等；美术活动运用笔、剪刀、刻刀，以及纸、墨、颜料、泥、木、石、金属等；舞蹈与戏剧（含戏曲）活动运用身体，以及各种材质的服装、布景等；影视（含数字媒体艺术）活动运用光、影、声、电等。[1] 音乐本身就属于综合化的课程，任何音乐的学习活动都不是单一的，"大美探究"以核心素养为目标，结合了听、唱、奏、演、动、创、舞等多种艺术实践活动以及美术、影视、文学、科学等多种学科开展活动。

（一）"大美探究"的实施策略

1. 音乐与美术整合。音乐与美术同为艺术类课程，着重培养学生的艺术审美以及感知能力，美术用画、雕塑等不同的作品带给学生视觉上的审美冲击，而音乐则是给学生带来听觉上的审美冲击。将美术作品与音乐相结合可以给学生带来视觉、听觉、触觉等多种感官体验，从而加深学生的艺术涵养，由此我们开设了"艺术小社团""音乐读本：乐之雅"等课程，让学生能进一步感受到美术是如何和音乐相结合的。

2. 音乐与舞蹈整合。舞蹈通过肢体语言去表达音乐所表达的情感，将音乐形象化、具体化。音乐与舞蹈相辅相成，将舞蹈整合进音乐教学是必然的，通过

---

[1] 中华人民共和国教育部. 义务教育艺术课程标准（2022 年版）[S]. 北京：北京师范大学出版社，2022：113.

"看我跳：茶盘舞""小小茶盘大舞台"等课程引导学生去认识舞蹈，学会用肢体语言去表达音乐，从而对音乐有更直观的印象。

3. 音乐与戏曲整合。中国的戏曲文化源远流长，形成于北宋时期，是"世界三大古老戏剧"之一。戏曲与音乐是不可分割的，"戏曲乐魅力"这一类课程的开展能让学生对戏曲有更深的认识，也能了解到戏与曲之间的相互联系，并能学会一些戏曲的基本表演。

（二）"大美探究"的评价要点

《义务教育艺术课程标准（2022 年版）》指出：坚持以评促学。倡导评价促进学习的理念，关注学生真实发生的进步，捕捉、欣赏、尊重学生有创意的、独特的表现，并予以鼓励，不断加深学生的艺术体验，引导学生发现自己的艺术潜能，合理运用评价结果改进学习，发展自己的艺术特长。[①] 因此，"大美探究"评价的基本原则如下。

1. 目标明确，能合理利用现代教育技术，采用视听结合、声像一体、虚实结合等方式创设与音乐相关的情境，产生音乐的情感共鸣与联想。

2. 能比较听觉艺术与视觉艺术的不同之处，能对音乐在舞蹈、影视等艺术形式中的特点和作用提出自己的分析与评价。并能辨别我国有代表性的曲艺和舞蹈。

3. 能够大胆发表自己对不同音乐的独特感受和见解，并通过演唱、歌表演、舞蹈等多种形式进行表达。

五、设计"大美音乐节"，浓郁音乐课程氛围

《义务教育艺术课程标准（2022 年版）》提出：教师要努力营造促使学生积极参与、敢于质疑、乐于交流的学习氛围，保护学生的好奇心、求知欲，激发学生艺术学习的内驱力；尊重学生的个体差异、艺术个性及独特发现，提供多种选择，加强个别指导，满足学生多样化的艺术学习需求；鼓励学生分享、交流艺术

---

① 中华人民共和国教育部. 义务教育艺术课程标准（2022 年版）［S］. 北京：北京师范大学出版社，2022：114.

学习体验和成果。学校应举办多种类型的学生表演与展示活动，引导学生通过表演和展示，获得艺术创造的成就感，增强学习艺术的自信心。①"大美音乐节"的举办能给学生提供一个多元化的舞台，让学生能够充分地展示自己，从而进一步地感受音乐对于心灵的浸润。

（一）"大美音乐节"的活动设计

"大美音乐节"采取教师主创与学生主创两种模式，面向全体学生，分类举行，旨在激发学生对音乐学习的兴趣，增加学生的音乐感受。整个"大美音乐节"共有四个活动板块。

1. "唱响未来十佳歌手大赛"首先在班级内进行选拔，每班选出一名选手参加学校总决赛，教师做比赛的评委，最终选出十佳歌手。

2. "乐动心声器乐大赛"比赛初赛由各参赛选手发送视频，负责教师选拔出决赛选手，再由学生作为评委评选出他们心目中的一、二、三等奖。

3. "舞动乾坤舞蹈大赛"可不设置初赛，不限形式，不限人数，由学生与老师一起作为评委。

4. "我心中的音乐之美"艺术表演大赛。该比赛以"大美音乐"为主题，引导学生加入自己的理解，进行节目编排，形式可以是歌舞表演、器乐表演、舞台剧等，再由学生作为评委评选出他们心目中的一、二、三等奖。

（二）"大美音乐节"的评价标准

《义务教育艺术课程标准（2022年版）》指出：重视表现性评价。围绕学生艺术学习实践性、体验性、创造性等特点，注重观察、记录学生艺术学习、实践、创作等活动中的典型行为和态度特征，运用作品展示、技艺表演等形式，对学生艺术学习情况进行质性分析，同时兼顾其他评价方式的应用。注重引导学生对自己的学习历程进行写实记录，丰富评价内容，提高评价的全面性、准确性。② 基于此，"大美音乐节"设置了两种评价方式。

1. 竞赛性评价：在各班初选的基础上，分年级进行比赛。通过投票和评分人

---

① 中华人民共和国教育部. 义务教育艺术课程标准（2022年版）［S］. 北京：北京师范大学出版社，2022：113.

② 中华人民共和国教育部. 义务教育艺术课程标准（2022年版）［S］. 北京：北京师范大学出版社，2022：114.

打分，综合评选出一、二、三等奖，并颁发证书（详见表2-5，以班班唱比赛为例）。

表2-5 金城小学"唱响金城 强国有我"班班唱比赛评分表

序号	班级	音准准确 （25分）	音色优美 （25分）	有创新、 歌曲完整 （20分）	精神状态 饱满 （20分）	服装统一 队列整齐 （10分）	总分	名次
1								
2								
3								
……								

2. 鼓励式评价：根据学生的参与人数，我们会参与颁发奖品的方式，鼓励学生积极表现自我，做到引导学生大胆展现自我。

综上所述，"大美音乐"从"大美课堂""大美课程""大美社团""大美探究""大美音乐节"这五个方面出发，践行"用旋律之美浸润心灵"的理念，带领学生多方面多维度地感受音乐、学习音乐、实践音乐，真正地将音乐渗透到学生学习生活的各个环节中。让学生更深入地理解什么是音乐、怎样合理运用音乐。"大美音乐"从理论知识再到心灵感悟，给学生带来了精神世界的升华，艺术情感的丰富。相信通过"大美音乐"这一学科课程的建设，能让更多的学生对音乐产生更加全面的认识，从而让学生的心灵得到更美的浸润。

（本章主执笔人：昆山市花桥金城小学 张寻）

第三章

结构优化：课程标准的理据性与框架建构的创造性

布鲁纳指出："不论我们选什么学科，务必使学生理解该学科的基本结构。"优化学科课程结构要关注课程的宏观结构、中观结构以及微观结构，特别需要关注课程标准的理据性与框架建构的创造性，即既要依据学科课程结构的标准规定，又不能完全因循课程标准，要有理念赋予的创造性。因此，在优化课程结构时，我们力求富有创造性地建构框架。

课程是一个不断变化着的范畴。有学者认为，当代学校课程呈现结构日趋合理化、内容的综合化、形式的多样化的发展趋势。① 泰勒指出，课程即学校为了达到其教育目的而设计并指导的学生所有的学习。② 基于此，我们认为，课程应视为一个综合体，各学科知识相互联结，内容多样化，旨在引导学生优化认知结构、深化学科理解及促进高阶思维技能的发展。课程不应仅是孤立知识点的集合，而应构成一个有结构的体系。这种结构不仅体现在单一学科内，更在于学校所有学科之间的相互关联与层次分明，共同塑造学生的全面素养。

在课程结构化方面，布鲁纳有独特的观点。他在《教育过程》中认为，"只有知识结构才是教育上应该强调的"，"不论我们选什么学科，务必使学生理解该学科的基本结构"。③ 所谓"学科的基本结构"主要包括基本原理、基本概念或事物之间的相互联系，布鲁纳提出，懂得基本原理可以使学科更容易理解并能有效地激发智慧，而获得的知识也需要完满的结构把它联在一起才不至于被遗忘。④我们认为，学科课程的基本结构，主要是指某一学科领域中现代科学知识体系的基本概念和原理。赫尔巴特从心理学视角强调了逻辑秩序与思维连贯性的重要性，这同样突显了学科结构的系统化特性。优化学科的基本结构有助于达成夸美纽斯倡导的"少教多学"的教学理念，促进学生知识的迁移能力，构建解决问题的有效框架。此外，优化学科的基本结构也有助于消融"低级知识"与"高级知识"之间的隔阂，推动学生高阶思维能力的提升。我们该如何实现学科课程的结构优化？一般认为，要关注课程结构的层级，即要注意宏观层次、中观层次以及微观层次，如果只关注其中的某一层次，就无法取得课程结构优化应达到的效果。⑤ 在宏观上，必须关注整体课程目标，调整各课程类型之间的比例，优化宏

---

① 吴也显，刁培萼. 当代学校课程发展的趋势 [J]. 课程·教材·教法，1985 (2)：32.

② 施良方. 泰勒的《课程与教学的基本原理》——兼述美国课程理论的兴起与发展 [J]. 华东师范大学学报（教育科学版），1992 (4)：20.

③ 柴崇茵. 对布鲁纳"学科基本结构"思想的几点看法 [J]. 上海师范大学学报（哲学社会科学版），1983 (2)：115.

④ 严丽萍.《教育过程》的主要思想及其对我们的启示 [J]. 常熟高专学报，1999 (3)：84.

⑤ 陈雨濛. 我国中小学课程结构的问题与优化研究 [J]. 教育现代化，2018，5 (43)：151.

观课程结构是完善整个课程结构的基础。课程中观结构的优化需要在宏观结构的基础上进一步解决各类课程内的结构问题。中观结构的调整应关注如何有效地组织课程内容，使其既符合教育目标，又能适应学生的多样化学习需求。在微观层面进行优化时，应将重点放在学科内知识的结构以及教材的设置与安排上，即考虑每一模块内容的合理性、知识的连贯性和递进性。在对教材进行编写时，应该有科学的指导思想，结合各学科的特色依据课程目标进行编写。

可以肯定的是，优化学科课程结构需要关注课程标准的理据性与框架建构的创造性。所谓课程标准的理据性，即依据学科课程结构的标准规定，例如语文学科的课程观体现为"三层四维"，分三个层面设置学习任务群，第一层设"语言文字积累与梳理" 1 个基础型学习任务群，第二层设"实用性阅读与交流""文学阅读与创意表达""思辨性阅读与表达" 3 个发展型学习任务群，第三层设"整本书阅读""跨学科学习" 2 个拓展型学习任务群；"四维"，是指识字与写字、阅读与鉴赏、表达与交流和梳理与探究四方面的学段要求。[①] 所谓框架建构的创造性，这意味着我们不能完全因循课程标准，要有理念赋予的创造性。因此，在优化课程结构时，我们力求富有创造性地建构框架。例如，同样是语文学科，基于课程标准的理据性，创造性地建构特色化的课文课程框架，我们将标准中的"三层四维"优化调整为："明亮识写、明亮阅读、明亮表达和明亮探究"。明亮识写：遵循"音—形—义"和"读—写—说"相对应的逻辑；明亮阅读：遵循"文字—文章—文学—文化"的逻辑；明亮表达：遵循"规范—创意—个性"的逻辑；明亮探究：遵循"校内—校外""课内—课外""学科内—学科间"相结合的逻辑，将课程标准的理据性与框架建构的创造性有机结合，从而落实我校语文学科的结构优化。

当然，学科课程结构的优化并不是一蹴而就的，它需要我们在实践中不断探索和完善的同时，还要关注社会发展的新趋势和新需求，及时调整和更新课程内容，确保课程始终与时俱进。

---

① 中华人民共和国教育部. 义务教育语文课程标准（2022 年版）[S]. 北京：北京师范大学出版社，2022：20.

乐智体育：让儿童在快乐世界中智慧生长

昆山市花桥金城小学目前有专职体育教师 15 名，其中昆山市学科带头人 1 名，中小学一级教师 6 名。"金枪鱼游泳社团"获得 2024 年全国体育传统学校游泳联赛团体总分第八名，1 名同学获全国小学组 50 米蝶泳铜牌，2024 年昆山市小学生游泳比赛冠军；"JCBA"篮球社团获得 2024 年昆山市校园篮球联赛（女子）团体冠军；啦啦操社团获得 2024 年昆山市阳光体育运动联赛小学生啦啦操比赛冠军。为进一步深化学生学科核心素养，我校体育教研组仔细研读《教育部关于全面深化课程改革落实立德树人根本任务意见》《义务教育体育与健康课程标准（2022 年版）》，推进"乐智体育"课程建设，取得了不错的成效。

第一节　在愉悦的情境中健体启智

体育与健康教育是实现儿童青少年全面发展的重要途径，体育与健康课程是体育与健康知识和技能学习有机融合的课程，具有基础性、健身性、实践性和综合性等特征。坚持"健康第一"、落实"教会、勤练、常赛"、加强课程内容整体设计、注重教学方式改革、重视综合性学习评价和关注学生个体差异六大课程理念。同时，根据小学生身心发展特点，我们认为，儿童可以通过运动、游戏、学习等轻松愉悦的活动来锻炼身体，同时也激发大脑的活力，增强思维能力，达到身心健康和谐发展的目标，即让儿童在愉悦中健体启智。

一、学科课程性质

《义务教育体育与健康课程标准（2022年版）》指出："义务教育体育与健康课程以身体练习为主要手段，以体育与健康知识、技能和方法为主要学习内容，以发展学生核心素养和增进学生身心健康为主要目的，具有基础性、健身性、实践性和综合性等特点，是学校教育的重要组成部分，对促进学生德智体美劳全面发展具有非常重要的价值。"[①]

基于新课标，体育与健康课程的核心在于育人，课程的四大特性进一步强调了这一点。基础性，强调培养学生掌握必要的体育与健康知识、技能和方法，养成体育锻炼习惯和健康的生活习惯，为学生终身体育学习和健康生活奠定良好的基础。健身性，强调在学习体育与健康知识、技能和方法的过程中，通过适宜负荷的身体练习，提高体能和运动技能水平，促进学生健康成长。实践性，强调以身体练习为主要手段，通过体育与健康学习、体育锻炼以及行为养成，形成体育与健康体验，增强学生的体育与健康实践能力。综合性，强调充分发挥体育的育人功能，强调以体育与健康学习为主，与德育、智育、美育、劳动教育和国防教育的有机结合。在跨学科主题学习和体育与健康课程教学中关注教育的整体性，形成体育与健康教育与德育、智育、美育、劳动教育和国防教育等相互渗透、互相交织，使之成为统一的完整过程，促进学生全面发展。

二、学科课程理念

在2022年版课标的课程理念中，重视发展学生的核心素养，体现了人本化的教育理念。"人本化"定位是先达到做人再学会育人，以"人的健康、人的价值、

---

① 中华人民共和国教育部. 义务教育体育与健康课程标准（2022年版）[S]. 北京：北京师范大学出版社，2022：1.

人的尊严"为出发点，强调学生个人的发展，满足学生身心健康发展的需要，促进学生的全面发展与个性完善，主张以人的发展为最高目标，高标准地实现学生在体育锻炼中"享受乐趣、增强体质、健全人格、锤炼意志、提升智力"。基于此，我们提出了"乐智体育"的学科课程理念。

"乐智体育"，"乐"是指乐学、乐练、乐赛，即学生生动、快乐地参与学习，提倡教师采用灵活多样的方式组织、开展学习活动，给学生创设适宜的学习环境，使学生身心愉悦地参与探究过程，充分感受学习的趣味性。"智"是指智慧的生长，是一种动脑的表现，包括对学习内容的深入思考，甚至是创新能力，强调学习不能只停留于快乐的层面，要上升到发展智力、立德树人的高度。"乐"与"智"紧密联系，相辅相成。因此，体育课程最重要的意义是使学生在体育学习中愉悦身心健康、提升内在的素养。

"乐智体育"即启智体育。旨在增强他们的智力、认知、社交和情感能力，以及身体素质。其核心理念是将各种学科的知识和技能融入体育教育中，通过有意识地设计体育课程和活动，帮助学生们积极探索、理解和运用各种知识和技能，促进他们的综合发展。与传统的体育课程相比，更加注重学生的主动性和参与性，通过开展各种体验性和创意性的活动，激发他们的兴趣和热情，提高他们的学习效果和综合素质。

"乐智体育"即完整体育。整体设计课程内容，每一块内容呈现出结构化，为学生参与运动和养成健康生活方式奠定基础。同时要关注体育与健康、体能与技能、学练与比赛、体育与其他学科的融合，增强学生融会贯通的能力。

"乐智体育"即实践体育。遵循规律设计，把握基础、多样、融合与运用，内容结构化，锻炼日常化，健康生活化，打破传统的知识、技能观，重"学、练、赛"一体化，坚持课内外有机结合，围绕体育核心素养关键要素，让学生真正地动起来。

"乐智体育"即有趣体育。在生动有趣的环境中学习，激发学生参与度和求知欲。评价既关注基本运动技能、体能与专项运动技能，又关注学习态度、进步情况及体育品德；既关注健康基本知识与技能，又关注健康意识和行为养成。评价主体以体育教师为主，鼓励学生、其他学科教师、家长等参与到评价中。

第二节　回归体智同长的运动旨趣

《义务教育体育与健康课程标准（2022年版）》指出，体育与健康课程围绕核心素养，体现课程性质，反映课程理念，确立课程目标。① 我们认为，体育课程不仅旨在增强学生运动能力、掌握知识与技能，形成健康的生活方式、养成良好的体育品德，更应成为丰富智慧运动的内在核心与旨趣。

一、学科课程总目标

依据《义务教育体育与健康课程标准（2022年版）》的要求，我校"乐智体育"课程的学习总目标如下。②

1. 掌握与运用体能和运动技能，增强运动能力。通过体育与健康课程的学习，学生能享受运动乐趣，掌握各种体能的学练方法，积极参与各种体能练习，达到《国家学生体质健康标准（2014年修订）》的相应要求，改善体形，保持良好的身体姿态，在学练多种运动项目技战术和参与展示或比赛的基础上掌握12项运动技能；认识体能和运动技能发展的重要性，掌握所学运动项目的基础知识和基本原理，了解并运用所学运动项目的规则；经常观看体育比赛，并能简要分析体育比赛中的现象与问题，形成积极的体育态度，增强分析问题和解决问题的能力。

2. 学会运用健康与安全的知识和技能，形成健康的生活方式。通过体育与

---

① 中华人民共和国教育部. 义务教育体育与健康课程标准（2022年版）［S］. 北京：北京师范大学出版社，2022：5.

② 中华人民共和国教育部. 义务教育体育与健康课程标准（2022年版）［S］. 北京：北京师范大学出版社，2022：6-7.

健康课程的学习，学生能理解体育锻炼对健康的重要性，积极参加校内外体育锻炼，逐步形成体育锻炼意识和习惯；掌握个人卫生保健、营养膳食、青春期生长发育、常见疾病和运动伤病预防、安全避险等知识与方法，并运用在学习和生活中；了解和体验体育活动对心理健康的积极影响，学会调控自己的情绪，积极应对挫折和失败，保持良好的心态；主动同他人交流与合作，知道在不同环境下进行体育锻炼的方法和注意事项，逐步适应自然环境和社会环境。

3. 积极参与体育活动，养成良好的体育品德。通过体育与健康课程的学习，学生能理解参与体育学练、展示或比赛对个人品德塑造的重要性；积极参与体育活动，在遇到困难或挑战自身身体极限且保证安全的情况下能克服困难、坚持到底，与同伴一起顽强拼搏；遵守体育游戏、展示或比赛规则，相互尊重，诚实守信，具有公平竞争的意识和行为；充满自信，乐于助人，表现出良好的礼仪，承担不同角色并认真履行职责，正确对待成败；能将体育运动中养成的良好体育品德迁移到日常学习和生活中。

二、学科课程水平目标

丰富智慧运动的内核，坚持体育课程目标的价值导向，根据体育与健康课程依据核心素养达成度，确定了"乐智体育"课程水平目标（见表3-1）。

表3-1　"乐智体育"课程水平目标

课程总目标	水平一	水平二	水平三
掌握与运用体能和运动技能，增强运动能力	·积极参与各种体育游戏，感受体育活动的乐趣。 ·学练和体验非移动性技能、操控性技能等基本运动技能。	·积极参与多种运动项目游戏，感受运动乐趣。 ·学练体能和多种运动项目的知识与技能，能进行体育展示或比赛。 ·运用所学知识观看体育展示或比赛。	·积极参与运动项目学练，产生运动兴趣。 ·体能水平显著提高；掌握运动项目的基本知识，学练运动项目的技战术，并能在体育展示或比赛中运用。 ·运用比赛规则参与裁判工作，观看体育比赛并能进行简要评价。

课程总目标	水平一	水平二	水平三
学会运用健康与安全的知识和技能，形成健康的生活方式	·感受体育锻炼对健康的重要性，参与校内外体育活动。 ·知道个人卫生保健、营养膳食、安全避险等健康知识和方法，并将其运用于日常生活中。 ·活泼开朗，体验快乐。 ·乐于与他人交往，适应自然环境。	·了解体育锻炼对健康的重要性，积极参与校内外体育活动。 ·了解个人卫生保健、营养膳食、青春期生长发育、运动伤病、安全避险等健康知识和方法，并将其运用于日常生活中。 ·关注自己情绪的变化。 ·积极与他人沟通和交流，适应自然环境的变化。	·理解体育锻炼对健康的重要性，主动参与校内外体育锻炼。 ·将健康与安全知识和技能运用于日常生活中。 ·遭受挫折和失败时保持情绪稳定。 ·交往与合作能力增强，适应自然环境的能力增强。
积极参与体育活动，养成良好的体育品德	·在体育活动中，表现出不怕困难、努力坚持学练的意志品质。 ·按照要求参与体育游戏。 ·在体育活动中尊重教师、爱护同学，能扮演不同的运动角色。	·在有一定难度的体育活动中，表现出勇敢顽强、克服困难的意志品质。 ·按照规则和要求参与体育活动。 ·在体育活动中表现出文明礼貌、乐于助人的行为。	·在有挑战性的体育活动中能迎难而上，表现出自信和抗挫折能力。 ·遵守各种规范和规则，尊重裁判，尊重对手，培养公平竞争的意识。 ·具有团队精神和集体意识，能接受比赛结果。

三、学科课程具体目标

丰富智慧运动的内核，确保课程能有效增强学生学习的迁移与运用能力，让运动充满智慧的光芒。根据《义务教育体育与健康课程标准（2022 年版）》，学校确定了"乐智体育"课程具体目标，以三年级为例（见表 3-2）。

表 3-2　"乐智体育"三年级课程目标表

	第一学期		第二学期
跑单元	1. 知道接力跑、合作跑、障碍跑、耐久跑的名称与方法，在跑与游戏练习中，发展位移速度、灵敏和耐力素质。 2. 乐于锻炼，体验与他人合作的乐趣。 3. 培养不怕苦累的精神与坚持完成各种练习的良好情绪状态。	跑单元	1. 能做出正确的站立式起跑和快速跑的基本动作，在练习中使位移速度、灵敏、协调素质得到发展。 2. 乐于参加跑的学练活动。 3. 培养在竞争与合作中的意识及勇于拼搏的精神。

	第一学期		第二学期
跳跃单元	1. 能做出各种跳跃动作，发展下肢力量、跳跃能力，增强灵活性。 2. 知道跳跃本领的好处，能在生活中运用到跳跃技术。 3. 培养遵守规则、互帮互学的体育品德。	跳跃单元	1. 能做出跑几步，单脚蹬地踏跳，双脚落地的动作，通过练习，发展协调性，增强弹跳能力和时空感。 2. 乐于参加跳远与游戏的各种活动。 3. 学会在练习和游戏中合作交流，力求比同伴做得更好。
投掷单元	1. 知道单手投掷动作方法，能掌握两脚前后站立和上一步投掷的动作方法，发展上肢力量及协调性。 2. 知道在安全的环境中进行投掷与游戏活动，乐于参与活动。 3. 培养勇敢顽强、积极向上、奋勇拼搏的精神。	技巧单元	1. 能掌握后滚翻的技术动作，发展上下肢、腰腹与背部的肌肉力量，增强灵敏、协调与柔韧素质。 2. 能愉快地学习后滚翻动作。 3. 培养敢于竞争、团结合作的优秀品质。
基本体操单元	1. 能在音乐伴奏下做出全套动作，发挥协调能力，保持正确的身体姿态。 2. 乐于参与基本体操的学习和游戏活动。 3. 培养守规则、讲合作、敢展示的体育品德。	武术单元	1. 能正确、熟练地做出所学武术动作，发展身体的协调性和灵敏性。 2. 知道学习武术对人体带来的好处，乐于参加练习。 3. 增强对武术的兴趣，培养积极进取、团结协作的良好品质。
武术单元	1. 通过武术学习，发展身体的柔韧性、协调性和灵敏性。 2. 乐于参加武术基本动作的学习，并能主动在课余时间练习。 3. 培养团结协作、坚持不懈、敢于表现自我的精神。	乒乓球与游戏单元	1. 学会握拍和多种玩球方法，初步学会推挡和发球的动作方法，发展灵敏、快速反应等身体素质。 2. 知道在安全的环境中进行乒乓球练习与游戏，了解乒乓球的起源以及国球的辉煌历史。 3. 培养不怕困难，勇于挑战自我的精神，学会在合作中互相竞争。
足球单元	1. 愿意与同伴一起愉快、积极地参与活动和比赛。 2. 感受运动的快乐，体验竞争的乐趣，懂得遵守游戏规则，培养友好合作探究的优良品质。	集体舞单元	1. 能学会本单元所学集体舞的方法，发挥柔韧、平衡和协调能力。 2. 乐于参加集体舞动作的学练，对民间体育活动感兴趣。 3. 培养团结协作，遵守规则的体育精神。

第三节　绘制体智交融的成长图景

学校依照《义务教育体育与健康课程标准（2022 年版）》的要求，基于
"乐智体育"课程理念，设立基础性课程和特色性课程相融合的"乐智体育"课
程体系，绘制出促进儿童体智交融、乐享成长的新图景。

一、学科课程结构

义务教育阶段体育与健康课程内容主要包括基本运动技能、体能、健康教
育、专项运动技能和跨学科主题学习五大领域。[①] 结合"乐智体育"课程理念，
我校将体育与健康课程分为"乐智运动、乐智体能、乐智健康、乐智技能、乐智
融合"五个模块进行课程构建（见图 3 - 1）。

乐智运动：指的是基本运动技能，包括移动性技能、非移动性技能和操控性
技能，主要发挥学生的身体活动能力，为学生发展体能和学练专项运动技能奠定
良好基础。

乐智体能：指的是体能素质，针对改善身体成分，发挥心肺耐力、肌肉力量、
肌肉耐力、柔韧性、反应能力、位移速度、协调性、灵敏性、爆发力、平衡能力
等，为学生增强体质健康和学练专项运动技能奠定良好基础。

乐智健康：指的是健康行为与生活方式、生长发育与青春期保健、心理健康、
疾病预防与突发公共卫生事件应对、安全应急与避险五个领域，帮助学生逐步养
成健康与安全的行为习惯和生活态度。

---

① 中华人民共和国教育部. 义务教育体育与健康课程标准（2022 年版）[S]. 北京：北京师范大学
出版社，2022：10.

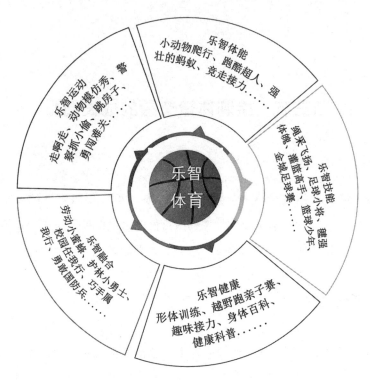

图 3-1 昆山市花桥金城小学"乐智体育"学科课程结构

乐智技能：指的是专项运动技能包括球类运动、田径类运动、体操类运动、水上或冰雪类运动、中华传统体育类运动、新兴体育类运动六类，每类包含若干运动项目。是学生在体育练习中完成动作的能力培养途径。通过丰富的课程学习，增强学生的运动能力。

乐智融合：指的是学生增强运动能力、学习健康知识和传承中华优秀传统的重要方式和途径。将学习内容与生活融为一体，培养学生良好的价值观和综合运动知识与技能解决实际问题的能力。乐智融合课程，充分发挥育人功能，促进学生全面发展。

二、学科课程设置

"乐智体育"的育人目的，是通过体育教育实现的。体育教育不在于运动技能的传授，而是表现在启发、创造、鼓励、体验等效应上。除了基础课程之外，根据课程标准要求结合我校体育课程总目标和一至六年级的学情，我们进行了"乐智体育"课程表设置（见表3-3）。

表3-3 金城小学"乐智体育"课程设置表

年级/学期		乐智运动	乐智体能	乐智健康	乐智技能	乐智融合
一年级	上学期	走啊走	小动物爬行	形体训练	绳采飞扬	劳动小蜜蜂
	下学期	动物模仿秀	跑酷超人	越野跑亲子赛	足球小将	护林小勇士
二年级	上学期	警察抓小偷	强壮的蚂蚁	趣味接力	毽强体魄	校园任我行
	下学期	跳房子	竞走接力	身体百科	灌篮高手	巧手属我行
三年级	上学期	勇闯难关	抢先入城	健康科普	篮球少年1	勇敢国防兵
	下学期	趣味跳	时代列车	安全小管家	金城足球赛	生活小达人
四年级	上学期	奔跑吧少年	打龙尾	健康超人	排球训练营	诚趣棋社
	下学期	你追我赶	群龙戏珠	小小安全员	定向越野	环保小卫士
五年级	上学期	小小消防员	风暴战士	卫生百科	篮球少年2	快乐龙舟
	下学期	街舞啦啦操	捕鱼能手	安全百宝箱	保卫家园	劳动最光荣
六年级	上学期	全能王	攻克堡垒	安全常识	体操王子	健康我做主
	下学期	趣味俱乐部	手足情深	健康生活	金城武馆	畅游昆山

三、学科课程内容

1. 乐智运动

（1）学习目标：知道基本运动技能的内容，认识如何在多样的技能中使用相似的动作概念，能保持良好的身体姿态，快乐地参与体育活动；乐于在教师的指导下参与多种基本运动技能的学练、游戏和比赛，能在游戏和比赛中运用适合的基本运动技能应对环境的变化；在活动中能适应教学环境的变化，积极与同伴交往互助，遵守纪律，文明礼貌。

（2）内容要点：此项内容仅涉及水平一、一、二年级的学生。主要包括：儿童的身体意识，移动技能，伸展、屈体、扭转、悬垂等非移动性技能和操控性技能。

2. 乐智体能

（1）学习目标：参与多种体能练习、游戏和比赛，提高体能水平；能与同伴、家长合作完成多种体能学练，每周进行 3 次（每次至少 0.5 小时）课外体能练习，养成坚持锻炼的习惯；在体能练习中积极向上，遇到困难时能努力克服和继续坚持学练，表现出稳定情绪，与同伴交流合作。

（2）内容要点：包括身体成分的基础知识、体能发展的基础知识和多种练习方法，运用身体成分的基础知识和改善身体成分的多种练习方法；心肺耐力、肌肉力量、肌肉耐力、柔韧性、反应能力、位移速度、协调性、灵敏性等体能，并了解和运用基础知识和多种训练方法发展体能水平。

3. 乐智健康

（1）学习目标：培养儿童健康行为与生活方式、生长发育与青春期保健、心理健康、疾病预防与突发公共卫生事件应对、安全应急与避险，帮助儿童逐步养成健康与安全的行为习惯和生活态度。

（2）内容要点：指导适量饮水、瓜果蔬菜需要清洗干净、不挑食的重要性；注意公共文明、知道男女生的生理差异、知道受伤的简单处理方法，知道遇到意外伤病时拨打急救电话；知道户外运动对预防近视的作用、掌握一些情绪调控方法，能积极同他人交流与合作；理解视力不良对自身生活质量等方面的影响，青春期生理与心理的变化，具有预防运动过程中性骚扰的意识和行为，掌握并运用一些情绪调控方法，主动同他人交流与合作。

4. 乐智技能

（1）学习目标：乐于参与、展示和比赛，在专项技能项目中学习、体验动作和组合动作并运用，知道所学技能知识和方法，学会观赏和评价。

（2）内容要点：包括篮球、排球、足球、绳键、武术、越野等专项技能。

5. 乐智融合

（1）学习目标：能积极参与跨学科融合创设的学习情境，能做出或掌握相关的基本运动技能、专项运动技能、体能的基本动作和组合动作技术；能与同伴愉快合作创设和完成各种类型的跨学科主题学习任务，并把所学的知识与技能运用到学习和生活中；能按照规则和要求参与各项活动和比赛，与同伴相互交流，团结互助，并能在各种情境学练中善于思考、乐于合作、不怕困难、自强自信、勇于挑战。

（2）内容要点：体育与德育、智育、美育、劳动教育和国防教育相结合，制定主题，融合多学科知识来解决问题，例如，劳动小蜜蜂、护林小勇士融合劳动教育，勇敢国防兵融合国防教育等。

第四节　多元路径共促智趣新体验

"乐智体育"课程，旨在让学生们体以为乐、育以启智。因此，"乐智体育"课程的实施与评价致力于构造生动有趣的学习环境和多元综合的评价方式，通过乐智课堂、乐智社团、乐智赛事、乐智体育节和乐智探究等课程的学习，激发学生参与度和求知欲，促进学生体育锻炼和学习健康知识，并能够将体育技能、方法和健康知识应用于现实生活中，以多元路径共同促进儿童体育活动中的智趣体验，助力学生的迁移实践，实现体育课程的育人价值。

"乐智体育"重视学生综合的评价，实现从"育体"到"育人"深度变革。评价内容围绕核心素养，既关注基本运动技能、体能与专项运动技能，又关注学习态度、进步情况及体育品德；既关注健康基本知识与技能，又关注健康意识和行为养成。评价方法重视过程性评价与终结性评价结合、定性评价与定量评价结合、相对性评价与绝对性评价结合。评价主体以体育教师为主，鼓励学生、其他学科教师、家长等参与到评价中。

一、构建"乐智课堂"，推进体育学科教学

"乐智课堂"通过情境性、游戏化、探究性的教学活动，强调学生积极的参与感，体验运动的快乐，启发学生的智慧生长。教师创设丰富多彩、生动有趣的教学情境，给学生创设适宜的学习环境，使学生身心愉悦地参与探究过程，充分

感受学习的趣味性。同时关注学生智慧的生长，以及生动有趣的体验，引导学生自主探究、合作交流，让学生掌握学科知识，形成完整的知识结构体系，不断深化学生对体育学科核心知识的掌握，以此为媒介，培养意志、习惯、品格等，充分发挥体育学科的育人作用，在教学中真正落实立德树人的根本任务，有力地推进学生综合素质的全面发展。

（一）"乐智课堂"的实践操作

根据学生身心发展的特征划分学习水平，《义务教育体育与健康课程标准（2022年版）》根据学生身心发展的特征，将中小学的学习划分为六级水平，并在各学习领域按水平设置对应的水平目标。水平一至水平三分别相当于1至2年级、3至4年级、5至6年级段学生预期达到的学习结果。

考虑到学生在学习基础的差异性，其他学段的学生也可以将高一级水平目标作为学习的目标。为了确保学习目标的达成，学习目标应该是具体的、便于观察的，包括：运动能力、健康行为和体育品德。要求学生在学习的同时，感受和体验心理的微妙变化，可以提高学生学习时自我认识，从而更加有效地保障课程目标的实现。例如：创设真实情境，情境教学法是一种主要适应小学低、中年级学生，利用低年级学生热衷模仿、想象力丰富、形象思维占主导的年龄特点，进行生动活泼和富有教育意义的教学方法，这种方法主要遵循幼儿认识和情感变化的规律。

1. 树立明确的课程育人意识，根据学生的身心发展规律、运动技能，形成规律和课程的育人特点设计各水平的教学单元。课程实施计划应从过分关注知识与技能的传授转向重视核心素养的培养，将核心素养的培养贯穿在学年、学期、单元、课时等各层次的学习目标、教学内容、教学情境中。在1至2年级，重点通过体育游戏发展学生的基本运动技能，让学生在玩中学、玩中练，激发学生的运动兴趣。在3至6年级，主要根据学生的兴趣爱好从六类专项运动技能中各选择至少1个运动项目进行教学，在重点发展学生各种体能的基础上发展多项运动技能，以满足学生多样化的运动需求。

注重设计专项运动技能的大单元教学，大单元教学是指对某个运动项目或项目组合进行18课时及以上相对系统和完整的教学。同时，要加强课内外的有机结合，促进学生通过较长时间的连续学练，掌握所学的运动技能。要避免把一个完整的运动项目割裂开来、断断续续实施教学，或在一个时间段内教授不同项目，如第一节课教排球的垫球技术，第二节课教篮球的原地运球，第三节课教武术的马步冲拳等，导致运动技能学习的负迁移。大单元教学既能使学生掌握所学项目的运动技能，又能加深学生对该项运动完整的体验和理解。

2. 根据"乐智体育"回应体育学科的本质要求，在生动有趣的环境中学习，激发学生参与度和求知欲，促进学生体育锻炼和学习健康知识，并能够将体育技能、方法和健康知识应用于现实生活中，做到能学会用，助力学生全面发展。因此，要合理制定学习目标和选编教学内容，增强学生学习的针对性和有效性，教师在制定学习目标和选择教学内容时，既要关注学生体能发展与运动技能学练的外在表现和效果，也要关注学生在学习过程中表现出的态度和价值观。教师应将学生核心素养的培养有机渗透到基本运动技能、体能、健康教育、专项运动技能、跨学科主题学习的学习目标中。

针对学习目标和学生特点合理选择教学内容，避免孤立、静态地进行单个动作技巧，单个知识点的碎片化教学，注重采用结构化知识与技能教学，加强学生对所学运动项目的完整体验和理解，提高学生在真实活动或比赛情境中运用知识与技能分析问题、解决问题的能力。教学内容的选择和设计要充分考虑学生的生长发育特点、体质状况、运动基础、兴趣和需求等，保证教学的基础性、多样性和系统性，引导学生在体验不同运动项目魅力的基础上掌握专项运动技能。同时要保证规定课时的健康教育，加强健康教育知识与学生生活的联系，引导学生把所学的健康知识与技能运用到体育锻炼、学习和生活中，逐渐形成健康文明的生活方式。

3. 改进课堂教学方式方法，促进学生主动学练。教学要实现从"以教为主"向"以学为主"的真正转变，将过分关注传授知识与技能转变为培养学生核心素养，促进学生形成积极的学习动机、学习态度和学习行为。设计完整的学习活动，教师要摒弃说教课、放羊课、安全课、单一技术课、测试课等，设计目的明确、内容丰富、情境真实、方法多样、互动良好的完整学习活动，将"学、练、赛"有机结合，引导学生在充分动起来的过程中享受运动乐趣，形成丰富、深刻的运动体验，在做中学、学中思、思中得。创设多种复杂的运动情境。

根据学习目标、教学进度等引导学生在对抗练习、体育展示或比赛等真实、复杂的运动情境中获得丰富的运动体验和认知，提高技战水平和体能水平，培养学生良好的体育精神、体育道德和体育品格。采用多样化的教学方式方法。在教学中，要将教师示范讲解与学生自主学练、合作学练和探究学练有机结合，将集体学练、分组学练和个体学练相结合，引导学生积极思考，主动探索，自觉实践，培养学生分析问题和解决问题的能力及创新意识。

科学设置运动负荷，应尽量减少教师讲解、示范、队形调动等时间，让所有学生充分动起来，改变"不出汗"的体育课，增进学生体质健康，促进学生掌握运动技能。每节课群体运动密度应不低于75%，个体运动密度应不低于50%，每节课应达到中等运动强度，班级所有学生平均心率原则上在140—160次/分。每节课应有10分钟左右体现多样性、互补性、趣味性和整合性的体能练习。同时，要引导学生做好充分的准备活动，循序渐进，逐步提高运动负荷，在保证运动安全的基础上增加学习效果。

（二）"乐智课堂"的评价标准

《义务教育体育与健康课程标准（2022年版）》指出：体育与健康课程学习的评价与考试是通过系统收集学生的课内体育学习态度与表现、课外体育锻炼情况与成效、健康行为等信息，依据学业质量对所反映的核心素养水平及学生的体育与健康课程学习情况进行判断和评估的活动，是不断完善课程建设的重要环节和途径。通过设置"乐智课堂"的评价标准表（见表3-4），实现多样化的学习评价，促进学生达成课程目标，发展核心素养。

表3-4　"乐智课堂"的评价标准表

目标	标 准 解 读	分值	得分
学习态度	1. 能够积极主动参与体育学习和锻炼	10分	
	2. 享受体育活动和比赛的乐趣	10分	
目标达成	1. 基本运动技能掌握	10分	
	2. 体能和专项运动技能的增强	10分	
	3. 具有一定的安全意识和防范能力	10分	
	4. 掌握健康的知识和方法，做到身心健康	10分	
	5. 运用体育知识技能解决问题的能力	10分	
	6. 通过体育运动启迪智慧的能力	10分	

目标	标　准　解　读	分值	得分
情感意志	1. 具有坚强的意志品质、学会调控情绪的方法	10分	
	2. 具备团队合作的意识和能力	5分	
	3. 学练、展示和比赛中的体育精神、道德和品格	5分	
综合评价	自我评价		合计：

（三）"乐智课堂"的评价要求

我们对"乐智课堂"的评价从出勤率、效果、态度三个方面进行。

1. 根据学生平时参与体育课、大课间，以及各类体育兴趣小组的出勤率，将学生定为优秀、良好、合格、待合格四个等次。

2. 根据学生在学习中能否掌握运动技能和方法，能否养成运动规则意识和运动中自我保护的能力以及终身体育的意识，将学生的学习效果定为优秀、良好、合格、待合格四个等次。

3. 根据学生在学习中能否积极主动参与体育学习和锻炼，以及能否在运动中养成吃苦耐劳和坚韧不拔的意志品质，将学生的学习态度定为优秀、良好、合格、待合格四个等次。

二、开展"乐智社团"，丰富学生体育活动

体育社团是体育课堂教学的有效拓展与延伸，在丰富学生课余文化生活的同时，更注重学生特长的发掘和培养。以社团为载体，实现健体、快乐、启智的目标。多元化体育社团教学，既能让学生掌握一项体育特长，又能强健体魄、培养坚强的意志品质、锻炼人际沟通和交往的能力、团队协作能力、创造能力、抗挫折能力、增强预判能力、决策能力和责任感，促进学生的全面发展。

（一）"乐智社团"的主要类型

根据课程标准的要求，结合学校实际情况，目前我校开展有田径社团、篮球社团、游泳社团、橄榄球社团、体适能社团、啦啦操社团、花样跳绳社团、花毽

社团、足球社团等。在今后的课程建设中，我们还要注意各课程在年级中的分配，争取让学生通过社团课程精进体育技能，并充分利用资源，开发学生喜欢、乐于学习、学有所获的校本课程。

（二）社团的组织与安排

体育社团活动时间为上午 7 : 00—8 : 00，下午 3 : 30—4 : 30。由各社团负责老师依据每学期初制订的社团训练计划开展训练。坚持教育性与趣味性相结合原则。要坚持育人宗旨，遵循教育规律和中小学生身心发展特点，寓教于乐、寓学于乐、寓练于乐，乐以启智，促进学生体育意识的形成和体育锻炼习惯的养成。

（三）"乐智社团"的学生综合评价表

表 3 - 5 　 "乐智社团" 学生综合评价表

课 程 名 称	评 价 标 准
田径社团	1. 社团设计合理，符合学生的身体、心理、已有知识能力的基础。 　2. 社团有完整详细的课程内容，并具备评价指标，以及反思记录。 　3. 教师认真组织活动，能根据不同运动项目开展适宜的教学。 　4. 学生通过社团学习，实现健体、育德、启智的目标。 　5. 除了具有体育学科特色的评价，课程还设置综合性评价，从学生的学习态度、学习能力、学习效果三个维度出发，关注学生的体育精神、体育道德、体育品格，记录学生的出勤情况，展示学生的学习成果，形成有效的过程性评价。
JCBA 篮球社团	
水能量游泳社团	
橄榄球社团	
体适能社团	
啦啦操社团	
花样跳绳社团	
足球社团	
炫动花毽社团	

三、举办 "乐智赛事"，激发学生体育热情

"乐智赛事"：赛事是评价学生体育运动技能练习成果及学校课程品质的有力抓手，增强学生自信，培养集体主义感，满足学生个性化发展的需求。学校体育组依据学校特色的发展需求，积极组织学生参与各级别比赛，努力搭建赛事平台，帮助学生发展体育特长、获得学习的成就感，享受运动带来的乐趣，为终身

　　　　　　　学科课程与学科实践的整合设计

体育锻炼打下良好的基础。

（一）"乐智赛事"的实践操作

"乐智赛事"，让学生可以在多种平台上展示才华，进行快乐、智慧的比赛，极大地激发了学生参与课程的兴趣。

表3-6 "乐智赛事"课程设置

比赛时间	比 赛 内 容	比赛组织	备　　注
3月	乐智杯少儿体适能比赛	一年级	3月参加昆山市比赛
4月	乐智杯篮球赛	年级赛	4月参加昆山市比赛
5月	校乐智杯春季运动会	全校参加	4月参加昆山市比赛
6月	乐智杯橄榄球赛	年级赛	7—8月参加江苏省比赛
9月	乐智杯游泳赛	年级赛	8—9月参加昆山市比赛
10月	乐智杯足球赛	年级赛	10—11月参加昆山市比赛
11月	乐智杯冬季运动会	全校参加	12月参加昆山市比赛

（二）"乐智赛事"的评价要求

活动形式多样，每种赛事都会制作不同的评价表，从比赛形式、学生参与度，以及创新度多角度的评价比赛。

为了提高赛事组织质量，实现以赛事促进学习、促进技能提升的学科培养目标，学校"乐智赛事"对体育赛事的评价主要从赛事组织实施、赛事成效两个方面展开。首先，赛前筹备工作合理有序。体育组教师合理确定赛事方案，布置场地，宣传到位。其次，赛事举办合理有序，做好教练员、领队、裁判员等赛事培训，有序进行开闭幕式、检录、成绩统计与公告。最后，学校对赛事进行评估总结、表彰及相关文件归档。

总之，"乐智赛事"课程是让每个学生享受体育的乐趣，以培养学生的运动能力、健康行为、体育品德为根本追求，依托"乐智赛事"课程体系，通过价值引领、组织建设、队伍保障等措施，激发学生参与度和求知欲，培养学生终身体育意识和能力，促进学生体育锻炼和学习健康知识，并能够将体育技能、方法和健康知识应用于现实生活中，做到能学会用，助力学生全面发展。

四、设立"乐智体育节"，点燃学生运动激情

节日文化是人类精神文化中必不可少的一部分，以赛事或某项运动为载体，培养学生的运动能力和遵守规则的优良品德是主题活动的重要组成部分。本着通过"乐智体育节"的学习，全面发展学生体能，增强学生体质，促进学生健康快乐智慧地成长。

（一）"乐智体育节"的活动设计

"乐智体育节"是检验学校体育工作成果的重要平台，为同学们提供了展示自我的舞台，同学们在竞技场上竞优争先，勇于拼搏，不仅赛出了成绩，更能展示学校师生良好的精神风貌和高尚的人格素养，展现学校团队的凝聚力及个人坚韧的意志品质。通过体育节活动教会同学们奋发向上的精神、团结协作的力量、面对困难与挫折的态度以及坚韧不拔、永不放弃的品质，使同学们能从容面对生活中的挑战与机遇。体育组每年精心策划体育节活动，包括体育知识竞赛、田径运动会、趣味运动会等。学生在竞赛活动中能够遵守规则、积极参与，通过体育节活动勇于展示自我、树立自信。

体育节共设七项竞赛活动，分不同时间段举行。第一项：1—6年级学生趣味拔河比赛；第二项：4—6年级学生接龙跳长绳比赛；第三项：1—3年级全员接力跳短绳比赛；第四项：1—6年级学生秋季田径运动会比赛；第五项：1—6年级学生趣味接力比赛；第六项：1—3年级学生室内操及4—6年级学生街舞啦啦操比赛；第七项：体育节征文、绘画、手抄报作品征集活动。

（二）"乐智体育节"的评价

"乐智体育节"是校园体育文化建设的重要部分，为达成"乐智体育节"活动完成的目标，我们主要从活动方案的实效性、活动参与的全员性、活动过程的主体性、活动项目的丰富性四个方面进行评价，具体评价标准如下。

1. 活动方案的实效性。方案的设计要基于学生体育素养的目标要求，在确保安全的基础上，与学生已有的体育经验和生活经验相联系，关注学生在体育技能、行为习惯、体育品德上的全面发展。

2. 活动参与的全员性。活动的组织面向全体学生、家长，确保每一位学生都

能得到公平公正的展示机会。

3. 活动过程的主体性。首先，评价内容新颖、符合学生年龄特征。其次，活动具有典型性、有感染力。再次，评价奖项设置与活动过程中学生的主体参与度，如学生参与裁判、宣传、场地布置等方面。

4. 活动项目的丰富性。活动项目的设置要结合师资、场地以及不同水平段学生的体能实际，同时要兼顾学校特色项目，既要有展示学生体育技能的个人项目，也有团结协作的集体项目。

五、推行"乐智探究"，促进学生全面发展

跨学科融合一直是学生增强运动能力、学习健康知识和传承中华优秀传统体育的重要方式和途径。推行"乐智探究"，融合多门课程，充分发挥育人功能，促进学生全面发展。跨学科主题学习部分主要立足于核心素养，结合课程的目标体系，设置有助于实现体育与德育、智育、美育、劳动教育和国防教育相结合的多学科交叉融合的教学内容。

（一）"乐智探究"主题学习的实践操作

"乐智探究"主题学习包括：体育运动与国防教育的跨学科融合，体现在培养学生的爱国主义和集体主义精神，合理运用战略战术和发展体能，强调纪律意识、勇敢顽强、不畏艰难、责任担当等；体育与健康课程和劳动课程的跨学科融合，体现在身体活动、能量消耗、意志锤炼、责任担当和健康生活等方面；人与自然和谐美的跨学科融合，体育运动是展现人体之美的最佳载体之一，人体在运动中所体现出的蓬勃活力和生命律动能培养学生正确的身体观和审美观。

表 3-7　"乐智探究"主题学习课程设置

"乐智探究"内容	水平一	水平二	水平三
体育运动与国防教育	小小特种兵	英雄小少年	智勇双全小战士
体育与健康课程和劳动课程	自己做自己的事	争做小劳模	巧手小工匠
人与自然和谐美	美丽的大自然	大自然神奇之旅	做身体的雕刻家

(二)"乐智探究"主题学习的课程内容

"乐智探究"主题学习的课程内容包括两个方面：一是对教师设计的"乐智探究"主题教学内容，看教学设计是否符合不同学段学生的身心特点，能够激发学生的学习热情，引导学生积极参与学练之中；二是学生学习效果，通过"乐智探究"主题学习，学生能否掌握相关的运动技能，同时与其他学科结合，明确其他学科所传递的精神内涵，磨炼自身的意志品质，增强面对问题、解决问题的应变能力和创新能力。

表3-8 "乐智探究"主题学习的课程内容

"乐智探究"内容	水平一	水平二	水平三
体育运动与国防教育	开展国防启蒙教育，在创设的情境中融入走、跑、跳、攀、爬、越等基本运动技能学练，培养学生不怕困难、勇敢顽强的意志品质，激发学生不怕吃苦的精神。	结合中国人民解放军的优良传统教育，在体能学练中引导学生扮演战士、消防员等不同角色，促进学生理解发展体能的作用，及所承担角色任务的重要性。	结合国防科普、武装力量资料学习，在对抗性的武术、球类等运动项目学练中创设多变的情境，培养学生的战术思维、预判能力和应变能力。
体育与健康课程和劳动课程	结合日常劳动行为，创设生活化的劳动情境，在增强学生基本运动技能的同时，引导学生感受劳动乐趣，爱惜劳动成果，树立自己的事情自己做的意识，培养学生的生活自理能力。	结合重复性、模仿性较强的体力劳动，宣传劳模精神，创设家务劳动情境，在发展学生体能的同时，帮助学生体会劳动者的艰辛，感受劳动的光荣，增强劳动的意识与能力。	结合各种劳动知识，在运动技能学练中创设由简单到复杂的劳动场景，增强学生的运动技能水平，引导学生体会平凡劳动者的伟大，形成良好的劳动习惯和品质。
人与自然和谐美	结合科学、艺术相关知识，在体育游戏中创设大自然情境，引导学生在发展基本运动技能的同时，在身体活动中接受大自然美的熏陶，增强学生欣赏生活中美的能力。	结合科学中生命进化历程和地球结构等相关知识，引导学生在多种身体活动中主动观察自然，增强对大自然的敏感力和直觉力，培养学生发现问题的能力。	结合科学、艺术中人体生理和人体美学等相关知识，在多种运动技能教学中引导树立正确的身体观和审美观，培养学生的创造性思维。

(本章主执笔人：昆山市花桥金城小学　何静珠)

第四章

内容延展：基础拓展的融合性与知识情境的整合性

课程的丰富性给予儿童无限可能。在我们看来，课程的丰富性包含数量和质量两个维度。从数量角度看，课程的丰富性为儿童提供了大量的学习机会，使得儿童可以在知识的海洋中尽情遨游；从质量角度看，课程的丰富性让课程少而精、简而活，确保它们既能够引导儿童探索多元世界，又可以帮助他们更好地将理论知识转化为解决实际问题的能力。

内容延展是课程丰富性的来源。课程的丰富性给予儿童无限可能。所谓课程的丰富性，在后现代课程学者多尔看来，是"课程的深度、意义的层次、多种可能性或多重解释"。① 在我们看来，课程的丰富性包含数量和质量两个维度。

从数量角度看，课程的丰富性为儿童提供了大量的学习机会。这种丰富性首先体现在为儿童准备了各式各样、内容丰富的教材，使得儿童可以在知识的海洋中尽情遨游，汲取知识的养分。同时，儿童可以根据自己的兴趣和需求，在众多的选择中找到最适合自己的学习路径，这种选择的多样性，可以极大地激发儿童的学习兴趣，增强他们的学习动力。此外，儿童学习的方式也呈现出多样性，有传统的课堂教学，师生互动，也有现代的信息技术教学，线上学习等，这些方式不仅拓宽了学习的渠道，也使得学习变得更加便捷和高效。

从质量角度看，课程的丰富性具有两个重要特点：一是精致的典型，做到少而精。著名学者怀特海认为："不要教太多的科目。教，就要教得透彻。"② 这种丰富性的核心目的，是为了服务于教育的最终目标——即提升学生们的抽象思维能力，并培养他们独立思考的良好习惯。因此，课程实施时需要遵循一定的教育规律，更重要的是，要能够让教师和儿童共同参与其中，根据儿童在面对丰富性内容时逐渐展现出的抽象思维能力，进行有效的互动和建构。二是适量的耗散，做到简而活。多尔认为："我们带给学生的应该是'真正的问题'，追求多种选择和模式。"③ 为了追求教育的"高效化"，我们往往会制定严格和复杂的规则，但这些规则往往过于细节化，缺乏必要的浪费和冗余，也就失去了灵活性。这样的规则系统不仅自身脆弱，还容易培养出依赖规则、缺乏创造力的儿童。因此，制定简单而灵活的规则显得尤为重要。在追求课程丰富性的同时，我们也需要关注规则的制定和实施方式，确保它们既能够引导儿童探索多元世界，又能够培养他们的独立思考和创新能力。

---

① 罗丽新. 论威廉姆·多尔的四 R 理论——一封给姐姐的信 [J]. 全球教育展望，2004，33（1）：22-29.
② 怀特海. 教育的目的 [M]. 徐汝舟，译. 北京：生活·读书·新知三联书店，2002：3.
③ 多尔. 后现代课程观 [M]. 王红宇，译. 北京：教育科学出版社，2000：176.

总体而言，课程内容的丰富性虽似纷乱，实则体现了生命的本质。它在数量上追求为儿童提供尽可能多的学习机会，让他们能够接触到丰富的知识和信息；在质量上则强调知识的精炼和生动，追求少而精、简而活的教学理念。同时，课程内容也追求模式与多样性的并存，旨在引导儿童通过多元、创新的学习方式，去探索、去实践，最终实现他们的学习成功。

课程内容在努力追求丰富性的同时，还需做到以下两点：第一，注重基础拓展的融合性。课程内容应当深入挖掘并巧妙融合基础知识与拓展知识。这意味着不仅要确保儿童掌握核心的概念和原理，还要在此基础上，通过引入相关领域的延伸内容，帮助儿童开阔视野，深化理解。基础知识的深厚功底是学生进一步拓展知识的前提，而拓展知识的学习又能反过来增强和巩固基础知识。第二，追求知识情境的整合性。课程设计应力求将知识性与情境性紧密结合。知识将不再是抽象的、孤立的教条，而是要放在具体的、真实的背景中去呈现和应用。这种情境性的学习能够激发儿童的学习兴趣，帮助他们更好地将理论知识转化为解决实际问题的能力。

总之，基础拓展的融合与知识情境的整合，将有助于更好地满足儿童的个性化学习需求，推动教育改革的持续深化和创新发展，进一步提升教育质量。

情智数学：进入情智共生的数学世界

昆山市花桥金城小学数学组共有专任教师 36 名，中小学一级教师 2 名，平均年龄不足 30 岁，是一支充满阳光、活力的队伍。全体数学教师致力于研究数学教材与教法，探索深化课堂改革路径，认真组织开展听课、评课、磨课等教研活动，积极参加各级各类教育教学活动，在苏州市教师素养竞赛中获奖 6 人次，在昆山市教学竞赛中获奖 5 人次，指导学生获奖 6 人次，在省市级刊物发表论文 15 篇、获奖 103 篇。为深度实施新版课程标准，我校数学组认真研读《教育部关于全面深化课程改革落实立德树人根本任务的意见》和《义务教育数学课程标准（2022年版）》，制订我校"情智数学"学科课程建设方案。

第一节　情智交响启迪数学之美

数学是对现实世界的抽象，是研究数量关系和空间形式的科学。通过对研究对象进行符号运算、形式推理、模型构建等，形成数学的结论和方法，帮助人们认识、理解和表达现实世界的本质、关系和规律。数学在形成人的理性思维、科学精神和促进个人智力发展中发挥着不可替代的作用。[①] 新版课程标准根据对数学本质的理解，描述了数学的课程性质。在深入探索数学的抽象世界与其实用价值的同时，我们也强调在情感与智慧的共鸣中感受数学的深层魅力，通过培养对数学美的感知和欣赏，进一步激发学习的兴趣与创造力，使数学教育不仅止于知识的传授，更成为一场启迪心灵、滋养智慧的精神盛宴，从而以情智交响启迪数学之美。

一、学科课程性质

数学具有培养儿童理性思维、科学精神、发展智力的功能，不仅是运算和推理的工具，还是表达和交流的语言，也承载着思想和文化，是人类文明的重要组成部分。因此，义务教育数学课程具有基础性、普及性和发展性。其中，基础性是指必备的基础知识和基本技能、基本思想和基本活动经验，建立扎实的数学基础；普及性是指在数学教学中要面向全体儿童，注重激发学习数学的兴趣，培养儿童独立思考的习惯和合作交流的意愿；发展性是指数学要发展实践能力和

[①] 中华人民共和国教育部. 义务教育数学课程标准（2022年版）[S]. 北京：北京师范大学出版社，2022：1.

创新精神，形成和发展核心素养，增强社会责任感，树立正确的世界观、人生观、价值观。① 对数学学科性质的科学理解，对我们校本化实施数学课程具有引导作用。

二、学科课程理念

我们认为数学学科基础性、普及性、发展性这三大性质要求我们在数学教学中不仅要在基础性、发展性上去唤醒儿童的潜在智慧，也要关注普及性，要激发儿童对数学的热爱，需要在智慧与情感上双管齐下。哲学家麦金泰尔认为："理智只有在情感的指挥下才会行动，而这样驱动的理智所导致的结论，只有在情感给予它以力量的时候才有力量。"郁达夫认为："没有情感的理智，是无光彩的金块，而无理智的情感，是无鞍镫的野马。"由此，我们认为情可生智，智能富情，情智相长，并提出自己独特的学科课程哲学——"情智数学：让儿童进入情智共生的数学世界"，目的是为了保证课程实施中凸显数学学科课程性质。"情智数学"是指感情先行，以情诱智，养情于智，启智育情，情智相长，情智和谐发展。

（一）"情智数学"是情智和谐发展的数学

"情智数学"在教学目标的设置上注重使儿童的积极情感得到培养，蕴藏的智慧得到唤醒和发展，即情智和谐发展。这种教学目标的设定不仅关注到传统的数学知识和技能的掌握，而且更加注重在情感层面上吸引和激励儿童，同时促进他们智力的成长和发展。首先，在情感方面的目标，重点在于激发儿童对数学的兴趣和热爱。这包括培养儿童对数学美感的欣赏、对数学应用的好奇心以及对解决数学问题的成就感。其次，智慧的唤醒和发展作为教学目标的另一方面，关注于提升儿童的逻辑推理、批判性思维和创造性思维能力。这不仅包括对数学概念的深入理解和应用，还涵盖了通过问题解决、项目探究等方式，鼓励儿童主动思考和探索数学知识，从而深化他们的理解和应用能力，注重情感和智慧的互相促

① 中华人民共和国教育部. 义务教育数学课程标准（2022 年版）[S]. 北京：北京师范大学出版社，2022：1.

进、和谐发展。

（二）"情智数学"是以情诱智的数学

"情智数学"在教学内容选择上注重以情诱智。教学内容上注重选择那些能激发儿童对数学的热爱和兴趣的内容，这意味着教学内容应超越传统的数学概念和算法，转向更加生动、互动和与儿童日常生活紧密相关的主题。这不仅仅是为了教授数学知识，更是为了点燃儿童内心的学习火花。这种以情感为导向的教学内容安排，有助于在儿童心中培育对数学的持久兴趣和深刻理解，从而有效地促进他们智力的发展，不仅让儿童在愉悦的氛围中学习，而且能够有效地提升他们的数学认知水平和问题解决技巧。这时数学不再是一门枯燥的学科，而是一个充满惊喜和启发的领域。通过情感与思维的融合，儿童不仅充分理解数学的价值，还对数学充满热爱。

（三）"情智数学"是感情先行，以情促智，养情于智的数学

在教学实施上，情智数学强调感情先行，是指教师首先要用育人智慧和爱生情怀营造出情智和谐的教育氛围，与儿童建立亲密的情感关系，使教师更具人格魅力，更易于被儿童爱戴。儿童因爱老师，而爱数学，在数学学习过程中产生愉悦的心情。师生情感处于"共鸣""共振"期时，儿童对教师所给予的教育接受起来最容易，效果也最佳。"情智数学"还强调以情促智，指通过让儿童产生愉悦的心情，进而促进思维过程中的信息传输，提高思维的敏捷度。这一点为伊斯特布鲁克（Easterbrook）的研究证明："人在情绪饱满的时候，能更快地理解词语间的异常关系，提取带有感情色彩的信息的速度加快。"① 对教师而言，由于被儿童喜欢，进而产生更大的专业成就感，激励教师投入更多的时间与精力研究教学，使自己的教学智慧得到提升，从而善用智慧，以巧干代替蛮干，更好地为儿童发展服务。"情智数学"也强调养情于智，指师生和谐情感的培养依赖于师生的智慧水平。情感只有在智慧的引导下，才能不断发展与升华。儿童被教师渊博的智慧学识和获取智慧的谦虚态度所吸引，从而产生强烈的求知欲，并虚心地向教师学习。此时儿童不但能获得智慧的提升与生命的发展，还会在心理上对学习产生一种成就感与幸福感。即情感的发展又依赖于师生智慧的发展，情智之间具

---

① 熊川武，江玲. 理解教育论［M］. 北京：教育科学出版社，2005：39.

有交互作用，相互促进。

（四）"情智数学"是注重情智相长的数学

"情智数学"在教学评价上注重唤醒儿童潜在的智慧，激发儿童的积极情感。这种评价方法不仅关注儿童数学知识和技能的掌握程度，更重视评估儿童情感态度和智力发展的相互作用和协调进展。对儿童情感态度的评估不仅包括儿童对数学学科的兴趣和热情，还包括他们在学习过程中的参与度、好奇心和动力。通过这种评价，教师可以了解儿童对数学的情感连接程度，以及他们在数学学习中的积极性。同时，智力发展的评价也是"情智数学"教学评价的重要组成部分。这涉及儿童在数学思维、理解力、创造力和问题解决能力等方面的表现。与传统的以结果为导向的评价不同，"情智数学"更注重过程和理解深度。更为重要的是，"情智数学"的教学评价强调情感和智力的相互促进。这意味着在评价中不单独考虑情感或智力，而是注重二者如何相互作用和支持。这样，教师可以更全面地了解儿童的学习状况，包括他们的情感态度和智力能力。在实施"情智数学"评价时，教师需要采用多样化的评价方法。这可以包括自我评价、同伴评价、教师观察、项目作业、口头报告等。这些多元化的评价方法不仅能够更全面地反映儿童在情感和智力方面的发展，还能鼓励儿童从不同角度思考和理解数学。通过这样的教学评价，可以有效地激发儿童的潜能，使他们在数学学习过程中得到全面的发展。

总之，"情智数学"注重以情诱智、养情于智、启智育情、情智相长，致力于培养儿童的创新思维、实际应用能力、情感态度和价值观，让儿童在掌握数学知识的同时体验到数学的美妙与趣味，从而提高儿童的数学素养和综合水平。

第二节　情智辉映点亮数学之魂

《义务教育数学课程标准（2022 年版）》指出：数学课程立足学生核心素养

发展，体现课程性质，反映课程理念，确立课程目标。义务教育数学课程要培养的学生核心素养，主要包括：会用数学的眼光观察现实世界、会用数学的思维思考现实世界、会用数学的语言表达现实世界（简称"三会"）。① 根据数学核心素养，我们建构了"情智数学"课程目标体系（如图4-1所示）。我们致力于将情感与智慧深度融合，不仅关注儿童的数学能力，更注重培养他们对数学的热爱和对问题解决的热情，实现情智并举，点亮儿童数学学习之灯。

图4-1　"情智数学"课程目标层级图

一、学科课程总体目标

通过义务教育阶段的数学学习，学生能：

（1）获得适应未来生活和进一步发展所必需的数学基础知识、基本技能、基本思想、基本活动经验。

（2）体会数学知识之间、数学与其他学科之间、数学与生活之间的联系，在探索真实情境所蕴含的关系中，发现问题和提出问题，运用数学和其他学科的知识与方法分析问题和解决问题。

（3）对数学具有好奇心和求知欲，了解数学的价值，欣赏数学美，提高学习

---

① 中华人民共和国教育部. 义务教育数学课程标准（2022年版）［S］. 北京：北京师范大学出版社，2022：5.

数学的兴趣，建立学好数学的信心，养成良好的学习习惯，形成质疑问难、自我反思和勇于探索的科学精神。[①]

二、学科课程学段目标

为体现义务教育数学课程的整体性与发展性，根据学生数学学习的心理特征和认知规律，将六年的学习时间划分为三个学段。其中，1 至 2 年级为第一学段，3 至 4 年级为第二学段，5 至 6 年级为第三学段。根据三个学段儿童发展的特征，描述总目标在各学段的表现和要求，将核心素养的表现体现在每个学段的具体目标之中。[②]

（一）第一学段（1 至 2 年级）

经历简单的数的抽象过程，认识万以内的数，能进行简单的整数四则运算，形成初步的数感、符号意识和运算能力。能辨认简单的立体图形和平面图形，认识长方形和正方形的特征，体验物体长度的测量过程，认识常见的长度单位，形成初步的量感和空间观念。经历简单的分类过程，能根据给定的标准进行分类，形成初步的数据意识。在主题活动中认识货币单位、时间单位和基本方向，尝试用数学方法解决问题，积累数学活动经验，形成初步的量感和应用意识。

能在教师指导下，从日常生活中提出简单的数学问题，尝试运用所学的知识和方法解决问题。在解决问题的过程中，感悟分析问题和解决问题的基本方法，感受数学在生活中的应用，形成初步的几何直观和应用意识。

对身边与数学有关的事物有好奇心，能参与数学学习活动。在他人帮助下，尝试克服困难，感受数学活动中的成功。了解数学可以描述生活中的一些现象，感受数学与生活有密切联系，感受数学美。能倾听他人的意见，尝试对他人的想法提出建议。

在一年级第一学期的入学适应期，利用生活经验和幼儿园相关活动经验，通

---

① 中华人民共和国教育部. 义务教育数学课程标准（2022 年版）[S]. 北京：北京师范大学出版社，2022：5.

② 中华人民共和国教育部. 义务教育数学课程标准（2022 年版）[S]. 北京：北京师范大学出版社，2022：11.

过具体形象、生动活泼的活动方式学习简单的数学内容。这期间的主要目标包括：认识 20 以内的数，会 20 以内数的加减法（不含退位减法）；能辨认物体和简单图形的形状，会简单的分类；解决日常生活中的简单问题；对数学学习产生兴趣并树立信心。

（二）第二学段（3 至 4 年级）

认识自然数，经历小数和分数的形成过程，初步认识小数和分数；能进行较复杂的整数四则运算和简单的小数、分数的加减运算，理解运算律；形成数感、运算能力和初步的推理意识。认识常见的平面图形，经历平面图形的周长和面积的测量过程，探索长方形周长和面积的计算方法；了解图形的平移、旋转和轴对称；形成量感、空间观念和初步的几何直观。经历简单的数据收集过程，了解数据收集、整理和呈现的简单方法；理解平均数的意义，会用平均数解决问题；形成初步的数据意识。在主题活动中进一步认识时间单位和方向，认识质量单位，尝试应用数学和其他学科知识与方法解决问题，积累数学活动经验，形成量感、推理意识和应用意识。

尝试从日常生活中发现和提出数学问题，探索分析和解决问题的方法，经历独立思考并与他人合作交流解决问题的过程，会用常见的数量关系和其他学科的知识与方法解决问题，能初步判断结果的合理性；形成初步的模型意识、几何直观和应用意识。

愿意了解日常生活中与数学相关的信息，愿意参与数学学习活动。在他人的鼓励和引导下，体验克服困难、解决问题的成就，体会数学的作用，体验数学美。在学习活动中能提出自己的想法，在与他人交流的过程中，敢于质疑和反思。

（三）第三学段（5 至 6 年级）

经历用字母表示数的过程，认识自然数的一些特征，理解小数和分数的意义；能进行小数和分数的四则运算，探索数运算的一致性；形成符号意识、运算能力、推理意识。探索几何图形面积和体积的计算方法，会计算常见平面图形的周长和面积，会计算常见立体图形的体积和表面积；能用有序数对确定点的位置，进一步认识图形的平移、旋转和轴对称；形成量感、空间观念和几何直观。经历收集、整理和表达数据的过程，会用条形统计图、折线统计图表达数据，并作出简单的判断；理解百分数的意义，了解随机现象发生的可能性；形成数据意识和初步的应用意识。在主题活动和项目学习中了解负数，应用数学和其他学科知识与方法解决问题，积累数学活动经验，形成数感、量感、模型意识、应用意识和创新意识。

尝试在真实的情境中发现和提出问题，探索运用基本的数量关系，以及几何直观、逻辑推理和其他学科的知识、方法分析与解决问题，形成模型意识和初步的应用意识、创新意识。

对数学具有好奇心和求知欲，主动参与数学学习活动。在解决问题的过程中，体验成功的乐趣，相信自己能够学好数学，感受数学的价值，体验并欣赏数学美。初步养成认真勤奋、独立思考、合作交流、反思质疑的习惯。①

三、学科课程具体目标

根据《义务教育数学课程标准（2022 年版）》课程目标，学校确定了"情智数学"课程的具体目标。以四年级为例（如表 4-1 所示）。

表 4-1 "情智数学"课程目标表

学期 年级		第一学期		第二学期
四年级	第一单元	1. 在具体生活情境中，感受并认识升，初步建立升的概念。认识常用的容量单位（升、毫升），掌握这些单位间的进率。 2. 能运用所学知识解决简单的实际问题。建立容量单位，培养估量液体多少的意识。 3. 培养观察与思考相结合的实践能力。	第一单元	1. 通过观察、操作等具体的活动，进一步认识图形的平移、旋转和轴对称，体会图形运动的基本方式，发展初步的空间观念。 2. 认识图形的平移和旋转；认识轴对称图形及其对称轴。 3. 通过实践活动，感受数学与生活的紧密联系，感受数学的魅力，激发数学学习的兴趣，增强学习数学的自信心。
	第二单元	1. 学会口算整十数、几百几十数除以整十数。 2. 掌握两、三位数除以两位数的计算方法。	第二单元	1. 在认识个级数的基础上，认识万级、亿级的数，掌握千亿内的数位顺序表。了解十进制计数法，会根据数级正确地读、写亿以内的数。

① 中华人民共和国教育部. 义务教育数学课程标准（2022 年版）[S]. 北京：北京师范大学出版社，2022：28-63.

学期 年级		第一学期		第二学期
四年级	第二单元	3. 灵活掌握除法的估算，掌握试商的方法及商不变的规律。 4. 能够运用所学知识解决简单的实际问题，感受数学在生活中的作用。	第二单元	2. 会把整万、整亿的数，改写成用"万"或"亿"作单位的数，知道近似数的含义。并根据要求用"四舍五入"的方法省略一个数的尾数求近似数，会用"万"和"亿"作单位求一个大数目的近似数。
	第三单元	1. 从不同角度观察物体，初步培养空间观念。认识物体的前面、右面和上面。 2. 运用初步的空间观念来解决简单的实际问题。 3. 培养观察能力和综合分析能力。	第三单元	1. 经历探索三位数乘两位数的计算过程，掌握三位数乘两位数的笔算方法，能正确进行笔算。 2. 掌握用已学知识解决新计算问题的能力，体会数学知识间的关联；能利用笔算和估算处理日常简单问题，进一步感受数学的应用价值。 3. 在自主探索和合作中，体验数学学习乐趣，增强自信，发展积极情感，增强学习和思考能力。
	第四单元	1. 经历简单的收集、整理和分析数据的统计过程，初步学会根据实际情况，对一组数据进行分段整理和统计并完成条形统计图。 2. 综合运用已经学过的统计知识，主动收集、整理日常生活中的一些简单数据，并能根据统计结果，分析、说明或解决一些简单的问题，增强统计能力。 3. 进一步体会统计在日常生活中的应用，培养用统计的方法解决实际问题的意识，发展统计观念，增强学习的兴趣，树立良好的与人合作的态度。	第四单元	1. 初步了解计算器上常用的按键名称和功能，学会计算器的基本操作方法，并能进行简单的四则运算。 2. 感受计算器给计算带来的便利，在自主探究的学习过程中培养学生的问题意识和创新意识。 3. 在探索的过程中，体会探索数学知识的方法，感受数学的形式美。在有趣的探索活动中，逐步培养学生观察比较、分析综合的能力，培养学生探索的兴趣，获得成功的体验。
	第五单元	1. 初步体会运用列表的方法收集和整理信息，并对表格中的信息进行分析。 2. 增强主动运用有关策略解决问题的意识，并能够有条理和富有个性地思考，清楚地表达解决问题的大致过程。 3. 体会到"策略"在解决问题过程中的价值，培养学生运用策略解决问题的自觉性。	第五单元	1. 运用画线段图的方法整理已知条件和问题，理解和差问题的解题思路，掌握和差问题的解题方法。掌握画线段图分析问题的方法，感受画线段图的策略在分析问题中的好处。 2. 培养运用画图进行分析问题的意识。 3. 培养良好的逻辑思维能力，鼓励学生在合作交流中激发自主探究、创新的精神。

学期 年级		第一学期		第二学期
四年级	第六单元	1. 进一步感受事件发生的可能性，会分析简单的可能性问题，会比较事件发生的可能大小。 2. 会按可能性大小设计事件。 3. 体验在现实生活中存在着大量与可能性有关的现象，感受数学与日常生活是互相联系的。	第六单元	1. 发现加法交换律和结合律，乘法交换律和结合律，乘法分配律，学会用字母表示各种运算律。 2. 经历运用运算定律进行简便计算的探索过程，掌握方法，会正确地进行简便计算。在探索运算律的过程中，发挥学生的分析比较、归纳概括的能力。 3. 渗透建模的数学思想，培养学生的符号感。运用有关知识解决有关行程计算的实际问题。
	第七单元	1. 进一步掌握含有两级运算的运算顺序，能正确计算带"小括号""中括号"的混合运算题。 2. 会计算较复杂的三步式题；通过学习，培养概括能力和逻辑思维能力。 3. 发展解决问题的思路与策略；增强数学应用意识，培养良好的计算习惯；养成认真审题及及时检查的良好习惯。	第七单元	1. 通过动手操作和观察比较，认识三角形的特点，理解和掌握三角形的定义，探索并发现三角形任意两边长度的和大于第三边。发现、验证三角形的内角和是180°。 2. 经历给三角形分类的过程，认识并辨别锐角三角形、直角三角形和钝角三角形，了解各种三角形的特点并能画出各种图形的高。 3. 进一步感受数学的魅力，增强数学学习的兴趣和信心。
	第八单元	1. 掌握直线、线段和射线三个概念之间的联系与区别；会根据角的度数区分锐角、直角、钝角、平角和周角。 2. 通过操作与合作交流，能用直尺、三角尺和量角器等工具画平行线和垂线，能确定和测量点到直线的距离。 3. 经历联系实际的感知和观察、操作、画图等活动过程，深刻感受直线之间的位置关系，发展空间观念，感受数学学习的趣味性。	第八单元	1. 在具体情境的平面图中认识列和行的含义，知道确定第几列、第几行的规则。 2. 经历用数对描述实际情境中物体的位置到用数对描述方格图上点的位置的抽象过程，逐步掌握用数对确定位置的方法，丰富对现实空间和平面图形的认识，进一步发展空间观念。 3. 体验平面示意图描述和表达事物位置的作用，意识到实际问题可以借助图或数学方法来解决，并可以借助图或数学语言来表述和交流。
	第九单元	1. 对本学期所学的知识进行系统整理和复习。 2. 巩固数的概念，增强计算能力和解决问题的能力，发展空间观念、统计观念，获得自身数学能力增强的成功体验。 3. 把握各个概念之间的关系，	第九单元	1. 进一步掌握三位数乘两位数的计算，并能应用这些计算解决一些实际问题。 2. 进一步认识三角形、平行四边形和梯形的特征，加深对等腰三角形、等边三角形特征的认识。 3. 在整理与复习的过程中进一步反思

学期\年级	第一学期		第二学期	
四年级	第九单元	加深体验并发展空间观念。能够运用所学的知识解决简单的实际问题，感受数学在生活中的作用。	第九单元	本册教材的学习情况，体验与同学交流和成功学习的乐趣，进一步体会数学知识和方法的内在联系，感受数学的意义与价值，发展对数学的积极情感，增强学好数学的信心。

第三节　情智交融品味数学之韵

《义务教育数学课程标准（2022 年版）》指出：义务教育阶段数学课程内容由数与代数、图形与几何、统计与概率、综合与实践四个学习领域组成。数与代数、图形与几何、统计与概率以数学核心内容和基本思想为主线循序渐进，每个学段的主题有所不同。综合与实践以培养儿童综合运用所学知识和方法解决实际问题的能力为目标，根据不同学段儿童特点，以跨学科主题学习为主，适当采用主题式学习和项目式学习的方式，设计情境真实、较为复杂的问题，引导儿童综合运用数学学科和跨学科的知识与方法解决问题。[①] 据此，我们建构了丰富的"情智数学"拓展课程体系，旨在让儿童深刻体验数学的内在逻辑美与应用价值，通过解决贴近生活的真实问题，让儿童感受到数学独特的韵味和无尽的魅力。

一、学科课程结构

《义务教育数学课程标准（2022 年版）》指出：数学课程内容组织重点是对

[①] 中华人民共和国教育部. 义务教育数学课程标准（2022 年版）［S］. 北京：北京师范大学出版社，2022：1.

内容进行结构化整合，探索发展学生核心素养的路径。重视数学结果的形成过程，处理好过程与结果的关系；重视数学内容的直观表述，处理好直观与抽象的关系；重视儿童直接经验的形成，处理好直接经验与间接经验的关系。注重数学知识与方法的层次性和多样性，适当考虑跨学科主题学习；根据儿童的年龄特征和认知规律，适当采取螺旋式的方式，适当体现选择性，逐渐拓展和加深课程内容，适应儿童的发展需求。数学课程内容由数与代数、图形与几何、统计与概率、综合与实践四个学习领域组成。[①] 据此，我校"情智数学"课程分为"情智运算""情智图玩""情智统计""情智实践"四个大类（如图4-2所示）。

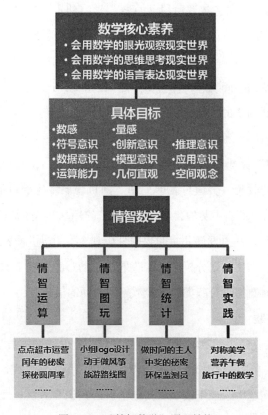

图4-2　"情智数学"课程结构

---

① 中华人民共和国教育部. 义务教育数学课程标准（2022年版）［S］. 北京：北京师范大学出版社，2022：16.

各板块课程具体内涵如下。

（一）情智运算

"数与代数"是义务教育阶段儿童数学学习的重要领域，在小学阶段包括"数与运算"和"数量关系"两个主题。开设"小小建筑师""点点超市运营""闰年的秘密""巧算 24 点""探秘圆周率"等拓展课程，旨在激发儿童学习数学的兴趣，帮助儿童建立数感、理解算理、掌握算法，发挥儿童的运算能力，增强发现和提出问题、分析和解决问题的能力。

（二）情智图玩

"图形与几何"是义务教育阶段儿童数学学习的重要领域，在小学阶段包括"图形的认识与测量"和"图形的位置与运动"两个主题。开设"小组 logo 设计""动手做风筝""旅游路线图""日历设计师""圆的历史我知道"等拓展课程，注重发展儿童的空间观念，体会图形之间的联系与变化，在活动中增强动手操作的能力，发展初步的创新意识，感受图形之美。

（三）情智统计

"统计与概率"是小学数学基础课程的重要领域之一，在小学阶段包括"数据分类""数据的收集、整理与表达"和"随机现象发生的可能性"三个主题。开设"做时间的主人""中奖的秘密""如何节约用水""生长的秘密""环保检测员"等拓展课程，注重发展儿童的数据分析观念，引导儿童经历在实际问题中收集和处理数据、利用数据分析问题、获取信息的过程，掌握数据收集、整理和分析的方法，能对数据进行归类，体验数据中蕴涵的信息。

（四）情智实践

"综合与实践"是小学数学学习的重要领域。开设"对称美学""设计游戏规则""营养午餐""质量检测员""旅行中的数学"等拓展课程，旨在引导儿童在实际情境和真实问题中，运用数学和其他学科的知识与方法，经历发现问题、提出问题、分析问题、解决问题的过程，感悟数学知识之间、数学与其他学科知识之间、数学与科学技术和社会生活之间的联系，积累活动经验，感悟思想方法，形成和发展模型意识、创新意识，增强解决实际问题的能力，形成和发展核心素养。

二、学科课程设置

"情智数学"除了基础课程之外，1—6 年级 12 个学期拓展课程设置如表 4-2 所示。

表 4-2　"情智数学"拓展课程设置表

年级/学期	情智运算	情智图玩	情智统计	情智实践
一年级 上学期	小小建筑师	—	厨房整理小能手 衣柜收纳小能人	
一年级 下学期	点点超市运营 1	小组 logo 设计	班务统计助理员	—
二年级 上学期	点点超市运营 2	动手做风筝	购物秀	—
二年级 下学期	校园平面图无尺手绘大挑战 我来当向导			
三年级 上学期	校园中的测量		做时间的主人	对称美学
三年级 下学期	巧算 24 点	指尖上的风车	设计我的假期规划	
四年级 上学期	闰年的秘密	旅游路线图	中奖的秘密 如何节约用水	设计游戏规则
四年级 下学期	巧算小能手	瓷砖图案设计师	生长的秘密	营养午餐
五年级 上学期	我来当会计	校园规划师		
五年级 下学期	探秘圆周率	巧手包装 （表面积）	环保监测员 （折线统计图）	质量检测员 （找次品）
六年级 上学期	比比皆有数	圆的历史我知道	数据造假了吗	旅行中的数学
六年级 下学期	货比三家	建筑背后的数学秘密	家庭消费我参与 （扇形统计图）	理财专家

第四节　情智相长探索数学之趣

《义务教育数学课程标准（2022年版）》指出：数学教学活动应注重启发式，激发学生学习兴趣，引发学生积极思考，鼓励学生质疑问难，引导学生在真实情境中发现问题和提出问题，利用观察、猜测、实验、计算、推理、验证、数据分析、直观想象等方法分析问题和解决问题；促进学生理解和掌握数学的基础知识和基本技能，体会和运用数学的思想与方法，获得数学的基本活动经验；培养学生良好的学习习惯，形成积极的情感、态度和价值观，逐步形成核心素养。[1] 为此，根据"情智数学"的课程理念、学科性质和课程目标等方面的要求，我们从构建"情智课堂"、开发"情智课程"、开设"情智社团"、开展"情智研学"和推动"情智赛事"五大途径入手，推进儿童探索数学之趣，让儿童进入情智共生的数学世界。

一、构建"情智课堂"，提升数学教学质量

课堂是育人的主阵地，为了有效培育儿童的数学核心素养，我们依据"情智数学"的理念，构建"情智课堂"教学模式，以对教师的教学理念与教学行为进行引领与指导。

（一）"情智课堂"的特征

"情智课堂"注重发挥情感对智慧的促进作用，也重视智慧对情感的发展作用。

1. 教学目标设置：情智和谐发展。在情智课堂中，教学目标的设定应遵循情

---

[1] 中华人民共和国教育部. 义务教育数学课程标准（2022年版）[S]. 北京：北京师范大学出版社，2022：3.

智和谐发展的原则。这意味着教育不仅仅是智力训练的过程，而是情感与智慧并重的全面发展。在数学教学中，应注重激发儿童的情感兴趣，使其在情感上对数学产生共鸣，从而促进智力的发展。可以通过数学故事、历史情境或现实生活中的数学应用来激发儿童的好奇心和情感投入，使学习过程更加生动和有意义。

2. 教学内容选择：以情诱智。选择教学内容时，应重视情感因素对智力激发的作用。情智课堂强调利用情感吸引来促进儿童的认知发展。在数学教学中，这可以通过选择贴近儿童生活、能够激发儿童情感共鸣和思考的内容来实现。可以通过探讨数学在现实生活中的应用，让儿童理解数学知识的实际价值，从而增强他们对学习的兴趣和动力。

3. 教学过程设计：感情先行，情智相长。在教学过程的设计中，应注重情感因素的引导作用。情智课堂强调在教学过程中先注重感情的培养，通过建立积极的师生关系和同学间的互动，为儿童创造一个情感支持的学习环境。可以通过小组合作、角色扮演、互动讨论等方式，促进儿童间的情感交流和合作，同时通过这些活动激发儿童对数学的兴趣，进而促进智力的发展。

4. 教学评价实施：重情促智，以智富情。在教学评价的实施上，应重视情感因素的作用。情智课堂的评价不仅关注儿童的知识掌握和技能发展，还应关注其情感态度、合作精神等非智力因素。这意味着评价应更加多元化，不仅包括传统的笔试和口试，还应包括对儿童情感反应、团队合作、创新能力等的评估。通过这种方式，教师可以更全面地了解和促进儿童的情感和智力发展。

(二)"情智课堂"的评价标准

教学评价标准对教师的理念及教学行为转变有引领作用，也是保证课堂质量的重要抓手，因此，基于"情智课堂"的特征，我们设计"情智课堂"教学评价表（如表4-3所示）。

表4-3 "情智课堂"教学评价表

一级指标	二级指标	三级指标	评价标准
教学目标	情智并重	情感发展	清晰
		能力发展	清晰

一级指标	二级指标	三级指标	评价标准
教学内容	以情诱智	数学价值	有用
	以史促情	数学家数学史	匹配
教学过程	感情先行	情感氛围	融洽
		师生情感	亲密
		求知欲	强劲
	智慧任务	任务背景	生活化
			真实性
		任务设置	挑战性
			悬疑性
			探究性
			逻辑性
	以情促智	情感支持	包容性
			激励性
			松弛感
		心智支架	引导性
			支持性
			操作性
	以智富情	认知参与	参与积极性
			参与深度
			参与覆盖面
		情感参与	主动性
			自主性

学科课程与学科实践的整合设计

一级指标	二级指标	三级指标	评价标准
教学评价	情智并重	启发智慧	反思性
		激发情感	积极性
学习成效	情智发展	心智发展	合格率
			优秀率
		情感体验	获得感
			喜欢程度

二、开发"情智课程"，逐步提高数学素养

《义务教育数学课程标准（2022年版）》指出：数学课程内容选择要关注数学学科发展前沿与数学文化，继承和弘扬中华优秀传统文化；与时俱进，反映现代科学技术与社会发展需要；符合学生的认知规律，有助于学生理解、掌握数学的基础知识和基本技能，形成数学基本思想，积累数学基本活动经验，发展核心素养。[1] 开发"情智课程"，能够帮助儿童更好地理解和应用数学，培养他们的数学思维和创新能力，激发学习兴趣和动力，促进综合素养的发展，并且提升数学学习的深度和广度。

（一）"情智课程"的设计与实施

"情智课程"将数学与生活、资源和问题紧密联系，旨在培养儿童实际运用能力和创新思维，使数学学习更有趣、富有意义，激发儿童对数学的兴趣和学习动力。

1."情智课程"注重将数学与生活联系。"情智课程"强调将抽象的数学概念与儿童的日常生活和实际经验相联系，使儿童能够理解数学的意义和价值，增

---

[1]　中华人民共和国教育部. 义务教育数学课程标准（2022年版）[S]. 北京：北京师范大学出版社，2022：2-3.

强数学的实际运用能力。教师可以结合实际生活情境，创造具有情境的学习环境，将数学知识与实际问题相联系。

2."情智课程"注重将数学与资源结合。"情智课程"强调将数学与资源结合，旨在通过实际情境、科技资源和跨学科融合等方式，让儿童在学习数学的过程中能够更深入地理解数学的实用性和应用性，培养儿童主动解决实际问题的能力，以及发展跨学科思维，使数学学习更加生动有趣且具有意义。

3."情智课程"注重将数学与问题勾连。"情智课程"注重将数学与实际问题紧密结合，使儿童在解决问题的过程中学习数学知识。通过本课程，儿童能够探究和解决日常生活和社会问题，培养创新思维和解决问题的能力。可以使数学学习更有趣、更具实用性，激发儿童对数学的兴趣和学习动力，并增强他们的综合素养和实际应用能力。

（二）"情智课程"的评价标准

"情智课程"从课程目标、课程内容、课程实施、课程评价和课程成效五个方面进行评价，具体评价标准如表4-4所示。

表4-4　"情智课程"评价表

一级指标	二级指标	三级指标	评价标准
课程目标	情智融合	情感智力平衡	目标协调一致
		创新思维培养	目标前瞻性
课程内容	情智共生	现实世界关联	内容贴近儿童生活
	智情互补	探究式学习	内容启发思考
课程实施	情智沟通	学生互动	促进学生间合作
		师生互动	提高师生互动质量
	以情创智	动手实验	强调实践应用
		创新问题解决	激发创造性思考
课程评价	情智反馈	学生反馈	收集学生意见
		教师反馈	提供教师指导

一级指标	二级指标	三级指标	评价标准
课程成效	情感体验	学生情感反应	观察学生情感变化
	知识掌握	知识理解和应用	检测学习效果
	综合素养	问题解决能力	评估解决问题能力

三、开设"情智社团"，丰富儿童数学学习

开设"情智社团"有助于逐步提高儿童的数学素养，《义务教育数学课程标准（2022 年版）》指出：教学活动应注重启发式，激发学生学习兴趣，引发学生积极思考，鼓励学生质疑问难，引导学生在真实情境中发现问题和提出问题。[①]通过"情智社团"的开展，可以为儿童提供丰富的数学学习机会和实践平台，激发儿童对数学的兴趣和热爱，培养他们的综合素养和跨学科思维。

（一）"情智社团"的实践与操作

"情智社团"旨在培养儿童数学兴趣和应用能力，通过参与"情智社团"的实践活动，儿童有机会深入探索数学与情智、生活和实际问题的联系。这个开放性的学习平台能激发儿童的好奇心、创造力和解决问题的能力。在社团活动中，儿童学会如何有效组织和管理"情智社团"，包括活动的策划与设计、成员的合作与参与，以及资源的利用和管理。通过这些实践与操作，我们为儿童提供一个充满探索和发现的环境，培养他们的团队合作精神和创新思维，以提高他们的数学素养和综合能力。

1. 数感艺术工作室：社团结合了"情智数学"的理念，通过艺术和创造力将数学的抽象概念变得生动和具体。在这个社团中，儿童通过绘制几何图案、制作数学模型，甚至探索音乐中的数学元素，感受数学与艺术的美妙结合。这样的活动不仅提升了儿童对数学概念的理解，还培养了他们的创新思维和情感投入，让数学学习变得更加有趣和富有吸引力。

---

① 中华人民共和国教育部. 义务教育数学课程标准（2022 年版）[S]. 北京：北京师范大学出版社，2022：2.

2. 数字冒险队：社团注重实际操作和团队合作，通过设计和参与数字解谜游戏和户外探险活动，激发儿童的逻辑思维和团队协作能力。这些活动使儿童在解决真实问题的过程中应用数学知识，同时在克服挑战和达成目标的过程中体验成就感和乐趣，有效地提升了他们的数学应用水平和综合素养。

（二）"情智社团"的评价标准

"情智社团"是一个以培养儿童数学兴趣和应用能力为目标的儿童活动，旨在评估社团的组织与管理、活动的质量与成效，以及儿童的参与与发展。"情智社团"有着对儿童数学学习和综合能力的影响。"情智社团"从教师和儿童两个层面进行评价。教师层面从社团组织规划、社团活动的效果、学生的参与程度以及教师管理与指导四个方面进行评价，具体如表4-5所示。

表4-5　"情智社团"教师评价表

评价内容	评价标准	评价等级			
		优秀	良好	合格	待改进
组织规划	1. 教师能够合理规划数学社团的课程和活动。				
	2. 社团活动有足够的组织性，能够有效推进学生的数学学习。				
	3. 教师能够根据学生的兴趣和水平，提供个性化的指导和辅导。				
活动效果	1. 教师采用多样化的教学方法，激发学生对数学的兴趣和热爱。				
	2. 学生参与社团活动积极，学习效果显著。				
	3. 教师能够引导学生在数学领域进行创新和探索。				
学生参与	1. 学生在社团活动中积极参与，展示合作精神。				
	2. 学生之间相互交流和合作，形成良好的学习氛围。				
	3. 教师能够与学生建立良好的师生关系，增进相互了解。				

　　　　　　　　学科课程与学科实践的整合设计

评价内容	评　价　标　准	评价等级			
		优秀	良好	合格	待改进
管理指导	1. 教师能够有效管理数学社团，维护社团秩序。				
	2. 教师能够针对学生的学习情况，提供个性化的指导和建议。				
	3. 教师能够帮助学生解决在数学学习中遇到的困难。				

学生层面结合教师评价，从学生的参与社团内容、活动氛围、社团参与度、听从教师管理指导四个方面进行评价（如表 4-6 所示）。

表 4-6　"情智社团"学生评价表

评价内容	评　价　标　准	评　价　等　级			
		优秀	良好	合格	待改进
活动内容	1. 数学社团的活动内容丰富多样，有趣且具有挑战性，学生能理解并掌握。				
	2. 活动内容与学校数学课程相衔接，学生可以扩展相关数学知识。				
	3. 学生对数学社团的活动和课程内容表示兴趣和满意。				
活动氛围	1. 数学社团的活动氛围积极向上，能够激发学习兴趣。				
	2. 学生之间相互尊重和支持，形成融洽的活动氛围。				
	3. 学生对数学学习表现出积极主动的态度。				
学生参与度	1. 学生能积极参与到社团活动中，并获得相关体验。				
	2. 学生利用相关社团资源解决学习难题。				
	3. 学生对教师的指导和辅导表示满意。				

评价内容	评价标准	评价等级			
		优秀	良好	合格	待改进
管理指导	1. 数学社团学生自主管理有序,能够有效组织社团活动。				
	2. 学生能够遵守社团纪律,保持课堂秩序。				
	3. 学生对数学社团的管理和组织表示满意。				

四、开展"情智研学",体会数学来自生活

《义务教育数学课程标准(2022年版)》中指出:通过数学,可以简约、精确地描述自然现象、科学情境和日常生活中的数量关系与空间形式;能够在现实生活与其他学科中构建普适的数学模型,表达和解决问题。[①] 开展"情智研学"可以帮助儿童更深入地了解数学在现实生活中的应用,增强他们的学习兴趣和动力。

(一)"情智研学"的实践与操作

数学不仅仅是课堂上的理论和公式,更是生活中的实践和应用。在"情智研学"的引导下,儿童可以走出课堂,直接接触到数学在自然界、艺术、建筑和日常生活中的广泛应用。这种学习方式不仅提升了儿童对数学知识的理解和兴趣,还培养了他们的观察能力、创新思维和团队合作精神。能让儿童在"情智研学"的过程中,体验到数学的力量和美感,同时激发他们的好奇心和探索欲,为他们的全面发展打下坚实的基础。

1. 花桥农贸市场的数字解密:数学探秘之旅。在研学活动中,组织儿童参观历史悠久的花桥农贸市场,探索数学在商业和经济中的应用。引导儿童了解市场

---

① 中华人民共和国教育部. 义务教育数学课程标准(2022年版)[S]. 北京:北京师范大学出版社,2022:6.

的历史发展,观察和记录不同商品的价格变化,学习如何利用基本的统计和概率理论来分析市场趋势。通过亲自与商贩交流,儿童可以了解商品定价的策略,甚至尝试自己设计一个小型市场调研项目,例如调查某种商品的需求量或顾客的购买习惯,从而深入理解数学在实际生活中的实际应用。

2. 数字艺术之行:探索几何在上海美术馆中的应用。带领儿童参观上海美术馆,让他们在实际的建筑中发现几何的魅力。引导儿童观察和分析建筑的几何形状、对称性和比例关系,了解这些几何特性如何影响建筑的美学和功能。参观过程中,他们可以利用简单的测量工具来估算建筑的高度、面积或体积,甚至尝试用手绘或计算机软件来设计自己的几何建筑模型,将抽象的数学概念转化为具体的视觉艺术作品。

3. 环境数学探险:天福湿地公园中的数学规律。在户外研学中,带领儿童进入天福湿地公园,直接观察自然界中的数学模式。引导他们学习如何用数学工具来分析自然现象,例如通过计算树木的年轮来估算树龄,或者研究白鹭飞行路径的几何形状。儿童还可以探索自然界中的比例和数列,比如斐波那契数列在植物生长中的应用。通过这些活动,儿童不仅能够增强对数学的兴趣,还能深刻体会到数学与自然世界的紧密联系。

(二)"情智研学"的评价标准

"情智研学"的评价标准,旨在评估儿童在探究性学习和研究性实践中的数学思维能力、解决问题能力和创新能力的发展。通过提供丰富多样的研究课题和问题,引导儿童进行实际情境和真实数据的数学研究,并培养他们主动探究、自主学习和合作研究的能力。评价标准将关注儿童在研究过程中展示的数学理解和应用能力、独立设计和实施研究项目的能力、创新性思维和解决问题的能力,以及团队合作和沟通协作能力的培养。

五、推动"情智赛事",比赛体现数学魅力

《义务教育数学课程标准(2022年版)》中指出:让儿童能对数学具有好奇心和求知欲,了解数学的价值,欣赏数学美,提高学习数学的兴趣,建立学好数学的信心,养成良好的学习习惯,形成质疑问难、自我反思和勇于探索的

科学精神。① 推动"情智赛事"是通过比赛形式展示数学的魅力和应用价值，可以激发儿童对数学的兴趣和热爱，提高他们的学习积极性和主动性。比赛要求儿童运用数学知识和技巧解决复杂问题，培养他们的数学思维、问题解决能力和创新能力。这种竞争性的环境能够激发儿童的思维活跃度，锻炼他们的逻辑思维和分析能力，促进他们的数学素养的全面提升。通过参与比赛，儿童能够深刻体会到数学的实际应用和实际意义，加深对数学的理解和认识，使数学学习更加有趣和有意义。

（一）"情智赛事"的实践与操作

1. 风筝设计与飞行比赛：几何与物理的结合

设计目标：通过设计和制作风筝，儿童将应用几何知识和物理原理，同时培养创新和工程技能。

比赛流程和规则：

组队：每队由一名儿童和一名家长组成。

设计阶段（1 小时）：队伍根据提供的材料（如纸张、竹条、胶水、线等）设计风筝。必须计算风筝的面积和周长，考虑对称性和平衡。

制作阶段（2 小时）：根据设计图纸制作风筝。这一阶段需要家长和学生共同参与，促进亲子合作。

飞行测试（30 分钟）：在指定区域测试风筝。飞行时间、稳定性和创意将作为评分标准。

评分标准：设计原创性占 30%，稳定性和耐用性占 30%，飞行表现（如飞行时间、高度）占 40%。

2. 赚钱大挑战：数学与经济的实践

设计目标：儿童将通过模拟经营活动来了解基本的经济概念和数学在商业决策中的应用。

比赛流程和规则：

团队组成：每个团队由 3—4 名儿童组成。

模拟经营准备（1 小时）：每队获得一定的"模拟资金"，需要计划如何使用

---

① 中华人民共和国教育部. 义务教育数学课程标准（2022 年版）[S]. 北京：北京师范大学出版社，2022：11.

这些资金来购买和销售虚拟商品。

市场运营（2小时）：在模拟市场中，队伍需要基于市场情况调整价格、推广策略等。

财务报告：比赛结束后，每个团队需要提交一份财务报告，展示他们的经营策略和最终利润。

评分标准：利润率占40%，市场策略创新性占30%，财务报告的清晰度和准确性占30%。

3. 亲子口算闯关赛：速算与团队合作

设计目标：通过快速计算挑战，增强儿童的数学计算能力和家长与学生间的沟通与合作。

比赛流程和规则：

组队：每队由一名儿童和一名家长组成。

闯关挑战：比赛由5个关卡组成，每个关卡包含一系列递增难度的口算题目。

时间限制：每个关卡有5分钟的时间限制。家长和学生需交替解答题目。

挑战完成：所有关卡完成后，记录总用时。若有错误答案，增加额外时间罚款。

评分标准：完成速度占40%，正确率占60%。

（二）"情智赛事"的评价标准

"情智赛事"的评价标准，将关注儿童在数学竞赛中所展示的学习成果和能力。评价标准将综合考虑儿童的数学知识应用、问题解决和创新思维等方面。通过参与"情智赛事"，儿童将有机会运用数学知识解决现实生活中的问题，培养独立思考和创新能力，提高数学思维的灵活性和深度（如表4-7所示）。

表4-7　"情智赛事"评价表

评价标准	描　　述	评 价 等 级			
		优秀	良好	合格	待改进
学习目标	评估学生在数学竞赛中所展示的数学知识应用和问题解决能力，包括对数学概念的理解、运用和推广能力。				

评价标准	描　述	评价等级			
		优秀	良好	合格	待改进
解题思路	评估学生在"情智赛事"中展示的解题思路和推理能力，包括问题分析、创新解决方法的提出和推理过程的合理性。				
问题解决	评估学生在"情智赛事"中解决问题的能力，包括问题的准确理解、策略选择、计算准确性和解决方法的合理性。				
创新思维	评估学生在"情智赛事"中展示的创新思维能力，包括独特的解题思路、新颖的问题解决方法和创造性的数学应用。				
团队合作	评估学生在"情智赛事"中展示的团队合作和协作精神，包括与队友的沟通、分工合作和共同解决问题的能力。				
表现与技巧	评估学生在"情智赛事"中的竞赛表现和技巧，包括时间管理、答题速度、竞赛策略的合理运用等方面。				
数学知识	评估学生在"情智赛事"中所展示的数学知识的准确性、广度和深度。				

综上所述，通过"情智课堂""情智课程""情智社团""情智研学"和"情智赛事"的综合推进，我们能够促进儿童对数学的理解和认识，培养他们的数学思维和创新能力，激发学习兴趣和积极性，使数学学习更具有实践性、情感性和人文关怀性，最终提高儿童的综合水平和核心素养。通过这一系列的举措，我们将推动数学教育的改革和创新，为培养具有创新精神和综合素养的未来人才奠定坚实基础。

（本章主执笔人：昆山市花桥金城小学　姜晓成）

第五章

路径回归：育人思维的转化性与课程实施的全息性

课程是为了学生的生长，具有鲜明的回归性和转化性。为此，课程实施要关注知识与现实生活、个体经验、社会文化之间的联系。在具体操作层面，变革课堂教学，探索跨学科学习，开展多彩的学科节日，创设多样的学科社团，推进多维的学科研学，激活多元化的学科探究等学科实践，回归到鲜活的课程现场，是实现学科课程的全息性与学科实践的转化性的基本路径。

课程是为了学生的生长，具有鲜明的回归性和转化性。所谓回归性和转化性，在美国教育家小威廉姆·E. 多尔看来，"具有思想回归的能力是人类思维的特性，人类正是通过这种方式来理解世界的。"① 当然，课程的回归性和转化性不是简单的重复，它是带有反思性和开放性的。反思性是指在学习过程中，学生和教师都有意识地回顾、思考和评价自己的学习经历和行为；开放性是指课程设计和实施过程中具有灵活性和适应性，能根据学生的需求、兴趣和能力的变化进行调整。

为了实现课程的回归性和转化性，课程实施的路径必须是多维的，具有现实生活的全息性。所谓全息性指在课程设计与实施过程中，课程内容和教学方法需要全方位反映知识与现实生活、个体经验、社会文化之间的联系。通过实践获取、理解与运用知识，倡导学生在实践中建构、巩固、创新自己的学科知识。基于此，学科实践的转化性就是强调了理论与实践相结合，加强知行合一、学思结合，注重"做中学"，引导学生参与学科探究活动，经历发现问题、解决问题、建构知识、运用知识的过程，体会学科思想方法。加强知识学习与学生经验、现实生活、社会实践之间的联系，注重真实情境的创设，增强学生认识真实世界、解决真实问题的能力。②

我们变革课堂教学，探索跨学科学习，开展多彩的学科节日，创设多样的学科社团，推进多维的学科研学，激活多元化的学科探究等学科实践，回归到鲜活的课程现场。第一，变革课堂教学中教与学的方式，关键在于确定以学生为中心的教学理念，教师根据学生个性需求，调整教学策略，促进主动参与和个性化学习。第二，探索跨学科学习，关键在于打破学科壁垒，促进不同学科知识间的整合，培养学生解决综合问题的能力。第三，开展多彩的学科节日，关键在于充分利用学校的设施、教师的专业知识、网络资源等，引入新技术、新工具，如虚拟空间、在线平台等鼓励学生自主创新。第四，创设多样的学科社团，关键在于明

---

① 威廉姆·E. 多尔. 后现代课程观［M］. 北京：教育科学出版社，2015：15.
② 中华人民共和国教育部. 义务教育课程方案（2022 年版）［S］. 北京：北京师范大学出版社，2022：14.

确社团宗旨和目标，选择合适的主题和方向，加强社团文化建设，为学生提供一个探索兴趣、发展才能和社交互动的平台。第五，推进多维的学科研学，关键在于构建既能激发学生兴趣又能促进深入探索的学习环境，培养学生的创新能力和实践能力。第六，激活多元化的学科探究，关键在于鼓励学生自主探索，进行合作交流、深度学习、项目创作等活动。

可以说，学科课程的全息性与学科实践的转化性远不止上述六个方面。我们必须充分认识到全息性与学科实践的转化性在课程实施中的重要性。通过多种路径，提升课程实施的有效性。课程实施是一个互动调适的过程，是一个由课程的设计者和执行者共同对课程进行使用、反思、调整和改进的过程。① 随着信息技术的迅速发展，知识更新速度加快，课程实施通过多维度、全方位的教育，为学生提供个性化需求和发展的机会。

童韵美术：走进富有儿童味的色彩世界

昆山市花桥金城小学美术组，现有专任教师 10 人，其中一级教师 2 人，昆山市教坛新秀 2 人，昆山市硬笔书法协会会员 1 人，是一支专业素养高，热爱学习的优秀团队。2 人在苏州市教育学会书法教育工作中被评为先进工作者；4 人获昆山市基本功竞赛及赛课一等奖；指导儿童在省、市级书画类比赛中获奖 160 余人次。教师基本功扎实，课堂教学深受儿童喜爱。儿童潜力广阔，具有很好的可塑性。现依据《教育部关于全面深化课程改革落实立德树人根本任务的意见》《义务教育艺术课程标准（2022 年版）》等文件精神，推进"童韵美术"课程建设，取得了明显的成效。

---

① 马云鹏. 基础课程新课程实施的思考与建议 ［J］. 现代中小学教育，2001（9）：13 - 16.

第一节　每一个生命都有自己独特的色彩

一、学科课程性质

《义务教育艺术课程标准（2022年版）》指出："美术是运用特定的媒介、形式和技艺等塑造艺术形象，反映自然、社会及人的创造性活动。是艺术教育实现美育的重要组成部分，其核心在于弘扬真善美，塑造美好心灵，是对儿童进行审美教育、情操教育、心灵教育，培养想象力和创新思维等的重要课程，具有审美性、情感性、实践性、创造性、人文性等特点。"[1]

美术不仅是一种图形符号，也是人类表达丰富情感和精神文明的重要途径。在实现立德树人，领会中华民族艺术精髓，增强中华民族自信心与自豪感，培养儿童审美和人文素养中发挥着重要作用。义务教育阶段的艺术课程坚持以美育人、重视艺术体验、突出课程综合，通过学习帮助儿童形成感受力、欣赏力、表现力和创造力，促进儿童身心健康全面发展。

二、学科课程理念

美术教育不仅是一门技能课，也是对学生进行美育实施素质教育的重要途径，结合儿童身心发展阶段性、连续性特点和美术学科学习规律，我校美术课程提出"童韵美术"的学科理念。"童"即儿童，"韵"即趣味、审美，是以儿童的知识掌握和对世界的认知为基础，引导儿童表现创造具有少儿审美情趣的艺术

---

[1] 中华人民共和国教育部. 义务教育艺术课程标准（2022年版）[S]. 北京：北京师范大学出版社，2022：1.

形象，以此培养儿童的想象力、创造力，促进健康、积极的个性发展。因此，美术课程的意义就是帮助儿童建立自信心，进行自由探索和表达。每一个生命都有自己独特的色彩。

（一）"童韵美术"即儿童的美术

《义务教育艺术课程标准（2022年版）》指出："美术教育要遵循艺术学习规律，体现儿童身心发展阶段性、连续性的特点，围绕儿童艺术学习实践性、体验性、创造性等特点，展开过程性学习、考核与评价。"① 不同成长阶段的儿童，在学识水平、表现创造、审美情趣上有着不同的特点和独特的趣味。"童韵美术"顺应儿童成长规律，推崇适龄而教，鼓励创新思维和自我表达，形成个性多样的儿童美术。

（二）"童韵美术"是生活的美术

《义务教育艺术课程标准（2022年版）》指出："美术是运用特定的媒介、语言、形式和技艺塑造艺术形象，反映自然、社会及人的创造性活动。"② "童韵美术"以自然、社会及人组成的生活现象、生活环境、生活习俗和生活情感为学习内容，引导儿童观察生活、感受生活、表现生活、创造生活，加强课程内容、社会生活与儿童经验之间的联系。通过"欣赏·评述"，帮助儿童观察、感受生活，学会用自己的语言解读美术作品，感知艺术语言、艺术形象，理解美术的发展概况，发现生活中的美。通过"造型·表现"，推动儿童表达自己的生活经历和情感。运用掌握的美术知识、技能和思维方式，围绕题材，提炼主题，采用平面、立体或动态等多种表现形式表达思想和情感。通过"设计·应用"，引导儿童结合自己的生活和社会情境，运用设计与工艺的知识、技能和思维方式，开展基于问题学习、项目学习，进行传承和创造。通过"综合·探索"，儿童将所掌握的美术知识、技能和思维方式，与自然、社会、科技、人文相结合，进行综合探索与学习迁移，提升核心素养。

（三）"童韵美术"是创意的美术

"童韵美术"注重感知体验，通过艺术实践活动，激发想象、调动情感，创

---

① 中华人民共和国教育部. 义务教育艺术课程标准（2022年版）[S]. 北京：北京师范大学出版社，2022：3.

② 中华人民共和国教育部. 义务教育艺术课程标准（2022年版）[S]. 北京：北京师范大学出版社，2022：48.

造形象，为儿童提供丰富的艺术表现方式和认识世界的途径。"童韵美术"在激发儿童创意的教学过程中，营造开放的学习情境，让儿童亲近自然、感受生活，获得审美直觉和美感体验，引导儿童通过欣赏艺术作品感知世界，体验情感，实现与艺术形象的共情；鼓励儿童在情境中感知形象，迸发创意，运用艺术语言和方式表现自然美、社会美，体验创造的喜悦和自我实现的愉悦，增强实践能力和审美能力。教师要努力营造促使儿童积极参与、敢于质疑、乐于交流的学习氛围，保护儿童的好奇心、求知欲，激发儿童艺术学习的内驱力；尊重儿童的个体差异、艺术个性及独特发现，提供多种选择，加强个别指导，满足儿童多样化的艺术学习需求；鼓励儿童分享、交流艺术学习体验和成果。

（四）"童韵美术"是成长的美术

《义务教育艺术课程标准（2022 年版）》指出："美术课程学习评价要围绕核心素养内涵、课程总目标和学段目标，依据课程的内容要求、学业要求和学业质量标准，进行全面、综合的评价，既要关注儿童掌握艺术知识、技能的情况，更要重视对价值观、必备品格、关键能力的考查。"[①] "童韵美术"坚持以评促学，关注儿童真实发生的进步，捕捉、欣赏、尊重儿童有创意的、独特的表现，并予以鼓励，不断加深儿童的艺术体验，引导儿童发现自己的艺术潜能，发挥自己的艺术特长。重视表现性评价，注重观察、记录儿童艺术学习、实践、创作等活动中的行为和态度特征，丰富评价内容，提高评价的全面性、准确性。留意儿童差异，针对不同儿童的特点，要对评价结果作个性化、发展性的解读，增强儿童学习艺术的动力和信心。使儿童在完整的美术学习过程中，不断成长，增强表现力、表达力和审美创造力。

总之，"童韵美术"是遵循儿童成长规律，扎根生活情趣，注重学习主体体验感受，挖掘儿童艺术潜能的美术教学的新模式。让儿童在感受表达的过程中，形成独具个性的艺术特色，促进儿童的综合素质的全面发展。

---

① 中华人民共和国教育部. 义务教育艺术课程标准（2022 年版）[S]. 北京：北京师范大学出版社，2022：7.

第二节　每一种色彩都将绽放

《义务教育艺术课程标准（2022 年版）》指出："美术课程围绕核心素养，体现课程性质，反映课程理念，确立课程目标。核心素养是课程育人价值的集中体现，是儿童通过课程学习逐步形成的适应个人终身发展和社会发展需要的正确价值观、必备品格和关键能力。艺术课程要培养的核心素养主要包括审美感知、艺术表现、创意实践、文化理解等。"① 我们认为，美术课程不仅传授艺术知识和技能，还能让儿童认识自己、理解世界和表达内心，让他们在成长的道路上绽放出自己的色彩。

一、学科课程总体目标

根据《义务教育艺术课程标准（2022 年版）》总目标，我校确定"童韵美术"总体目标如下。

1. 感知、发现、体验和欣赏艺术美、自然美、生活美、社会美，增强审美感知能力。

2. 丰富想象力，运用媒介、技术和独特的艺术语言进行表达与交流，运用形象思维创作情景生动、意蕴健康的艺术作品，增强艺术表现能力。

3. 发展创新思维，积极参与创作、表演、展示、制作等艺术实践活动，学会发现并解决问题，增强创意实践能力。

4. 感受和理解我国深厚的文化底蕴和党的百年奋斗重大成就，传承和弘扬中华优秀传统文化、革命文化、社会主义先进文化，坚定文化自信，铸牢中华民族

---

① 中华人民共和国教育部. 义务教育艺术课程标准（2022 年版）［S］. 北京：北京师范大学出版社，2022：5.

共同体意识。

5. 了解不同地区、民族和国家的历史与文化传统，理解文化与构建人类命运共同体的关系，学会尊重、理解和包容。①

二、学科课程学段目标

每一种色彩都将绽放，鼓励儿童利用色彩来传达个人情感。根据《义务教育艺术课程标准（2022年版）》学段目标，设置"童韵美术"学段目标（见表5-1）。

表5-1　"童韵美术"学段目标设置表

第一学段	第二学段	第三学段
1. 能感知身边的美，认识美存在于我们周围，初步形成发现、感知、欣赏美的意识。 2. 能使用不同的工具、材料和媒介，按照自己的想法，以平面、立体或动态等表现形式表达所见所闻、所感所想。 3. 学会从外观和使用功能等方面了解物品的特点，能针对某件物品的设计提出自己的改进意见，进行装饰和美化，初步形成设计意识。 4. 能利用不同的工具、材料和媒介，体验传统工艺，学习制作工艺品，知道中国传统工艺是中华民族文化艺术的瑰宝，增强中华民族自豪感。 5. 能积极参与班级或小组开展的美术与姊妹艺术及其他学科相结合的造型游戏活动，初步形成综合探索与学习迁移的能力。	1. 能运用造型元素、形式原理和欣赏方法，欣赏、评述艺术家的作品，感受中外美术作品的魅力。 2. 能运用传统或现代的工具、材料和媒介，创作平面、立体或动态等表现形式的美术作品，表达自己的所见所闻、所感所想，学会以视觉形象的方式与他人交流。 3. 了解"实用与美观相结合"的设计原则，为班级、学校的活动设计物品，体会设计能改善和美化我们的生活。 4. 能利用不同的工具、材料和技能，制作传统工艺品，学习工艺师敬业、专注和精益求精的工匠精神。 5. 能将美术与自然、社会及科技相融合，探究各种问题，增强综合探索与学习迁移的能力。	1. 能运用造型元素、形式原理和欣赏方法，欣赏、评述世界不同国家和地区的美术作品，领略世界美术的多样性和差异性，养成尊重、理解和包容的态度。 2. 能运用传统与现代的工具、材料和媒介，以及习得的美术知识、技能和思维方式，创作平面、立体或动态等表现形式的美术作品，增强创意表达能力。 3. 能根据"人与自然和谐共生"的设计原则，对学校或社区进行环境规划，增强社会责任意识。 4. 能利用不同的工具和材料，制作或创作工艺品，体会传统工艺"守正创新"的内涵与意义。 5. 能结合校园现实生活创编校园微电影，将不同学科的知识融为一体，增强综合探索与学习迁移的能力。

---

① 中华人民共和国教育部. 义务教育艺术课程标准（2022年版）［S］. 北京：北京师范大学出版社，2022：6.

三、学科课程具体目标

每一种色彩都将绽放，强调儿童的个性、多样性和创造力的重要性。根据《义务教育艺术课程标准（2022 年版）》美术学科课程内容，① 结合人美版美术教材及（1—6）年级教学用书，我校确定"童韵美术"课程具体目标按年级、学期划分，围绕"欣赏·评述""造型·表现""设计·应用""综合·探索"四个方面进行设置。以六年级为例，"童韵美术"的课程具体目标，确保了儿童在艺术素养和技能上得到全面发展（见表5-2）。

表5-2　"童韵美术"课程具体目标设置表（六年级）

学期年级	第 一 学 期		第 二 学 期	
六年级	欣赏·评述	《历史遗迹的美》 1. 认知目标：通过了解、欣赏、评述离自己最近的世界遗产，感悟中华民族悠久的文化艺术、美丽河山，感悟民族精神、民族审美情感。 2. 技能目标：能用线描的方法画一画自己心中的长城，在画中表达自己的喜爱。 3. 情感目标：激发民族自尊心、自信心和自豪感，树立爱国、爱本民族的思想。 《小小非遗人》 1. 认知目标：了解物质文化遗产的有关知识，知道学习并保护非物质文化遗产。 2. 技能目标：能够用自己的美术语言描述家乡的非物质文化遗产，并提出保护意见。 3. 情感目标：增进儿童对中华民族文明和历史的了解与尊重，积极参与民族文化艺术的传承与发展。	欣赏·评述	《古风古韵》 1. 认知目标：通过本课的学习和欣赏，让儿童了解历史遗留给我们的文化遗产，感受古风古韵的美。 2. 技能目标：让儿童更加珍惜历史遗留给我们的巨大的财富—历史建筑，并培养儿童们保护历史文化遗产的意识。 3. 情感目标：认识到文化遗产对人类文明的重要性，了解不同文化背景的文化现象，增强保护文化遗产的意识。 《鬼斧神工的自然》 1. 认知目标：通过图片、文字、影像等方式来了解外国的一些宝贵的自然遗产。 2. 能力目标：能够以语言交流的方式来说说自己对自然奇观的感想。 3. 情感目标：为大自然的神奇而感到骄傲，激发儿童珍视、保护世界自然遗产的感情。

---

① 中华人民共和国教育部. 义务教育艺术课程标准（2022 年版）［S］. 北京：北京师范大学出版社，2022：48.

学期年级	第一学期		第二学期	
六年级	造型·表现	**《线描画中的黑白灰》** 1. 认知目标：通过学习了解线描画中的黑白对比知识，感悟黑白对比的美感。 2. 技能目标：能以线为主画一幅具有黑白对比效果的作品。 3. 情感目标：通过学习活动，培养儿童热爱民间传统文化的情感及对美术学习的兴趣。 **《版画全家福》** 1. 认知目标：能通过仔细地观察会议，表现一家子亲亲密密的生活场景，了解粉印吹塑纸版画的表现风格。 2. 技能目标：运用吹塑纸进行创作。 3. 情感目标：通过创作表现一家子的亲密场景，激发儿童的爱心，培养丰富的情感世界。 **《泥塑人物》** 1. 认知目标：了解泥塑人物捏塑成型特点，探究手工捏制成型的制作技巧，尝试制作不同的造型的雕塑人物。 2. 技能目标：采用揉、捏、切削、粘接、刻、压、划等多种手法，创作一个生动的泥塑人物形象。 3. 情感目标：培养儿童对经典文学作品的阅读热情，引导儿童关注艺术活动，增强儿童的审美能力，在实践中培养儿童的动手能力、创造能力和探究能力。 **《美味的食物》** 1. 认知目标：了解有关本地区饮食文化，如家乡小吃的历史、特色和绘制方法。 2. 技能目标：尝试采用工具来制作一份家乡小吃。 3. 情感目标：通过生动有趣的教学活动使儿童了解有关本地区的饮食文化、历史和习俗，培养儿童注意观察生活，激发儿童热爱家乡的情感。	造型·表现	**《戏曲里的造型》** 1. 认知目标：通过学习，了解我国传统京剧人物服饰、造型、表演的相关知识，学习水墨戏曲人物的表现方法。 2. 技能目标：学习水墨戏曲人物的表现方法，能利用国画材料创作一幅表现京剧人物的作品。 3. 感情目标：引导儿童在小组学习的探究中，相互交流，培养儿童合作，探究意识。通过学习活动，培养儿童热爱民族传统文化的情感和对美术学习活动的兴趣。 **《故事绘本》** 1. 认知目标：了解用中国画形式进行故事情景描绘的基本步骤与多种方法。 2. 技能目标：能在作品中表现故事情节，突出主要形象的动作与表情。 3. 情感目标：通过故事情节、历史背景材料、不同儿童的现象思维角度去激发学生们的创造欲望。通过画故事，体味故事中人物的精神，促进儿童对人类存在的意义、自由等人文精神的理解和认识，形成合理的价值观。 **《我最喜欢的卡通明星（二）》** 1. 认知目标：通过表现拟人化的卡通形象，进一步增强儿童运用夸张的创作手法创作卡通形象的感染力，增强艺术作品情趣的造型能力。 2. 技能目标：通过欣赏、设计等学习实践活动，增强儿童观察能力及创造能力。促进儿童形成与发展健康的心理素质。 3. 情感目标：了解拟人化动漫形象的特点，初步掌握从原型到拟人化动漫形象的创作方法，能创作一幅既有故事情节、形象又生动的动漫作品。 **《毕业前的告白》** 1. 认知目标：懂得自己的成长离不开母校及老师的培养，在今后的学习中要维护母校荣誉，为母校争光，对母校报以感恩之情。 2. 技能目标：综合运用已学过的美术知识、技能，用多种形式进行艺术创作，运用美术语言来表达自己对母校的怀念与感激之情。

学期 年级		第　一　学　期		第　二　学　期
六 年 级	造 型 · 表 现	**《记忆中的老房子》** 　1. 认知目标：观察老房子，了解老房子的特色，感受老房子的内涵。 　2. 技能目标：会表达自己对老房子的感受，会描述不同房子的建筑特色，学会通过观察房子的特征使用不同的方法表现。 　3. 情感目标：通过本课学习，了解不同历史时期背景下的建筑形式，从而感受到老房子的文化内涵。	造 型 · 表 现	3. 情感目标：懂得自己的成长离不开母校及老师的培养，要怀有一颗感恩之心。 **《儿童生活回忆录》** 　1. 认知目标：能用美术语言来记录童年成长的足迹。 　2. 技能目标：综合已学过的美术知识与技能，用多种形式进行艺术创作，表现出六年学习生活中最难忘的瞬间。 　3. 情感目标：通过实践活动，激发儿童爱学校、爱老师、爱同学及爱生活的情感。
	设 计 · 应 用	**《硬纸板的多种可能》** 　1. 认知目标：学习利用瓦楞纸进行有趣的艺术活动。 　2. 技能目标：培养儿童的动手能力、想象力和创造能力。 　3. 情感目标：引导儿童在小组学习的探究中，相互交流，培养儿童合作、探究意识。通过学习活动，激发儿童的创新实践精神。 **《入场券的设计》** 　1. 认知目标：入场券的组成、表现形式。 　2. 技能目标：结合生活中的展览，设计实用、美观、新颖的参观券。 　3. 情感目标：通过本课学习，引导儿童了解设计在方便生活、服务生活、美化生活中的重要作用。增强儿童的审美能力和创造、设计能力。 **《精美的礼盒》** 　1. 认知目标：知道礼盒的结构、形象、功能，了解设计美观与实用相结合的道理。 　2. 技能目标：学会利用综合材料设计制作礼品盒。 　3. 情感目标：培养儿童环保意识，体验巧妙利用废旧物的乐趣，感受人与人之间的亲密关系和生活的情趣，启发引导儿童做一个有爱心的人。	设 计 · 应 用	**《小小彩球装饰美》** 　1. 认知目标：学习插接彩球的创作、设计步骤和方法。 　2. 技能目标：用多种纸张完成彩球的制作。 　3. 情感目标：通过对教材的研究和学习，增强分析、解决实际问题的能力，在合作学习中学会做人、学会做事。培养儿童的空间想象能力和创造能力。增强儿童对立体造型艺术美的感受能力。 **《古希腊的柱式美》** 　1. 认知目标：通过认识、了解各种形式的柱子，使儿童对柱子产生兴趣，进而研究柱子的形态、结构与柱子上的装饰。 　2. 技能目标：制作装饰柱，培养儿童设计、制作及装饰技能。 　3. 感情目标：体会生活中的美，欣赏自己作品的美。 **《班徽的设计实践》** 　1. 认识目标：了解标志的分类及构成等基本知识，学习标志设计的创作方法。 　2. 技能目标：培养儿童的观察、想象、创造思维能力和应用视觉语言的表达能力。 　3. 情感目标：达到开阔眼界，增长知识，陶冶情操，提高艺术欣赏水平，树立正确的价值观。

学期 年级		第 一 学 期	第 二 学 期
六年级	综合·探索	**《花瓣上的微光》** 　1. 认知目标：了解家乡的代表性花卉、名字和寓意。初步了解摄影的入门知识。 　2. 技能目标：能够运用所学知识拍下构图均衡、角度优美的花卉。 　3. 情感目标：增进同学间的友谊，互相合作；培养热爱家乡、保护家乡生态的意识。 **《童年的回忆》** 　1. 认知目标：通过学习本课，初步了解家乡的艺术。通过观察、分析作品，知道一到两种家乡艺术作品的特色和工艺制作方法等。 　2. 技能目标：能在教师的引导帮助下，以小组为单位对家乡的艺术作品开展调查活动，并仿照家乡的乡土艺术创作一件作品。 　3. 情感目标：通过寻找家乡的艺术作品，进一步了解自己的家乡，激发对家乡艺术的自豪感以及对家乡的热爱之情。	综合·探索 **《剪纸中的艺术》** 　1. 认知目标：欣赏不同风格、不同题材的剪纸，了解剪纸的历史及发展，了解剪纸的造型特点及艺术特色。 　2. 技能目标：掌握抓髻娃娃的基本造型特点，感受剪纸艺术蕴含的艺术美感。 　3. 情感目标：了解不同地区、不同风格的民间剪纸作品，从而感受到剪纸中蕴含的民间文化。 **《绣在服装上的故事》** 　1. 认知目标：了解苗族服饰文化的内涵，能将自己喜欢的图案临摹下来，并能讲解苗族服饰上的图案寓意。 　2. 技能目标：感受民族文化，了解苗族服饰图案的深刻内涵和美感，能讲解苗族服饰上的图案寓意，并尝试利用苗绣图案创作艺术作品。 　3. 情感目标：了解民间传统年画颜色鲜艳浓烈、节日氛围浓郁、题材广泛丰富、画中情趣盎然的特点。了解门神的相关知识，感受其装饰与色彩的美感。

第三节　让每一个学生拥有彩色的童年

　　《义务教育艺术课程标准（2022 年版）》指出："义务教育美术课程以落实核心素养为主线，重视艺术体验，有机整合学习内容，充分发挥协同育人功能，注重艺术与自然、生活、社会、科技的关联，体现实践性与综合性。"① 为了更好

---

①　中华人民共和国教育部. 义务教育艺术课程标准（2022 年版）［S］. 北京：北京师范大学出版社，2022：6.

地实现课程目标要求，我们据此建构"童韵美术"课程体系，让每一个学生拥有一个彩色的童年。

一、学科课程结构

《义务教育艺术课程标准（2022年版）》指出：美术学科课程内容包括"欣赏·评述""造型·表现""设计·应用"和"综合·探索"4类艺术实践，涵盖16项具体学习内容，分学段设置不同的学习任务，并将学习内容嵌入学习任务中。[①] 本校根据新课标相关内容，美术课程分为"童韵赏评""童韵造型""童韵设计""童韵探索"四大类。（见图5-1）

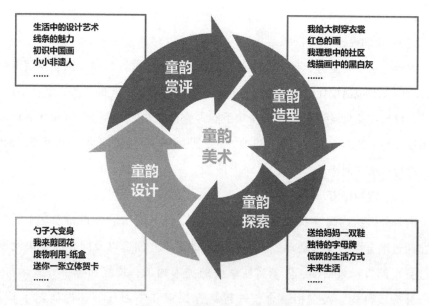

图5-1 "童韵美术"课程结构图

上图中，各板块课程内涵如下。

（一）童韵赏评

内容为生活中的设计艺术、线条的魅力、初识中国画和小小非遗人等，旨在

---

① 中华人民共和国教育部. 义务教育艺术课程标准（2022年版）[S]. 北京：北京师范大学出版社，2022：48.

让儿童学会解读美术作品，理解美术及其发展概况，发挥儿童的美术欣赏能力，促进儿童审美水平和审美品味的提高。儿童要从美术形式语言（色彩、线条、构图、明暗、肌理等）方面尝试分析美术作品的艺术特点，还要从美术史的角度和美术与社会、文化的关系等方面研究作品的意义。

（二）童韵造型

内容为我给大树穿衣裳、红色的画、我理想中的社区和线描画中的黑白灰等，旨在让儿童掌握美术知识、技能和思维方式，围绕题材，提炼主题，采用平面、立体或动态等多种表现形式表达思想和情感。造型，指的是以表达个人的情感和思想为目的，运用描绘、雕塑、拓印、拼贴等手段和方法创作视觉形象、传达观念、表达情感的美术创作活动，并能够为观众感受和欣赏。

（三）童韵设计

内容为勺子大变身、我来剪团花、废物利用—纸盒和送你一张立体贺卡等。设计的含义既包括现代设计的理念与方法，也包括传统工艺的思想、制作手段与方法，以形成儿童设计意识和增强动手能力为目的。儿童结合生活和社会情境，运用设计与工艺的知识、技能和思维方式，开展基于问题的学习、基于项目的学习，进行传承和创造。

（四）童韵探索

内容为送给妈妈一双鞋、独特的字母牌、低碳的生活方式和未来生活等，旨在通过综合性的美术活动，引导儿童主动探索、创造以及综合的解决问题。通过美术综合探索活动，儿童将所掌握的美术知识、技能和思维方式，与自然、社会、科技、人文相结合，进行综合探索和学习迁移，提高艺术核心素养。

二、学科课程设置

除了基础课程之外，我校"童韵美术"1—6年级共计12个学期课程设置如下（见表5-3）。

表 5-3   "童韵美术"课程设置

类别		童韵赏评	童韵造型	童韵设计	童韵探索
一年级	上学期	我最喜爱的卡通明星（一） 母与子	缤纷绚烂的色彩 图形王国 奇形怪状的车 高迪的房子 海底世界	好吃的点心 勺子大变身 五彩拉花	我的纸飞机 做饭小能手
	下学期	丰富多彩的玩具朋友	蛋壳宝宝的故事 梦幻城堡 我眼中的自己 我的神奇小手 昆虫的世界	不一样的太阳 瓶子世界 我把春天穿在身上	神奇的动物 多姿多彩的花
二年级	上学期	热热闹闹的节日 过节啦	各式各样的塔 下雨天 有趣的拓印 好吃的水果 我给大树穿衣裳	时钟造型设计 我来剪团花 独特的杯子 动物派对	鸟的世界 过年啦
	下学期	农民画中的动物 童年	神奇的吃虫草 树木的多样性 我爱洗澡 假如我是巨人 魅力夜景	废物利用-纸盒 可爱的节节虫 独一无二的笔筒	我心中的小怪兽 我的收藏卡
三年级	上学期	生活中的设计艺术 美在民间	我的秘密基地 回味童年 红色的画 折叠拓印倒影 神奇的脸	年月日 独特的面点 我设计的玩具	送给妈妈一双鞋 舞龙迎新春
	下学期	线条的魅力 花	我理想中的社区 橙色的画 绿色和紫色的画 彩墨游戏（一） 彩墨游戏（二）	蛋壳的妙用 我给卵石穿花衣 十二生肖邮票	神奇的盒子 垃圾的另一面
四年级	上学期	色彩中的春夏秋冬 敦煌飞天（一）	生活中的冷暖色 敦煌飞天（二） 我画你猜 线描自行车的局部 有趣的刻印	我设计的笔 有趣的靠垫 生活日用品的联想	独特的字母牌 镜头下的我们

类别		童韵赏评	童韵造型	童韵设计	童韵探索
四年级	下学期	初识中国画 画向日葵的凡·高	放学时光 用中国画的形式画鱼 图画与文字 色彩缤纷的大公鸡 致敬大师	日常生活中的标志 别样的衣架 设计拼图	小小航海家 初识 photoshop
五年级	上学期	那些伟大的自画像 皮影戏	肖像画 抽象艺术的表达 艺术的科学-透视 彩虹有多少种颜色？ 比比深和浅	艺术的尺度-黄金比例 奇特的椅子 送你一张立体贺卡	低碳的生活方式 面对灾难，我们能做些什么？
	下学期	画虾大师—齐白石 野兽主义—马蒂斯	为什么新衣服会更好看？ 色彩的对比 花鸟画（一） 花鸟画（二） 山水画	特别的书包 多彩的民族传统纹样 七分画、三分裱	赋予科学艺术的想象 未来生活
六年级	上学期	历史遗迹的美 小小非遗人	线描画中的黑白灰 版画全家福 泥塑人物 美味的食物 记忆中的老房子	纸板的多种可能 入场券的设计 精美的礼盒	花瓣上的微光 童年的回忆
	下学期	古风古韵 鬼斧神工的自然	戏曲里的造型 故事绘本 我最喜欢的卡通明星（二） 毕业前的告白 儿童生活回忆录	小小彩球装饰美 古希腊的柱式美 班徽的设计实践	剪纸中的艺术 绣在服装上的故事

第四节　每一幅童年的画作都将绘出未来的蓝图

《义务教育艺术课程标准（2022 年版）》指出：“坚持以美育人、以美化人、以美润心、以美培元，引领儿童在健康向上的审美实践中感知、体验与理解艺术，逐步提高感受美、欣赏美、表现美、创造美的能力，抵制低俗、庸俗、媚俗倾向；引领儿童树立正确的历史观、民族观、国家观、文化观，坚定文化自信，提升人文素养。"[①] 为此，我校根据"童韵美术"的课程理念、课程目标等方面的要求，从建构"童韵课堂"、开发"童韵课程"、创建"童韵社团"、设计"童韵美术节"、激活"童韵研学"等几个方面进行课程实施与评价，我们相信，每一幅童年的画作都将绘出未来的蓝图，走进富有儿童味的色彩世界。

一、建构"童韵课堂"，提升美术教学质量

"童韵课堂"是以美化人，以美润心，以美启发生长的美术课堂。构建符合我校美术学科的"童韵课堂"，需要从实践操作和评价要求两个方面入手。

（一）"童韵课堂"的要义与操作

"童韵课堂"以儿童为中心，充分考虑儿童的身心发展特点。"童韵课堂"更注重儿童自己的想象力、情感表达和创新思维，鼓励他们通过多样化的艺术形式自由地表达自己的想法和感受，有助于培养儿童的艺术素养、审美能力和创造力，促进他们的全面发展。

我们在教学目标设定时，在教学内容选定、教学环节确定、教学方法确定、教学评价方法的选用，应紧扣"童韵课堂"特点。

"童韵课堂"拥有坚持以美育人，强化素养立意的学习目标。课堂目标既是教师教的目标也是儿童学的目标。"童韵课堂"带领儿童感知、发现、体验生活的美，提升艺术素养，感受美无处不在。

"童韵课堂"具有无穷的生活韵味。"童韵美术"以自然、社会及人组成的生活现象、生活环境、生活习俗和生活情感为学习内容，引导儿童观察生活、感受生活、表现生活、创造生活，加强课程内容、社会生活与儿童经验之间的联系。

---

① 中华人民共和国教育部. 义务教育艺术课程标准（2022年版）[S]. 北京：北京师范大学出版社，2022：4.

"童韵课堂"呈现情境性的教学。在日常教学活动中，为儿童创设有意义的教学情境，通过创设与美术主题相关的情境，让儿童在亲身体验中感受美术的魅力。在"童韵课堂"的情境性教学中，教师利用多种手段来营造与美术主题相关的教学环境，例如使用实物、图片、音乐、影像等素材，以及引导儿童进行观察、角色扮演、情景对话等互动活动。这些情境的创设能够帮助儿童更好地理解美术作品的主题、意义和表现形式，同时也能激发他们的想象力和创造力。激发他们的创作灵感和兴趣，使儿童入情入境，更深刻地感受艺术之美。

"童韵课堂"呈现生长的教学模式。遵循儿童的年龄特征和心智发展规律，遵循美术知识与自然生长的特性，是生命化、动态发展的美术。

"童韵课堂"呈现多元化的评价方式。坚持多主体评价，充分发挥学校、教师、儿童、家长等不同评价主体或角色的作用，形成多方共同激励的机制，增强儿童学习艺术的动力和信心。

(二)"童韵课堂"的评价标准

《义务教育艺术课程标准（2022年版）》指出："课堂评价是检验、提升教学质量的重要方式和手段。要充分发挥评价的诊断、激励和改善功能，促进儿童发展。"又指出："课堂评价涉及学习态度、过程表现、学业成就等多方面，贯穿艺术学习的全过程和艺术教学的各个环节。"[①]

1. 在"童韵课堂"中，教师应面向全体儿童进行评价。评价内容包括儿童在学习过程中的行为表现、学习态度、课堂学习阶段目标的达成情况等方面；通过观察提问交流记录的方式，了解儿童在欣赏表现和创意实践等过程中的学习进程，行为表现分析，把握儿童的学习态度，学习体验学习困难，给予必要的指导，让儿童在课堂中释放天性，表达创意。评价反馈应注重即时性、生成性、针对性，以鼓励为主激发儿童的积极性，同时指出存在的问题，帮助儿童形成良好且个性的学习行为习惯。

2. 作业评价作为课堂教学的有效延伸与补充，是促进儿童学习发展的重要手段，是儿童学习评价的重要组成部分。作业设计应注重儿童素养，体现开放性、

---

① 中华人民共和国教育部. 义务教育艺术课程标准（2022年版）［S］. 北京：北京师范大学出版社，2022：4.

情境性、整合性，难度合理，类型多样，可包括独立完成型与团队合作型、书面型与活动实践型、巩固练习型与创意实践型，也包括共性化作业与个性化作业。作业评价既要关注儿童成果的质量，也要鼓励儿童的个性化表达，依据作业意图确定作业评价侧重点，可注重统一要求，也可注重创意表达，处理好两者之间的关系，综合运用质性分析与量化评定，要重视儿童自身的书面或口头反馈，发挥评价的引导激励功能（见表 5-4）。

表 5-4 "童韵课堂"评价表

评价维度	评 价 标 准	评价等第		
		一般	良好	优秀
学习情境	1. 情境创设是否符合儿童的年龄特点 2. 情境是否有助于激发儿童的兴趣和好奇心			
教与学的方法	1. 教师是否采用多样化的教学方法 2. 教学是否符合新课程理念并引起儿童兴趣 3. 教师是否注重引导儿童思考和探究 4. 儿童是否能够理解和掌握所学知识			
教学成果	1. 情境是否有助于培养儿童的审美能力和创造力 2. 教师能否关注儿童的个体差异和需求 3. 儿童是否积极参与课堂活动 4. 儿童是否能够运用所学的知识解决实际问题			

二、开发"童韵课程"，强化美术课程特色

《义务教育课程方案（2022 年版）》指出："义务教育课程包括国家课程、地方课程和校本课程三类。校本课程作为国家课程的拓展补充，由学校组织开发，由儿童自主选择。"[①] 据此，我们开发"童韵课程"，强化"童韵美术"的课程特色。"童韵课程"是以培养儿童的感受力、欣赏力、表现力、创造力为主，以促进儿童身心健康全面发展的课程。

---

① 中华人民共和国教育部. 义务教育课程方案（2022 年版）［S］. 北京：北京师范大学出版社，2022：6.

（一）"童韵课程"的设计要点

1. "童韵课程"注重感知。《义务教育艺术课程标准（2022 年版）》指出："审美感知是对自然世界、社会生活和艺术作品中美的特征及其意义与作用的发现、感受、认识和反应能力。审美感知具体指向审美对象富有意味的表现特征，以及艺术活动与作品中的艺术语言、艺术形象、风格意蕴、情感表达等。审美感知的培养，有助于儿童发现美、感知美，丰富审美体验，提升审美情趣。"[①] 注重感知体验，课程中通过各种艺术实践活动，激发想象、调动情感，创造形象，为儿童提供丰富的艺术表现方式和认识世界的途径，尊重儿童独特的感知体验和多样化的艺术表达。

2. "童韵课程"注重表现。《义务教育艺术课程标准（2022 年版）》指出："艺术表现是在艺术活动中创造艺术形象，表达思想感情，展现艺术美感的实践能力。"[②] 由此在"童韵课程"中与儿童在创作活动中产生的联想和想象的发现，及时与同学老师沟通，以及情感的沟通和思想的交流，为艺术表现的培育，更有助于儿童掌握艺术表现的技能，认识艺术与生活的广泛联系，增强形象思维能力，提升热爱生命和生活的态度。[③]

3. "童韵课程"倡导实践。《义务教育艺术课程标准（2022 年版）》指出："创意实践是综合运用多种学科知识，紧密联系现实生活，进行艺术创新和实际应用的能力。"[④] 据此"童韵课程"中创意实践包括营造氛围，激发灵感，对创作过程和方法进行探究与实验生成独特的想法并转化为艺术成果，创意实践的培育有助于儿童形成创新意识，提高艺术实践能力和创造能力，增强团队精神。[⑤]

---

① 中华人民共和国教育部. 义务教育艺术课程标准（2022 年版）［S］. 北京：北京师范大学出版社，2022：4.

② 中华人民共和国教育部. 义务教育艺术课程标准（2022 年版）［S］. 北京：北京师范大学出版社，2022：4.

③ 中华人民共和国教育部. 义务教育艺术课程标准（2022 年版）［S］. 北京：北京师范大学出版社，2022：4.

④ 中华人民共和国教育部. 义务教育艺术课程标准（2022 年版）［S］. 北京：北京师范大学出版社，2022：4.

⑤ 中华人民共和国教育部. 义务教育艺术课程标准（2022 年版）［S］. 北京：北京师范大学出版社，2022：4.

4."童韵课程"培育文化理解。《义务教育艺术课程标准（2022年版）》指出："文化理解是对特定文化情境中艺术作品，人文内涵的感悟，领会阐释能力。"[1]"童韵美术"为培养儿童文化理解能力，设计涵盖感悟艺术活动、艺术作品所反映的文化内涵，领会艺术对文化发展的贡献和价值，阐述艺术与文化之间的关系。在课后拓展环节，更多地拓展多元化的知识内容，展现更多的中国传统元素与现代艺术，以及两者的结合艺术作品。文化理解的培育，有助于学生在艺术活动中形成正确的历史观、民族观、国家观、文化观，尊重文化多样性，增强文化自信。[2]

（二）"童韵课程"的评价要求

"童韵课程"评价关注学科课程、学科教学、学科学习、学科团队这四个学科课程建设的核心要素（见表5-5）。

表5-5 "童韵课程"评价表

维度	评价指标	评价方式	权重	得分
课程目标	总目标与学校育人目标相符，依据体现美术学科知识与技能、过程与方法和情感态度与价值观的有机融合。	查看课程方案、美术学科课程纲要	10%	
	切合儿童年龄及生理特点，目标为审美感知、艺术表现、创意实践、文化理解核心素养的体现。		10%	
课程内容	紧紧围绕美术学科课程目标，充分贴合儿童年龄阶段特征，课程流畅严谨，内容丰富有趣。	查看美术学科课程纲要	20%	
	课程内容具有实践性与综合性的特点，突出学校育人目标，丰富儿童对美的认知，增强审美能力。		15%	

---

① 中华人民共和国教育部. 义务教育艺术课程标准（2022年版）[S]. 北京：北京师范大学出版社，2022：4.

② 中华人民共和国教育部. 义务教育艺术课程标准（2022年版）[S]. 北京：北京师范大学出版社，2022：4.

维度	评　价　指　标	评价方式	权重	得分
课程实施	课时安排合理，利用多元化的授课形式，让儿童的美术学习富有童韵。	查看美术活动设计	10%	
	有效组织美术学习活动，教学方法多样；发挥儿童的主观能动性，多元化的评价形式，让儿童善于表达自我，提出想法创意	听随堂课 听观摩课 查看美术活动设计与反思	20%	
课程成果	课程认可度高，并且有一定的经验推广价值。	听展示课 查看儿童成长档案	15%	
综合评定	A 级（85 分以上）B 级（70—85 分） C 级（60—70 分）D 级（60 分以下）	学校课程中心评定	100%	

三、创建“童韵社团”，发展美术学习兴趣

《义务教育艺术课程标准（2022 年版）》指出：“艺术教学要通过各种艺术实践活动，激发想象、调动情感、创造形象，为儿童提供丰富的艺术表现方式和认识世界的途径，尊重儿童独特的感知体验和多样化的艺术表达。”[①] 基于“童韵美术”的课程理念，我校“童韵社团”的开发与实施遵循儿童成长规律，扎根生活情趣，注重学习主体体验感受，挖掘儿童艺术潜能；激发学生的想象力，使儿童感受非刻意、非机械的艺术之美。培养儿童形成有自我意识的艺术判断力和艺术创造力，运用学习到的美术知识独立地创作，在艺术实践中感受艺术的乐趣，最终养成有个性的创造能力，并对社会艺术文化内涵有自己的见解。

（一）“童韵社团”的种类

根据儿童成长规律，注重儿童学习主体体验感受，挖掘儿童艺术潜能，激发儿童的想象力，我校成立了“艺韵书法”“绘彩印象”“妙剪生花”“水墨童年”国画等美术学习社团，儿童通过学习能够运用艺术语言和方式表现自然美、社会

---

① 中华人民共和国教育部. 义务教育艺术课程标准（2022 年版）[S]. 北京：北京师范大学出版社，2022：4.

美，体验创造的喜悦和自我实现的愉悦，增强实践能力和审美能力。

1."艺韵书法"社团。以贯彻增强儿童的书写能力、欣赏能力、道德素质和艺术修养，力争在艺术与使用之间找到完美结合点为宗旨，通过基本笔画、偏旁部首的学习、书法作品欣赏等方式，通过教师讲解、示范指导等教学方法，教给儿童正确的执笔运笔姿势，执笔轻重的调控，书写坐姿、站姿等要领，让儿童受到美的熏陶。

在"艺韵书法"社团中，儿童可以参加各种活动和比赛，展示自己的作品和才华。同时，"艺韵书法"社团也注重培养儿童的文化素养和审美能力，让儿童在书法的学习中了解中华文化的深厚底蕴和美学价值。

2."绘彩印象"社团活动。采取由简到繁，逐层深入，示范指导并重视教学方法和手段，是一个充满创意和想象力的儿童社团，致力于开发儿童的绘画兴趣和技能。在社团中，儿童可以参加各种绘画活动，包括油画、丙烯画、素描等，通过实践来提高自己的绘画水平。

"绘彩印象"绘画社团注重培养儿童的创造力和想象力，鼓励同学们在绘画中发挥自己的个性和风格。同时，社团也注重培养儿童的审美能力和艺术素养，让同学们在学习绘画的过程中了解和欣赏艺术的美。为使儿童掌握一定的绘画知识和绘画技巧，从而让儿童达到发现美、鉴赏美、创造美的境界。

3."妙剪生花"剪纸社团。剪纸社团是一个充满创意和艺术气息的社团，旨在推广和教授剪纸这项中国传统艺术。包括教授基本的剪纸技巧，主题创作，定期举办展览或成果展示。

在剪纸社团中，儿童可以学习剪纸的技巧和方法，了解剪纸的历史和文化背景，并通过创作和实践来培养自己的艺术素养和审美能力。同时，剪纸社团也注重培养儿童的团队合作精神和组织协调能力，让儿童在活动中锻炼自己的领导能力和沟通能力。

4."水墨童年"国画社团。国画课程能够锻炼儿童的判断能力，培养儿童胆大心细、求真求实的思维能力和心理素质，增强儿童的动手能力，并通过创作和实践来培养自己的艺术素养。

国画社团通常会组织各种活动，包括绘画比赛、展览、讲座等，为儿童提供一个展示和交流的平台。同时，国画社团也注重培养儿童的创新思维和独立创作能力，鼓励他们在传统的基础上进行创新和尝试。国画社团是我校重点打造的艺术实践工坊，同时也是花桥校园的"十八艺"之一。

（二）"童韵社团"的实践操作

为更好地培养儿童艺术情趣和社团建设发展，"童韵社团"建设重视以下几点。

一是结合特点，确定社团课程。"童韵社团"是我校结合儿童身心发展阶段性、连续性的特点与美术规律，围绕儿童艺术学习实践性、体验性、创造性等特点，注重与生活、自然、社会、科技的融合，分学段设置童韵社团。

二是分析特点，自主选择课程。教师根据自身优势选择所教社团课程，儿童依据各自喜好选择所学社团课程。

三是精心备课，组织社团。为了所学有所得，教师综合运用多学科知识，认真备课，紧密联系现实生活，在教学中营造氛围，激发灵感，鼓励儿童进行艺术创新和实际应用。

（三）"童韵社团"的评价要求

本课程实行随堂作业考核。以"水墨童年"国画社团为例。每一次课程结束都进行一次小总结，儿童就所学知识说出自己的看法、感受并对自己的作品点评。任课老师对每位儿童的作品点评，分析作品的优缺点，评出一些优秀作品在校园展出。这样能够最大限度激发儿童绘画的积极性与主动性，增强儿童内在学习动力。

1. 评价主要依据儿童平时成绩考查表现。采取定性评价和定量评价相结合的方法进行，评价方式主要有儿童互评、教师评价、小组评价（见表5-6）。

表5-6 儿童平时成绩考查评价表

评价项目	评 价 要 点	儿童互评 20%	教师评价 60%	小组评价 20%
平时课堂表现（50%）	是否对美术社团感兴趣			
	是否主动参与课堂教学活动			
	能否安全地使用材料和工具			

评价项目	评 价 要 点	儿童互评	教师评价	小组评价
		20%	60%	20%
平时课堂表现（50%）	能否大胆进行想象，表达自己的创意			
	善于主动和他人合作交流探究			
作业成绩（30%）	根据儿童的作业质量进行评价			
期中考查成绩（20%）	依据期中考查成绩评定			
总评等级				

备注：平时成绩占总成绩50%，评价结果分为 A、B、C、D 四个等级，A 表示优秀；B 表示良好；C 表示合格；D 表示待合格。

2. 评价从儿童能力方面进行考查。评价方式有儿童自评、儿童互评、家长评价、教师评价、小组评价（见表5－7）。

表5－7　儿童能力考查评价表

评价项目	评 价 要 点	儿童自评	儿童互评	家长评价	教师评价	小组评价
		10%	20%	10%	40%	20%
造型·表现（30%）	1. 上课带齐工具、材料等，合理使用及爱护工具；					
	2. 能否通过绘画或拓印等形式大胆、自由表现自己的感受；					
	3. 能否学以致用，尝试运用所学技法表现自己喜欢的事物；					
	4. 是否认识和调配常用颜色。					
设计·应用（20%）	1. 是否对学习活动感兴趣；					
	2. 是否在作业中表现大胆的想象和创新；					
	3. 是否对媒材特性有大致的了解，能选择媒材进行造型制作；					
	4. 能否安全地使用材料和工具。					

评价项目	评　价　要　点	儿童自评	儿童互评	家长评价	教师评价	小组评价
		10%	20%	10%	40%	20%
欣赏·评述（10%）	1. 能否以积极的态度参与欣赏活动；					
	2. 能否用简单的词语表达对自然和美术作品的感受。					
综合·探索（30%）	1. 是否积极地参与造型游戏活动；					
	2. 是否对身边能找到的媒材的形、色感兴趣；					
	3. 能否大胆地发表自己的感受；					
	4. 能否在活动结束时进行收拾整理；					
	5. 能否与同学合作；					
	6. 能否对材料进行联想。					
特长（10%）	有美术特长，在校内外美术活动中获奖。					
总评等级						

备注：能力考查成绩占总成绩 50%，评价结果分为 A、B、C、D 四个等级。A 表示优秀；B 表示良好；C 表示合格；D 表示待合格。

四、设计"童韵美术节"，浓郁美术课程氛围

《义务教育艺术课程标准（2022 年版）》指出："坚持以儿童发展为本的教育理念，坚信每一位儿童都具有学好美术的潜能。"[1]"童韵美术节"是面向全体儿童，丰富美术实践活动。设计"童韵美术节"是为了创造更多展示交流机会，激发每一位儿童的美术潜能，调动儿童学习的积极性，发展儿童的美术素养，培养儿童的美术特长。

---

[1]　中华人民共和国教育部. 义务教育艺术课程标准（2022 年版）［S］. 北京：北京师范大学出版社，2022：4.

（一）"童韵美术节"的活动设计

为进一步丰富学校的校园文化生活，营造浓郁的校园文化氛围，深化学校的艺术教育工作，我校每学期开展一次"童韵美术节"。"童韵美术节"面向全体儿童，重在以普及为宗旨，通过开展丰富多彩的艺术活动，激发儿童对美术节的兴趣与爱好；每一次的美术节区分不同主题专区，不同年级选出作品，以主题专区分类，让高年级的大朋友与低年级的小朋友在艺术上进行火花的碰撞。通过儿童作品的展示，增强儿童学习美术的自信心。

"童韵美术节"的活动方式，依据"童韵社团"的创建而设定活动板块。分别由硬笔书法、毛笔书法、手工制作比赛、绘画（国画、水彩画、版画、素描画、卡通画）、剪纸等板块组成。

活动板块1：硬笔书法参照手工制作比赛的分组形式，低年级组使用铅笔，高年级组使用钢笔，由语文老师们出题，选出字迹规范工整，卷面整洁，整体效果突出的作品，并设置奖项。硬笔书法是基础，也贯穿着儿童的整个学习生涯，将语文学科与美术学科结合，字不仅要写得工整规范，也要写得漂亮，赏心悦目；让儿童了解硬笔书法的重要性。

活动板块2：毛笔书法依旧分为高、低年级两组，学校设定主题，由社团老师评选作品，作品要符合主题，字体间架结构正确，作品效果突出。书写书法本身就要求儿童能够心平气和，有足够的耐心与信心，通过毛笔书法的比赛能够增强儿童的自信心。

活动板块3：手工制作比赛面向全校儿童，分低、高年级两大组，由学校设定手工制作主题，全校教师实行投票制，投选出创意十足、符合主题的手工作品。手工制作比赛更考验的是儿童的奇思妙想与材料的充分利用，锻炼儿童的思维能力，培养儿童积极思考的习惯。

活动板块4：绘画作品不限定创作材料与形式，可以是国画、水彩画、版画、素描画，卡通画等。作品主题符合，内容积极向上，画面构图合理，色彩丰富。不限形式的绘画方式，更有利于儿童展现自己的特长，表达自己，敢于交流。

活动板块5：剪纸作品可以是单色剪纸、彩色剪纸或者立体剪纸，作品要求符合主题，内容丰富积极向上，构图合理。剪纸比赛可以锻炼儿童的动手能力与细致观察、积极思考的习惯。

儿童通过积极参与"童韵美术节"，勇于表现自己的特长，表达自我，敢于质疑，乐于交流，保持学习美术的好奇心与兴趣。通过活动的参与增强儿童对美的感知力、理解力、鉴赏力和创造力，丰富儿童的情感，温润心灵，在情感和心灵上获得美的体验。教师对儿童的考察也要是全面的，建立科学合理、积极有效的评价标准，以"以美育人、以美化人、以美培元"① 为初心，引导儿童建立正确的评价观（见表5-8）。

表5-8　美术节作品形式参考表

年　级	创　作　形　式	展示地点
一、二年级	童真手工、童心画梦	秋园、冬园
三、四年级	童真手工、童心画梦、童书真意	春园、夏园
五、六年级	童真手工、童心画梦、童书真意、童创设计	图书馆

（二）"童韵美术节"的评价要求

赛事评比。以各年级为单位，根据儿童的参与度与各年级作品表现，可以直观地体现出艺术节举办的意义非凡。这个表格展示了一至六年级儿童的参与度和作品表现。由此为了提高儿童的参与度和作品表现，可以考虑在绘画教学中引入更多的创意和趣味性，或者举办一些奖励和展示活动来激发儿童的兴趣和动力（见表5-9）。

表5-9　美术节评分标准

年　级	参与度（%）	整　体　评　价
一年级		
二年级		

---

① 中华人民共和国教育部. 义务教育艺术课程标准（2022年版）[S]. 北京：北京师范大学出版社，2022：4.

年　级	参与度（%）	整　体　评　价
三年级		
四年级		
五年级		
六年级		

五、激活"童韵研学"，做实美术课程整合

"童韵研学"是美术教育教学内容的重要组成部分，是综合实践育人的有效途径。在以"童韵课堂""童韵课程""童韵社团""童韵艺术节"基础上的有效补充。根据儿童身心发展、艺术发展的阶段性的特点，"童韵研学"综合运用多学科知识，紧密联系儿童现实生活，以知识结合实际，主动实践，锻炼儿童的实际应用能力，开阔儿童的审美视野和艺术表达。

（一）"童韵研学"的主要做法

1. 童韵研学资源：《义务教育艺术课程标准（2022 年版）》指出："艺术课程资源是艺术课程内容的重要来源和艺术活动的重要载体，也是艺术课程教学实施的基本保障。"① 以此我校开展的"童韵研学"活动，在校内展开美术史的学习，观看纪录片丰富内涵；结合我校位于苏州且毗邻上海的地域优势，带领儿童"走出去"，去户外写生、参观博物馆、欣赏不同艺术家的画展；寻访红色艺术文化，传承红色精神。为儿童提供良好的艺术环境，让儿童接受艺术的熏陶，开阔儿童的视野，培养儿童的审美能力。

2. 童韵研学设计：根据儿童各阶段水平差异的不同，决定"童韵研学"的活动内容不相同。一至三年级的学习活动主要以美术内部、美术与姊妹艺术、美术与其他学科的综合，采取造型游戏的活动方式，观看纪录片小电影，注重联系儿

---

① 中华人民共和国教育部. 义务教育艺术课程标准（2022 年版）[S]. 北京：北京师范大学出版社，2022：4.

童的生活实际经验，并以多种方式进行展示。四至五年级的学习活动，以个人或小组合作的方式，进行融入跨学科的形式，将美术与自然、文化、科技融合，进行多主题式的探索，注重联系儿童生活实际经验，运用美术与其他学科相融合的知识，丰富创意，进行研学活动。六年级的学习活动，倡导以美术语言的运用，结合其他学科知识、技能来表达个人或小组观点，充分理解"现代媒体艺术是丰富人们认识世界和表现世界的方式"① 的大观念。

通过开展"童韵研学"，鼓励儿童积极参与，在研学中发现自身优势，培养儿童的思维能力与表达能力，并且也能及时发现自身的不足；"童韵研学"也是集体评价的另一种方式，能够让儿童从多主体角度学习并总结出自己的评判标准，在评价他人美术作品时也可以增强儿童的鉴赏能力和语言表达能力，建立美好的友谊，增进同学之间的信任感。"童韵研学"也是一种多场所式的评价方式，可以最大化地丰富评价主体，例如，将儿童创作的作品在学校的美术馆、走廊、教室、橱窗、图书馆，以及学校周边社区进行展览，邀请学校领导、家长、社会人士欣赏和评价，使儿童获得多方面的评价与激励。

（二）"童韵研学"的评价要求

为进一步关注儿童在"童韵研学"中的表现情况，我校从乐于参与、善于表达、合作分享、艺术创作四个方面对儿童的研学学习进行评价。让儿童通过自我评价、团队评价、教师评价三个维度得到综合性的评价（见表 5－10）。

表 5－10 "童韵研学"评价标准

评价内容	评 价 标 准	评 价 方 式		
		自评	组评	师评
乐于参与	优秀：认真参与各项活动，具有积极的态度，善于表达自我感受，并能以绘画的形式展现学习主题。			
	良好：有参与意识，态度较积极，能够表达想法。			
	合格：能按时参加活动。			

---

① 中华人民共和国教育部. 义务教育艺术课程标准（2022 年版）［S］. 北京：北京师范大学出版社，2022：4.

评价内容	评 价 标 准	评 价 方 式		
		自评	组评	师评
善于表达	优秀：在活动中善于表达自我，积极思考，从活动中获得启示。			
	良好：在活动中会尝试表达自己的想法、主动思考。			
	合格：简单的表达想法，认真听取他人观点。			
合作分享	优秀：在活动中具有团队意识，善于组织活动，和同伴合作，乐于分享。			
	良好：在活动中具有团队意识，懂得在活动中和同伴合作，懂得分享。			
	合格：愿意合作与交流，能够听取别人的意见，并给予支持。			
艺术创作	优秀：按时完成创意作业，善于总结艺术学习心得，用独特的方式展现学习成果。			
	良好：能按时完成绘画作业，表达艺术学习心得。			
	合格：能够呈现艺术学习总结或绘画作业。			

综上所述，我校开展的"童韵美术"是以建构"童韵课堂"、开发"童韵课程"、创建"童韵社团"、设计"童韵美术节"、激活"童韵研学"五个方面进行的课程实施。"童韵美术"是引导儿童在创作中保持纯真质朴的创作心境，探索独具童韵趣味的创作手法，增强儿童在创作表达过程中独立解决问题的能力，促进儿童全面发展的艺术课程。

（本章主执笔人：昆山市花桥金城小学　许月红）

第六章

方式活跃：多维资源的介入性与
学习方式的灵活性

认知是具身的，学习本质上是生命存在的一种方式，而不仅仅是思维事件。这世界绝对不存在一个与世界分离的心智，心智与生命是整合为一体的，我们的心智，包含感知觉、注意、记忆、思维、想象、情感等，始终以具身的方式与世界同在。经验的多样种类和资源的多维介入能够丰富学习内容，提升学生的知识广度、获得更加广泛的学习材料和实践机会、增强学习的灵活性和自主性。可以说，多维资源的介入性与学习方式的灵活性，是实现课程育人的关键。

要将核心素养的培育落到实处，形成以知识与学习、课程和教学、媒介与环境为纽带的活跃学习方式是重要的，单一的学习方式很难满足学生个性化和多样化的学习需求。西伦（E. Thelen）指出：认知是具身的，就是说认知源于与世界的身体相互作用。① 从这个观点看，认知依赖于经验的种类，这些经验出自具有特殊的知觉和运动（motor）能力的身体，而这些能力不可分离地相连在一起，共同形成一个记忆、情绪、语言和生命的其他方面在其中编织在一起的机体。具身认知的当代观念反对盛行的认知主义的立场，这个立场视心智为一个操作符号的装置，因此这个立场专注于形式规则和过程，通过它们，符号恰当地表征了世界。具身认知理论倡导学习是身体与环境互动的过程，多维资源与灵活的学习方式强化了这一互动。通过多样化体验与实践，促进深度理解与个性化知识建构，从而实现认知与行动的统一。据此，我们认为，多维资源的介入性与学习方式的灵活性，是实现有效教育的关键。具体而言，这涉及经验的多样种类和资源的多维介入，以及身心的立体参与和学习的整体建构。

　　经验的多样种类和资源的多维介入能够丰富学习内容，拓宽学生的知识视野，提供更加广泛的学习材料和实践机会，同时增强学习的灵活性和自主性。其次，身心的立体参与和学习的整体建构能够深度激发学生的学习兴趣和动机，增加学习效果。具身认知理论强调，学习不仅是纯粹的认知过程，更是身体与感知全面投入的过程。通过多感官体验和实践参与，创设有利于身体互动的学习环境，能极大增加学习效果。

　　具身认知理论强调，认知过程和认知发展深深植根于人的身体结构以及身体与世界的相互作用中。② 与传统认知科学将心智简化为符号处理器的视角不同，具身认知认为认知依赖于个体的经验，这些经验源自身体的知觉和运动能力。经验的多样种类和资源的多维介入是促进学习的重要因素。现代教育强调通过丰富的学习材料和多样的教学方法，满足学生个性化和多样化的学习需求，将学习与

---

① Thelen, E., Schoner, G., Scheier, C., Smith, L. B. The Dynamics of Embodiment: A Field Theory of Infant Perservative Reaching [J], Behavioral and Brain Sciences, 2001, 24: 1-86.
② 李恒威，肖家燕. 认知的具身观 [J]. 自然辩证法通讯，2006, 28 (1): 29-34.

实际生活紧密结合，使学生能在真实环境中运用所学知识，增强学习的现实感和社会责任感，帮助学生从多角度理解和掌握知识，实现个性化教育。这种方式不仅有助于学生获得更深层次的理解和广泛的知识积累，还能根据学生的特点和需求，灵活调整教学方法，为其未来社会中的适应力和终身学习奠定坚实基础。

学习是身体与环境互动的整体活动，身体的活动方式直接影响学习结果。具身认知视角下的教学设计注重创设有利于师生身体展演的教学场景，通过虚拟学习空间与现实教学世界的联通，为学习者提供实践参与的个性化学习场景。① 灵活的学习方式需要根据学生的不同需求、兴趣和学习风格，灵活调整教学方法和策略，以增加教学效果。具身认知视角下的教学设计注重创设有利于师生身体展演的教学场景，通过虚拟学习空间与现实教学世界的联通，为学习者提供实践参与的个性化学习场景。在这些场景中，学生通过观察、体验、交流、反思等方式，找到适合自身的学习方法，增强学习的情境真实性和问题导向性。②

活力英语：让生命元气满满

昆山市花桥金城小学英语组共有专任教师 22 名，其中昆山市学科带头人 1 名，昆山市高级教师 2 名，教师平均年龄不足 30 岁，是一支年轻而富有活力的队伍。9 人在苏州市中小学教师专业素养竞赛中获得二、三等奖；1 名教师在昆山市英语暑假特色作业设计评比中获得二等奖。组内老师拥有充沛的工作热情，但相对缺少教育教学经验。基于此现状，金城小学英语教研组秉持着用"爱心启迪学生的心灵"的教育理念，发挥团队合力，致力于打造"共研、共享、共成长"的教研组文化。教师在平时的教育教学过程中形成了"随教随研，研必有思"的团

<hr>

① 宋耀武. 具身认知与具身学习设计 ［M］. 北京：北京大学出版社，2020.
② 李栋. 从缺席到主场：身体的境况与课程知识教学 ［M］. 南京：南京师范大学出版社，2019.

队风气，依托随堂听课、联合教研、师徒结对等方式，提高教师的专业素养和教学水平。为进一步促进学生核心素养向纵深发展，我校英语教研组仔细研读《教育部关于全面深化课程改革落实立德树人根本任务的意见》与《义务教育英语课程标准（2022 年版）》，推进"活力英语"课程建设，取得了明显的成效。

第一节　活力激荡，解锁语言学习乐趣

英语课程是一门基础性、实践性和综合性的学科课程。[①] 通过这门课程，学生将建立英语语言基础，激发对英语学习的兴趣，为进一步增强英语应用能力和跨文化交际能力奠定基础。课程旨在关注学生的全面发展，充分挖掘学生的潜能，培养他们的实际应用技能和跨文化意识。

一、学科课程性质

《义务教育英语课程标准（2022 年版）》指出，英语课程是工具性和人文性的统一。英语课程在工具性方面注重培养学生的语言能力，帮助他们掌握英语的基本语法、词汇和表达能力，提高他们的听、说、读、写、看技能，以便在未来的跨文化交流和沟通中更加流利和自信地运用英语。在人文性方面，英语课程在培养学生跨文化交流和理解方面发挥重要作用。学习和运用英语有助于学生了解不同文化、历史、习俗、价值观，逐步形成跨文化沟通与交流的意识和能力，形成开放、包容、宽广的视野和心态，从而更好地适应多元化社会的需求。[②]

---

① 中华人民共和国教育部. 义务教育英语课程标准（2022 年版）［S］. 北京：北京师范大学出版社，2022：1.
② 中华人民共和国教育部. 义务教育英语课程标准（2022 年版）［S］. 北京：北京师范大学出版社，2022：1.

二、学科课程理念

基于英语学科课程性质，结合我校师生实际，我们提出了"活力英语——让生命元气满满"的学科课程理念，借助有活力的英语学科活动，为学生的生命注入满满元气。在这一理念指导下，我们不仅注重语言知识的传授，更重视通过活泼有趣的学习方式激发儿童的学习热情和探索精神，让他们在轻松愉快的氛围中掌握英语，与语言建立起情感的连接，体验学习的乐趣，从而更好地应对未来挑战。

一是生活化（Life-style）。"活力英语"课程旨在将学习内容和教学形式与学生的生活经验和现实需求紧密联系起来，培养学生在实际情境中运用英语进行有效沟通的能力，关注学生跨文化交际意识的培养，使学生能够将所学知识应用到实际生活中。通过生活化的教学，注重培养学生的英语语言知识、技能、情感态度、学习策略和文化意识等五个方面的综合素质，为学生未来的学习和生活奠定基础。

二是兴趣导向（Interest-oriented）。"活力英语"课程注重根据学生的兴趣和特长来定制个性化的教学内容，提供多样化的学习机会，关注学生的个性发展和全面成长，以培养学生兴趣、激发学生潜能为核心，鼓励学生在多种形式的活动中学习英语。针对学生的个性差异，采用个性化教学方法，为学生提供适宜的学习资源和教学支持，促进每个学生的全面发展。

三是价值引领（Value-based）。"活力英语"课程在实施过程中，注重培养学生的道德情操和社会责任感，帮助学生树立正确的人生观、价值观和世界观。通过学习英语国家的风俗习惯、历史背景、文学作品等，培养学生对英语文化的了解和尊重，增强跨文化交际意识和能力，让学生更好地适应社会的发展和变化。

四是情感渗透（Emotion-involved）。"活力英语"课程在评价时注重情感教育，使学生在学习过程中能够充分感受到学习的快乐和成就感，增强学生对学习的主动性和积极性。通过情感融合的教学，可以建立良好的师生关系和同学关系，促进学生的情感发展和个性发展。

总之，"活力英语"课程群旨在以课程性质和课程理念为引领，为学生打造一个充满活力的学习环境。学生在轻松愉悦的氛围中快乐地学习英语，充分感受语言学习的乐趣，不仅善于学习英语，更是以学习英语为乐，主动地、积极地提升自身英语核心素养。课程注重学生的实际需求和兴趣爱好，以培养学生的英语应用能力和跨文化交际能力为核心目标，将课程性质与课程理念紧密结合，形成一个系统化的英语学习体系。

第二节　知能汇聚，点燃语言智慧火花

《义务教育英语课程标准（2022 年版）》指出，核心素养是课程育人价值的集中体现，是学生通过课程学习逐步形成的适应个人终身发展和社会发展需要的正确价值观、必备品格和关键能力。英语课程要培养的学生核心素养包括语言能力、文化意识、思维品质和学习能力等方面。[①] 这四个方面相互渗透，融合互动，协同发展。我们认为，英语课程通过语言学习拓展学生的国际视野和跨文化理解，培养包容、多样的思维方式，使学生能够自信地进行跨文化交流。这不仅是对语言能力的培养，更是对学生思想、心灵、视野的拓展与升华。以"活力英语"为理念指导的英语学习目标，不再仅仅注重英语知识的传授，更重视儿童智慧的启迪，让他们善于发现和创造知识，点亮心灵的火焰，享受学习的乐趣。

一、学科课程总目标

《义务教育英语课程标准（2022 年版）》指出，学生应通过本课程的学习，达到如下目标。

1. 发展语言能力。能够在感知、体验、积累和运用等语言实践活动中，认识

---

① 中华人民共和国教育部. 义务教育英语课程标准（2022 年版）[S]. 北京：北京师范大学出版社，2022：4.

英语与汉语的异同，逐步形成语言意识，积累语言经验，进行有意义的沟通与交流。

2. 培育文化意识。能够了解不同国家的优秀文明成果，比较中外文化的异同，发展跨文化沟通与交流的能力，形成健康向上的审美情趣和正确的价值观；加深对中华文化的理解和认同，树立国际视野，坚定文化自信。

3. 提升思维品质。能够在语言学习中发展思维，在思维发展中推进语言学习；初步从多角度观察和认识世界、看待事物，有理有据、有条理地表达观点；逐步发展逻辑思维、辩证思维和创新思维，使思维体现一定的敏捷性、灵活性、创造性、批判性和深刻性。

4. 提高学习能力。能够树立正确的英语学习目标，保持学习兴趣，主动参与语言实践活动；在学习中注意倾听、乐于交流、大胆尝试；学会自主探究，合作互助；学会反思和评价学习进展，调整学习方式；学会自我管理，提高学习效率，做到乐学善学。①

基于此，"活力英语"课程的总目标是培养学生具备扎实的英语基础知识、实际运用能力和跨文化交际意识，使他们能够在不同场景下有效沟通，为他们的未来学习和生活奠定基础。每个单元的目标将针对性地强化学生的语言知识、语言技能、情感态度、学习策略和文化意识等方面。

二、学科课程学段目标

英语课程培养学生具备扎实的英语基础知识和实际运用能力，形成跨文化交际意识，开阔国际视野。通过课程学习，学生能够在不同场景下清晰表达自己，理解和尊重多元文化。这是语言能力的增强，也是对学生心灵和视界的拓展与升华。根据《义务教育英语课程标准（2022年版）》学段目标，我们将三年级和四年级学生应达到的水平称为一级水平，五年级和六年级学生应达到的水平称为二级水平，制定课程学段目标。

---

① 中华人民共和国教育部. 义务教育英语课程标准（2022年版）［S］. 北京: 北京师范大学出版社，2022: 5-6.

三、学科课程具体目标

在"活力英语"课程中，每一单元都是一段独特而精彩的旅程，它们携带着清晰而具体的目标，引领着学习的方向。根据英语学科课程总目标和学科课程分领域目标，结合我校师生实际，全面考虑学科特点、学生发展阶段特征、教学内容与要求以及教育价值观因素，我们制定如下具体目标，以三年级为例（见表6-1）。

表6-1　金城小学"活力英语"学科课程分年级目标（三年级）

上 学 期	下 学 期
Unit 1　Hello！ **共同目标：** 　1. 掌握基本的英语问候语，如"Hello""Hi""Good morning"等。 　2. 能够正确发音和运用问候语进行日常交际。 　3. 了解基本的礼貌用语和社交礼仪，如"How are you？""Thank you"等。 　4. 培养学生的口语表达能力和交际能力，鼓励他们在实际情境中运用所学知识。 **校本目标：** 　1. 了解学校文化和特色，通过问候语的学习，增强学生对学校的归属感和认同感。 　2. 引导学生关注他人的情感和需求，培养他们的同理心和关爱他人的品质。 　3. 结合学校的实际情境，让学生在特定的场合下运用问候语，如开学典礼、节日庆祝等。 　4. 通过游戏、歌曲等形式，激发学生的学习兴趣和参与度，增加教学效果。	**Unit 1　In class** **共同目标：** 　1. 掌握与课堂相关的常用英文表达方式，如"Please sit down""Stand up，please""Open your books"等。 　2. 能够正确发音和运用所学表达方式进行课堂指令和师生互动。 　3. 了解课堂的基本规则和礼仪，如尊重教师、保持安静、积极参与等。 　4. 培养学生的课堂纪律意识和良好的学习习惯，鼓励他们在实际情境中运用所学知识。 **校本目标：** 　1. 结合学校文化和特色，引导学生关注课堂规则和礼仪，增强他们对学校教育价值观的认同感。 　2. 通过学习课堂相关的英文表达方式，让学生更好地适应英语课堂教学和参与课堂活动。 　3. 在实际情境中运用所学知识，如组织角色扮演、模拟课堂等，增强学生的口语表达能力和实际操作能力。 　通过游戏、歌曲、互动等形式，激发学生的学习兴趣和参与度，增加教学效果。 　4. 引导学生养成良好的课堂纪律和礼仪习惯，培养他们尊重他人、积极向上的品质。
Unit 2　I'm Liu Tao **共同目标：** 　1. 掌握自我介绍的常用表达方式，如"My name is…""I'm…""I'm from…"等。 　2. 能够正确发音和运用自我介绍的表达方式进行日常交际。	**Unit 2　In the library** **共同目标：** 　1. 掌握与图书馆相关的常用英文表达方式，如"Don't shout""Please be quiet""Turn off the mobile phone"等。 　2. 能够正确发音和运用所学表达方式进行

　　　　　　学科课程与学科实践的整合设计

上　学　期	下　学　期
3. 了解基本的社交礼仪和沟通技巧，如：如何与他人进行初步的交流和建立联系。 　4. 培养学生的口语表达能力和交际能力，鼓励他们在实际情境中运用所学知识。 **校本目标：** 　1. 结合学校文化和特色，引导学生关注自己和他人的身份和特点，增强他们的文化意识和认同感。 　2. 通过自我介绍的学习，让学生更好地了解自己和他人，培养他们的社交技巧和人际交往能力。 　3. 在实际情境中运用所学知识，如组织班级活动、参加学校庆典等，增强学生的口语表达能力和实际操作能力。 　4. 通过游戏、角色扮演等形式，激发学生的学习兴趣和参与度，增加教学效果。	图书馆规则的提醒和劝告。 　3. 了解图书馆的基本规则和礼仪，如保持安静、不随意触碰书籍等。 　4. 培养学生的公共场所规则意识和文明素养，鼓励他们在实际情境中运用所学知识。 **校本目标：** 　1. 结合学校文化和特色，引导学生关注图书馆的使用规则和礼仪，增强他们对学校图书馆文化的认同感。 　2. 通过学习图书馆相关的英文表达方式，让学生更好地了解图书馆的使用规则和借阅流程。 　3. 在实际情境中运用所学知识，如组织模拟图书馆场景、参加图书馆志愿服务等，增强学生的口语表达能力和实际操作能力。 　4. 通过游戏、角色扮演等形式，激发学生的学习兴趣和参与度，增加教学效果。 　5. 引导学生养成良好的图书馆使用习惯，培养他们尊重知识、爱护公共资源的品质。
Unit 3　My friends 共同目标： 　1. 掌握描述人物外貌、性格和兴趣爱好的常用词汇和表达方式。 　2. 能够正确发音和运用所学词汇和表达方式描述自己的朋友。 　3. 了解基本的社交技巧和沟通方式，如何介绍朋友、如何表达对他人的赞美和关心。 　4. 培养学生的口语表达能力和交际能力，鼓励他们在实际情境中运用所学知识。 **校本目标：** 　1. 引导学生关注自己和他人的友谊及人际关系，培养他们的情感态度和同理心。 　2. 通过描述朋友的特点和兴趣爱好，让学生更好地了解自己和他人，培养他们的社交技巧和人际交往能力。 　3. 在实际情境中运用所学知识，如组织班级活动、参加学校庆典等，增强学生的口语表达能力和实际操作能力。 　4. 通过游戏、角色扮演等形式，激发学生的学习兴趣和参与度，增加教学效果。 　5. 引导学生欣赏友谊的美好，培养他们珍惜友谊的情感态度。	**Unit 3　Is this your pencil？** 共同目标： 　1. 掌握询问物品所属关系的常用英文表达方式，如"Is this your …?""That's not my …"等。 　2. 能够正确发音和运用所学表达方式进行物品归属的询问和确认。 　3. 了解物品归属的概念和意义，培养学生尊重他人权益和物权的意识。 　4. 培养学生的观察力和沟通能力，鼓励他们在实际情境中运用所学知识。 **校本目标：** 　1. 结合金城小学文化和特色，引导学生关注物品归属问题，增强他们对学校和班级财产的保护意识。 　2. 通过学习物品所属关系的英文表达方式，让学生更好地了解和尊重他人的权益。 　3. 在实际情境中运用所学知识，如组织失物招领活动、物品归属确认游戏等，增强学生的口语表达能力和实际操作能力。 　4. 通过角色扮演、互动游戏等形式，激发学生的学习兴趣和参与度，增加教学效果。 　5. 引导学生养成爱护公共财产的习惯，培养他们诚信、友善的品质。

上　学　期	下　学　期
Unit 4　My family 共同目标： 　1. 掌握家庭成员的英文表达方式，如"grandfather""grandmother""father""mother"等。 　2. 能够正确发音和运用所学词汇描述家庭成员的特征和职业。 　3. 了解家庭成员之间的关系和称呼，如"uncle""aunt""cousin"等。 　4. 培养学生的家庭观念和亲情意识，鼓励他们在实际情境中运用所学知识表达对家人的关爱和尊敬。 **校本目标：** 　1. 引导学生关注自己和家人的关系，培养他们的家庭责任感和亲情意识。 　2. 通过描述家庭成员的特征和职业，让学生更好地了解自己家庭的文化和价值观。 　3. 在实际情境中运用所学知识，如家庭聚会、给家人写信等，增强学生的口语表达能力和实际操作能力。 　4. 通过游戏、角色扮演等形式，激发学生的学习兴趣和参与度，增加教学效果。 　5. 引导学生了解不同家庭的文化和价值观，培养他们的跨文化意识和国际视野。	**Unit 4　Where's the bird?** 共同目标： 　1. 掌握描述物品位置的常用英文表达方式，如"Where's the ...?""It's in/on/under ..."等。 　2. 能够正确发音和运用所学表达方式进行物品位置的询问和描述。 　3. 了解物品位置的概念和意义，培养学生空间感知和组织能力。 　4. 培养学生的观察力和逻辑思维能力，鼓励他们在实际情境中运用所学知识。 **校本目标：** 　1. 结合学校文化和特色，引导学生关注物品位置问题，增强他们对学校和班级环境的认识和组织能力。 　2. 通过学习物品位置的英文表达方式，让学生更好地了解和描述物品的摆放位置。 　3. 在实际情境中运用所学知识，如组织寻宝游戏、物品位置描述活动等，增强学生的口语表达能力和实际操作能力。 　4. 通过角色扮演、互动游戏等形式，激发学生的学习兴趣和参与度，增加教学效果。
Unit 5　Look at me 共同目标： 　1. 掌握描述衣物和颜色的常用词汇，如"T-shirt""skirt""green"等。 　2. 能够正确发音和运用所学词汇描述衣物和颜色。 　3. 了解基本的服装搭配和礼仪，能选择合适的场合穿着衣物。 　4. 培养学生的观察力和审美能力，鼓励他们在实际情境中运用所学知识进行服装搭配。 **校本目标：** 　1. 结合金城小学文化和特色，引导学生关注自己的形象和穿着，增强他们的自我意识和自信心。 　2. 通过学习衣物和颜色的词汇，让学生更好地了解自己和他人的穿着和风格，培养他们的审美观念。	**Unit 5　How old are you?** 共同目标： 　1. 掌握询问和回答年龄的常用英文表达方式，如"How old are you?""I'm ... years old"等。 　2. 能够正确发音和运用所学表达方式进行年龄的询问和回答。 　3. 了解年龄的概念和意义，培养学生的社交能力和礼貌意识。 　4. 培养学生的跨文化意识和沟通能力，鼓励他们在实际情境中运用所学知识。 **校本目标：** 　1. 结合学校文化和特色，引导学生关注年龄问题，增强他们对学校和班级同学的了解和尊重。 　2. 通过学习年龄的英文表达方式，让学生更好地了解和尊重他人的年龄隐私。

上　学　期	下　学　期
3. 在实际情境中运用所学知识，如组织服装搭配比赛、参加学校庆典等，增强学生的口语表达能力和实际操作能力。 4. 通过游戏、角色扮演等形式，激发学生的学习兴趣和参与度，增加教学效果。 5. 引导学生关注环保和可持续发展的理念，培养他们珍惜资源、绿色生活的意识。	3. 在实际情境中运用所学知识，如组织生日派对、年龄问答游戏等，增强学生的口语表达能力和实际操作能力。 4. 通过角色扮演、互动游戏等形式，激发学生的学习兴趣和参与度，增加教学效果。
Unit 6　Colours 共同目标： 1. 掌握基本颜色的英文词汇，如"red" "blue" "green" "yellow"等。 2. 能够正确发音和运用所学颜色词汇描述和辨认物体。 3. 了解颜色在日常生活中的运用，如交通信号灯、彩虹等。 4. 培养学生的观察力和颜色感知能力，鼓励他们在实际情境中运用所学知识。 校本目标： 1. 结合学校文化和特色，引导学生关注校园中的颜色，增强他们对学校环境的感知和归属感。 2. 通过颜色学习，让学生更好地理解颜色在情感和文化中的象征意义，培养他们的跨文化意识。 3. 在实际情境中运用所学知识，如绘制校园地图、参加颜色日活动等，增强学生的口语表达能力和实际操作能力。 4. 通过游戏、歌曲、绘画等多种形式，激发学生的学习兴趣和参与度，增加教学效果。	**Unit 6　What time is it?** 共同目标： 1. 掌握询问和表达时间的常用英文表达方式，如"What time is it?" "It's ... o'clock"等。 2. 能够正确发音和运用所学表达方式进行时间的询问和回答。 3. 了解时间的概念和重要性，培养学生珍惜时间和合理安排时间的能力。 4. 培养学生的时间意识和计划性，鼓励他们在实际情境中运用所学知识。 校本目标： 1. 结合学校文化和特色，引导学生关注时间管理，增强他们对学校作息时间和课程安排的适应能力。 2. 通过学习时间的英文表达方式，让学生更好地了解和适应学校的作息安排。 3. 在实际情境中运用所学知识，如组织模拟校园生活、时间规划游戏等，增强学生的口语表达能力和实际操作能力。 4. 通过角色扮演、互动游戏等形式，激发学生的学习兴趣和参与度，增加教学效果。 5. 引导学生养成珍惜时间、合理安排时间的习惯，培养他们自律、高效的品质。
Unit 7　Would you like a pie? 共同目标： 1. 掌握基本的食品和饮料的英文词汇，如"pie" "cake" "ice cream"等。 2. 能够正确发音和运用所学词汇进行点餐和询问他人喜好。 3. 了解基本的餐饮礼仪和文化，能礼貌地点餐和分享食物。 4. 培养学生的口语表达能力和实际操作能力，鼓励他们在实际情境中运用所学知识。	**Unit 7　On the farm** 共同目标： 1. 掌握描述农场动物和农作物的常用英文表达方式，如"These are ..." "Those are ..." "What are these/those?"等。 2. 能够正确发音和运用所学表达方式描述农场动物和农作物。 3. 了解农场的基本知识和农业生产的价值，培养学生的农业意识和环境保护意识。 4. 培养学生的观察力和语言表达能力，鼓

上　学　期	下　学　期
校本目标： 1. 结合金城小学文化和特色，引导学生关注校园中的食物和饮品，增强他们对学校环境的感知和归属感。 2. 通过学习食品和饮料的词汇，让学生更好地了解自己的饮食习惯和口味偏好。 3. 在实际情境中运用所学知识，如组织野餐、参加学校食堂活动等，增强学生的口语表达能力和实际操作能力。 4. 通过游戏、角色扮演等形式，激发学生的学习兴趣和参与度，增加教学效果。 5. 引导学生关注健康饮食和环保理念，培养他们珍惜食物、节约资源的意识。	励他们在实际情境中运用所学知识。 **校本目标：** 1. 结合学校文化和特色，引导学生关注农业和环境保护问题，增强他们对农场生活和农业生产的认识和兴趣。 2. 通过学习农场的相关英文表达方式，让学生更好地了解农场动物和农作物的特点。 3. 在实际情境中运用所学知识，如组织农场参观、农产品品尝等，增强学生的口语表达能力和实际操作能力。 4. 通过角色扮演、互动游戏等形式，激发学生的学习兴趣和参与度，增加教学效果。 5. 引导学生养成热爱自然、尊重生命的品质，培养他们关注农业和环境保护的责任感。
Unit 8　Happy New Year **共同目标：** 1. 掌握与新年相关的英文表达方式，如"Happy New Year""Thank you""What present would you like?"等。 2. 能够正确发音和运用所学表达方式进行新年祝福和礼物交换。 3. 了解新年的文化背景和传统习俗，如放鞭炮、贴春联、拜年等。 4. 培养学生的跨文化意识和文化包容心，鼓励他们在实际情境中运用所学知识。 **校本目标：** 1. 结合学校文化和特色，引导学生参与新年庆祝活动，增强他们对学校和传统文化的认同感。 2. 通过学习新年的英文表达方式，让学生更好地了解和体验新年的氛围和习俗。 3. 在实际情境中运用所学知识，如组织新年晚会、参加新年祝福活动等，增强学生的口语表达能力和实际操作能力。 4. 通过游戏、歌曲、手工艺等多种形式，激发学生的学习兴趣和参与度，增加教学效果。 5. 引导学生关注家庭和社区的新年庆祝活动，培养他们参与和关爱他人的品质。	**Unit 8　We're twins** **共同目标：** 1. 掌握描述家庭成员关系的常用英文表达方式，如"These are my ..." "These are our ...""Who are they?"等。 2. 能够正确发音和运用所学表达方式描述家庭成员关系。 3. 了解家庭成员之间的关系和亲情的重要性，培养学生的家庭观念和感恩意识。 4. 培养学生的语言交流和情感表达能力，鼓励他们在实际情境中运用所学知识。 **校本目标：** 1. 结合金城小学文化和特色，引导学生关注家庭成员关系和亲情，增强他们对家庭和家人的理解和关爱。 2. 通过学习家庭成员关系的英文表达方式，让学生更好地了解和表达家庭成员之间的关系。 3. 在实际情境中运用所学知识，如组织家庭聚会、家庭成员角色扮演等，增强学生的口语表达能力和实际操作能力。 通过互动游戏、故事分享等形式，激发学生的学习兴趣和参与度，增加教学效果。 4. 引导学生养成关心家人、珍惜亲情的品质，培养他们感恩、尊重家人的情感。

第三节　视界拓展，照亮语言学习旅程

英语课程内容由主题、语篇、语言知识、文化知识、语言技能和学习策略等要素构成。围绕这些要素，通过学习理解、应用实践、迁移创新等活动，推动学生核心素养在义务教育全程中持续发展。课程内容的六个要素是一个相互关联的有机整体，共同构成核心素养发展的内容基础。[①] 为了更好地实现课程目标要求，我们据此设计"活力英语"课程体系，通过拓宽儿童的生活视野，让他们在多姿多彩的语言和文化景观中探险，让学习之旅更加丰富和精彩。

一、学科课程结构

语言技能分理解性技能和表达性技能，具体包括听、说、读、看、写等方面的技能及其综合运用。听、读、看是理解性技能，说、写是表达性技能。语言技能中的"看"通常指利用多模态语篇中的图形、表格、动画、符号，以及视频等理解意义的技能。理解多模态语篇，除了需要使用传统的阅读技能之外，还需要观察图表中的信息，理解符号和动画的意义。理解性技能和表达性技能在语言学习过程中相辅相成、相互促进。[②] 我校根据语言技能的分类，将"活力英语"课程结构分为活力口语、活力阅读、活力视听、活力写作和活力探究，由此构建出一个系统的、有机的课程体系（见图6-1）。

---

① 中华人民共和国教育部. 义务教育英语课程标准（2022年版）[S]. 北京：北京师范大学出版社，2022：12-13.

② 中华人民共和国教育部. 义务教育英语课程标准（2022年版）[S]. 北京：北京师范大学出版社，2022：25.

图 6-1 "活力英语"课程群结构图

"活力英语"课程的内容注重实用性和情境性，各板块课程内容具体如下。

1."活力英语"视听课程

学习目标：帮助学生提高英语听力水平，包括听懂日常会话、听懂课堂讲解、听懂英语广播、电视和影视等各种英语媒体的内容，从而能够更好地理解和应用英语。

"活力英语"视听课程的具体内容包括以下几个方面。

磨耳英语 1—2：学生需要掌握听力基础技能，包括字母、音标、单词、短语、句子的听写和听读练习，通过这些基础训练来提高听力水平；学生需要学习和掌握一些听力策略和技巧，如预测、推断、判断、反应等技巧，以提高听力的准确性和速度。

听觉艺术 1—2：学生需要听懂日常会话和口语，包括日常生活、工作和学习等场景下的交流内容，以便更好地与外国人交流。

听见英语 1—2：学生需要听懂学科类的听力内容，包括科技、历史、文化、社会等方面的知识，以便更好地理解和应用这些知识。

听懂英语1—2：学生需要听懂各种媒体形式的英语，包括广播、电视、网络等各种形式的英语内容，以便更好地了解国际形势和文化背景。

2."活力英语"口语课程

学习目标：学生通过学习口语课程，增强口语表达能力，能够更加自信、流利地表达自己的思想和观点，并且在与他人的交流中更加得心应手。口语课程的重点在于训练学生的听说能力，使其能够在不同的语言环境中，灵活应对各种语言情境，增加交际效果。学生在口语课程中要学会正确地使用语调和语感，这有助于增加语言表达的自然程度和语言交际的效果。

"活力英语"口语课程的具体内容包括以下几个方面。

英语趣味说1—2：学习日常口语表达，包括问候、介绍自己、谈论天气、时间、地点、活动等；学习实用口语技巧，包括英语中的礼仪用语、语气的使用、应对特殊情况的表达等。

绘本戏剧1：主要是基于适合儿童阅读的英语绘本，通过表演的形式来展示故事情节和人物形象。这些绘本通常具有简单的情节、鲜明的角色和生动的画面，能够激发儿童的学习兴趣和想象力。例如：《丑小鸭》，讲述了一个被误认为丑陋的小鸭子，实际上是一只美丽的天鹅的故事。通过表演，学生们可以更好地理解丑小鸭的经历和感受，同时认识到友谊、勇气和自我认知的重要性；《三只小猪》，这是一部经典的童话故事，讲述了三只小猪如何用智慧和勤奋抵抗大灰狼的威胁。这个故事传递了关于勤劳、智慧和友谊的积极信息，鼓励学生们要勤奋思考、互相帮助。这些绘本戏剧的内容不仅可以帮助学生们增强英语听说能力，还可以培养他们的表演技能和团队合作能力。在表演过程中，学生们可以通过角色的扮演和理解，更好地理解故事中的情节和人物形象，同时学习到其中蕴含的道理和价值观。

绘本戏剧2：绘本戏剧2的内容更加丰富和深入，涵盖了更多的主题和领域。比如：《爱丽丝漫游奇境记》，这是一部经典的童话故事，讲述了小女孩爱丽丝在梦中进入一个神奇的国度，遇到各种奇特的人物和事情。这个故事充满了奇幻色彩和深刻的寓意，可以激发学生们的想象力和批判性思维；《绿野仙踪》，这是一部经典的奇幻电影小说，讲述了一个小女孩多萝西被龙卷风带到一个神奇的国度，为了实现自己的愿望，她开始了寻找魔法师的冒险之旅。这个故事充满了想象力和魔法色彩，可以让学生们感受到勇气、友谊和爱的力量。

讲好中国故事1：课程会介绍一些中国传统文化的基本概念和特点，例如儒家思想、道家思想、佛教文化等，以及传统文化的表现形式，如中国书法、中国画、中国音乐等。课程还会教授一些讲述中国故事的技巧和方法，例如如何选取合适的角度、如何运用生动的语言和表情等，帮助学生增强自己的讲述能力。

讲好中国故事2：课程会选取一些中国历史上的重要事件和人物进行讲述，例如中国古代的发明创造、历史战争、名人故事等，帮助学生了解中国历史和文化的发展脉络。课程还会介绍一些中国当前社会现象和热点问题的英文表达方式，例如中国的经济发展、环境保护、社会道德等，帮助学生掌握相关词汇和表达方式。

英文脱口秀1：课程会介绍一些幽默理论和技巧，例如如何通过语言、表情、肢体语言等方面来表现幽默，同时也会让学生练习各种幽默表达方式。课程还会教授一些演讲技巧和表演能力，例如如何吸引听众、如何运用声音和肢体语言来表现演讲内容、如何进行表演等，以增强学生提高口语表达和表演能力。

英文脱口秀2：课程会提供大量的口语练习机会，例如通过模拟场景、角色扮演等方式来练习英语口语，以增强口语流利度和准确性。课程还会介绍一些英语幽默和文化背景知识，例如英语笑话、幽默文化等，以帮助学生更好地理解和运用英语幽默。

3. "活力英语"阅读课程

学习目标：学生通过学习阅读课程，掌握阅读英语各类语篇的技能和策略，增强阅读理解能力和语言表达能力，扩大词汇量，培养跨文化交际能力。

"活力英语"阅读课程的具体内容包括以下几个方面。

乐读英语：主要培养学生对英语的兴趣和自信心。教授学生一些日常用语和交际用语，让学生能够自信地进行英语交流。鼓励学生在课外积极阅读英文原版书籍、报刊、网站等，增强英语语言环境下的阅读能力。

诗意英语：诗意英语课程的内容要点是通过学习英语诗歌，增强学生的英语阅读和理解能力，同时让他们感受到英语的韵律和节奏，培养他们的审美意识和文化素养。

经典咏流传1—2：通过阅读和分析英文经典名著，增强学生的英语阅读、写作、表达和思考能力，同时让他们感受到英语语言的魅力和文化内涵，培养他们的文学鉴赏能力和文化素养。

趣味配音秀1—2：通过学习英语配音的基本技巧和表演技能，为英文动画配音实践，增强学生的英语口语表达和表演能力，同时让他们感受到英语语言的韵律和节奏，培养他们的艺术素养和文化意识。

4.“活力英语”写作课程

学习目标：学生通过学习英语写作课程，掌握英语写作的基本技巧和规范，提高英语写作水平，培养学生写作能力和表达能力。

“活力英语”写作课程的具体内容包括以下几个方面。

字里行间1：以看图写话为主。通过图片观察、确定主题和体裁、列出要点、语言组织、内容完善、反馈与修改以及技巧提升等方面。通过系统地学习和练习，可以增强学生的英语写作能力和语言表达能力。

字里行间2：以话题写作为主。通过系统的指导和练习，学生了解英语写作的基本知识，包括语法、词汇、句子结构等，以及写作的基本格式和规范；掌握一些基本的写作技巧，如如何构思文章结构、如何使用适当的语言表达自己的观点、如何进行有效的段落组织等。

笔墨留香1—2：以诗歌类英文写作为主。通过系统地指导和练习，让学生掌握英文诗歌的写作技巧和能力，增强学生的英语语言运用和审美水平，同时培养学生的情感表达和思想认知能力。

创意写作1：学习创意写作在跨学科领域中的应用，如文学与艺术、文学与科学、文学与社会等，以及如何将创意写作与不同领域的知识和技能相结合，发挥其更大的价值。

创意写作2：了解创意写作的文学和文化背景，包括不同国家和地区的文学流派和代表作品，以及不同文化背景下的创意写作风格和特点。

文学大师1：学习不同类型文学作品的写作要点，如小说、诗歌、戏剧、散文等，以及如何根据不同的类型来选取合适的题材和修辞手法。

文学大师2：了解文学作品的文学和文化背景，包括不同国家和地区的文学流派和代表作品，以及不同文化背景下的文学写作风格和特点。

5. "活力英语" 探究课程

课程目标：在拓展探究类课程中，学生通过看各类英语语言素材，了解并掌握英语语言和文化背景，在学习英语词汇、语法、表达技巧和语境运用的同时拓展知识面，增加语言和文化的丰富度。

"活力英语" 探究课程的具体内容包括以下几个方面。

动物农场1—2：英文动物农场探究课程的内容要点包括动物形象、动物习性、农场环境、农场活动、农场文化、语言表达、写作技巧、跨学科应用和实践应用等方面。通过系统地学习和积累，可以增强学生的英语语言运用能力和对动物农场的了解和认识。

舌尖上的英语1—2：美食文化、食材认知、烹饪技巧、食谱阅读、厨艺实践、饮食习惯、营养学知识、餐饮业用语和跨文化交流等方面。通过系统地学习和实践，可以增强学生的英语语言运用能力、文化意识和跨文化交流能力，同时也能更好地理解和欣赏不同美食文化的独特之处。

自然秘语1—2：自然现象认知、生物种类识别、生态关系理解、自然环境探索、环境保护意识、科学方法应用、英文表达积累、阅读理解提升和跨学科联系等方面。通过系统地学习和积累，可以增强学生的英语语言运用能力、科学素养和跨学科综合能力，同时也能更好地理解和欣赏自然界的美妙与奥妙。

历史的角落1—2：历史背景理解、历史事件了解、历史人物研究、历史文献阅读、历史评价与分析、历史意识培养、英文表达积累、阅读理解提升和跨学科联系等方面。通过系统地学习和积累，可以增强学生的英语语言运用能力、文化素养和跨学科综合能力，同时也能更好地理解和欣赏历史的魅力和价值。

通过以上课程内容，"活力英语" 为学生提供全面、系统的英语学习体验，使他们在掌握扎实英语基础知识的同时，培养出良好的学习习惯、跨文化交际能力以及创新思维。

二、学科课程设置

我校在开设"活力英语"三至六年级课程时，旨在以课程性质和课程理念为引领，为学生打造一个充满活力的学习环境，让他们在轻松愉悦的氛围中快乐地

学科课程与学科实践的整合设计

学习英语，充分感受语言学习的乐趣，并不断提升学生的英语核心素养。一方面从学生的年龄特点出发，另一方面基于教材内容出发，形成了一个系统化的课程体系（见表6-2）。

表6-2　金城小学"活力英语"课程设置表

课程模块 年段与学期		活力视听	活力口语	活力阅读	活力写作	活力探究
三年级	上学期	磨耳英语1	英语趣味说1	乐读英语1	字里行间1	动物农场1
	下学期	磨耳英语2	英语趣味说2	乐读英语2	字里行间2	动物农场2
四年级	上学期	听觉艺术1	绘本戏剧1	诗意英语1	笔墨留香1	舌尖上的英语1
	下学期	听觉艺术2	绘本戏剧2	诗意英语2	笔墨留香2	舌尖上的英语2
五年级	上学期	听见英语1	讲好中国故事1	经典咏流传1	创意写作1	自然秘语1
	下学期	听见英语2	讲好中国故事2	经典咏流传2	创意写作2	自然秘语2
六年级	上学期	听懂英语1	英文脱口秀1	趣味配音秀1	文学大师1	历史的角落1
	下学期	听懂英语2	英文脱口秀2	趣味配音秀2	文学大师2	历史的角落2

低年级（三年级）第一学期为基础英语听说能力培养、英语字母和简单单词认读、日常用语和简单对话练习。第二学期为基本语法和句型学习、阅读简短的英文故事和文章、进行简单的口头表达。

中年级（四年级至五年级）第一学期为增强英语听说能力、扩展词汇量、加深语法理解、进行综合阅读训练。第二学期为增强英语写作能力、开展跨文化交际活动、培养学生解决问题和创新思维能力。

高年级（六年级）第一学期为系统总结和巩固英语知识、增强英语综合素质、实践情境交际能力。第二学期为开展跨学科英语项目、强化跨文化交际能力、为初中阶段英语学习做好准备。

第四节　生动滋养，搭建语言学习桥梁

《义务教育英语课程标准（2022年版）》指出：英语课程是工具性和人文性的统一。教师应准确理解英语课程的基本理念，把握学生核心素养发展的基本规律，根据课程目标、课程内容和学业质量的要求，创造性地开展英语教学，充分发挥英语学科独特的育人功能。据此，我校通过建构"活力课堂"、成立"活力社团"、借力"活力研学"、开展"活力英语节"、组织"活力实践"、进行"跨学科主题实践"在全校范围内营造浓厚的英语交流情境，旨在通过生动活泼的教与学方式和真实语境的交流体验，激发儿童的学习热情，为他们的语言学校搭建多彩的桥梁。

一、建构"活力课堂"，推进英语学科教学

"活力课堂"是一种教育理念，它是一种学生、教师和学科知识都焕发生命活力的课堂。在"活力课堂"中，课堂呈现的学科知识要能贴近学生的生活经验、体现本学科的发展逻辑和前沿的研究成果，并能在学习过程中不断结构化。教师能深刻理解并以生动的方式呈现出学科的内涵魅力，挖掘教育智慧引导学生学会、会学本学科，通过独特的个人体验、独到的见解等深层次领悟学科内涵。学生具有主动积极的学习状态、深度的思维参与、切身的情感体验和生成正确的价值观。"活力课堂"是学校所有课程类型，即基础类、拓展类、特色类、实践类、助力类、学生自创类课程实施过程中课堂形态的共同追求。

结合我校师生的实际情况，同时充分考虑英语学科的特性，我们创新性地提出了"活力英语：让生命元气满满"的学科课程理念。这一理念旨在借助丰富多彩、充满活力的英语学科活动，为学生的学习生活增添一抹生动的色彩。基于学

科课程理念，我们以"LIVE"来诠释"活力课堂"的基本内涵。"LIVE"分别代表着 L—Light（点燃），I—Inquire（探究），V—Value（评价），E—Extend（拓展）。

（一）"活力课堂"的涵义

1. 点燃学习热情（Light）。点燃学习热情，启迪学生智慧，激发学生的内在动力和求知欲望，引导他们积极探索、思考和创新。

Light 代表着光明、希望和启示，这与教育的目标相契合。教育不仅仅是传授知识，更是引导学生发现自己的潜力，追求真理和智慧。通过 Light 的象征意义，可以激发学生的学习热情，让他们更加主动地参与到学习中来，积极探索未知领域。指向一种以学生为中心，通过创设情境、提出问题、自主学习、互动交流、总结评价等环节，引导学生用英语思考和表达，培养他们的英语思维和表达能力的教学方式。

2. 学科探究实践（Inquire）。"学科探究实践"是一种具有学科立场、深入触及学科本质和深层意蕴、在活动和体验中学习以及综合性强的学习方式。同时，它也是一种新的学习方式，强调在实践中探究和学习，注重学生的主动性和创造性，培养学生的创新能力和实践能力。教师在学科领域或现实生活中选择和确立主题，在教学中创设类似于学术研究的情境，学生通过动手做、做中学主动地发现问题、实验、操作、调查、收集与处理信息、表达与交流等探索活动，获得知识，培养能力，发展情感与态度，特别是发扬探索精神，发挥创新能力。进行探究式教学有五个步骤：项目提案、研究和学习、创造或实施、反思、分享。根据学生的能力、水平，以及教师希望引导学生学习的主题不同，这些步骤的可塑性可以很强。项目可以侧重于以学生为中心的主题，如讲好中国故事。

3. 注重评价教学（Value）。《义务教育英语课程标准（2022 年版）》强调要逐步建立主体多元、方式多样、素养导向的英语课程评价体系，坚持以评促学、以评促教，将评价贯穿英语课程教与学的全过程。[①]"活力课堂"注重评价教学具体体现在以下几个方面。一是强调多样化的评价方法，即使用多种多样的评价方法，不仅包括传统的书面作业，还有项目报告、口头表达、小组讨论、课外阅读、

---

① 中华人民共和国教育部. 义务教育英语课程标准（2022 年版）［S］. 北京：北京师范大学出版社，2022：3.

学习日志等。通过多样化的评价手段，教师能够更全面地了解学生的学习情况，以及他们在各种语言活动中的能力表现。二是强调个体差异的关注，即注重学生的个体差异和特点。每个学生在英语学习方面都有不同的优势。教师通过评价和观察，能够更好地了解学生的个体差异，从而更有针对性地为他们提供指导和支持。三是强调学习进程的评价，即关注学生的学习进程，而不仅仅关注结果。教师应观察学生的学习过程，评价他们的语言能力、文化意识、思维品质、学习能力等，以评价他们的学习进展。"活力课堂"强调有针对性地反馈，即根据学生的学习表现，给予具体、明确的反馈，指出学生的优点、改进的方向并提供具体的建议和指导。这样的反馈能帮助学生了解自己的学习情况，明确学习目标和方向。四是强调学生参与评价过程，即鼓励学生参与评价过程，反思自己的学习表现和进展，从中发现自己的优点和改进的空间。学生可以与教师一起制定学习目标，评估自己的学习成果，更加主动地了解自己的学习情况，增强自我认知和自我管理的能力。

4. 重视能力的迁移与创新（Extend）。《义务教育英语课程标准（2022 年版）》在课程实施建议中提出，教师应敢于突破教材的制约，合理开发教材以外的素材性资源，如与教材单元主题情境相匹配的英语绘本、短剧等学习材料。①"活力课堂"注重课外绘本与教材融合式教学，即在灵活运用主教材的基础上，为学生提供更多语境的学习机会。学生在体验绘本地道、真实、有趣的语言表达的同时，发挥学习能力，提升思维品质，塑造优秀品格，最终落实英语学科立德树人的育人目标。

在英语教学中，注重能力的迁移与创新是非常重要的。这涉及培养学生的语言应用能力、思维能力和创新能力，以及促进他们跨文化交流的能力。首先，注重能力的迁移意味着在教学过程中，教师应引导学生将已学的知识和技能应用到新的语言环境中。例如，学生通过模仿母语的学习方式，将已经掌握的词汇、语法和句型应用到英语学习中。此外，教师还可以设计一些实践活动，如角色扮演、小组讨论等，让学生在真实的语境中运用语言，增强他们的语言应用能力。

---

① 中华人民共和国教育部. 义务教育英语课程标准（2022 年版）[S]. 北京：北京师范大学出版社，2022：73.

其次，注重创新能力的培养是英语教学的另一个重要方面。在教学过程中，教师应鼓励学生发挥想象力和创造力，尝试用新的方式表达思想。例如，教师引导学生通过写作、演讲、表演等方式展示自己的英语能力，培养他们的创新思维和表达能力。

此外，英语教学还应注重跨文化交流能力的培养。教师通过介绍英语国家的文化背景、社会习俗、价值观等，帮助学生更好地理解和运用英语。同时，教师还可以设计一些跨文化交流活动，如模拟联合国、模拟外交等，让学生在实践中增强跨文化交流能力。总之，注重能力的迁移与创新是英语教学的核心目标之一。通过培养学生的语言应用能力、思维能力和创新能力，以及促进他们跨文化交流的能力，可以帮助学生更好地掌握英语，增强他们的综合素质和竞争力。

（二）"活力课堂"的操作要义

新课程方案聚焦中国学生发展的核心素养，要求英语核心素养的语言能力、文化意识、思维品质和学习能力四个方面相互渗透，融合互动，协同发展。教师在组织教学时应当以英语学习活动观为引航标，在确定教学目标后考虑教学活动和教学评价，实现"教—学—评"一体化，从而增强语言能力，培育文化意识，提升思维品质，增强学习能力。基于此，我们提出的"活力课堂"的具体操作方法。

1. 创设生活化的学习情境。"活力课堂"需要贴近生活，将学习内容与实际生活紧密联系起来。在语境中学习，能够让学生们更好地理解知识，并将所学内容应用到实际生活中。通过观察实际生活中的各种现象，学生们可以更好地理解知识的实际应用，从而加深对知识的记忆和理解。结合课程内容，活力课程为学生创设真实的语言情境，让他们在实践中学习和运用语言；提供多种形式的语言材料，如文章、视频、音频等，帮助学生丰富语言知识，鼓励学生大胆表达自己的想法和观点，提供机会让他们在课堂中进行口语和写作练习。

2. 提供体验式的学习方式。"活力课堂"以活动为基础，让学生们通过参与各种有趣的活动来学习知识。这种学习方式本身就是一种体验式的学习，能够让学生们更加深入地理解和掌握所学内容。因此，"活力课堂"需要充满活力，气氛活跃，能够吸引学生们的注意力，激发他们的学习兴趣。在活动过程中，"活力课堂"注重启发学生的观察力、归纳能力以及建构性的学习。观察力是学习的基础，通过观察现象、发现问题、分析问题，可以更好地理解知识。归纳能力则是将所学知识进行总结和归纳，从而形成自己的知识体系。建构性学习则是通过自己的思考和总结，构建自己的知识框架，形成自己的见解和观点。

3. 注重反思性的学习评价。在"活力英语"课堂中注重反思性的学习评价，需要教师精心设计评价活动，引导学生积极参与，并提供及时的反馈和支持。这有助于增强学生的自主学习能力、学习策略运用和批判性思维能力，进而增加英语学习效果。"活力课堂"注重让学生参与自我评价过程，让他们反思自己的学习进度、方法和成果。这可以通过填写自我评价表、写学习日志或进行小组讨论等方式实现。在评价过程中，教师应引导学生深入反思，不仅关注学习结果，还要关注学习过程和学习策略。例如，让学生思考以下问题：我在学习过程中遇到了哪些困难？我是如何克服这些困难的？我的学习策略是否有效？如何提高？定期组织学生进行学习总结和分享，让他们回顾自己的学习历程，分享学习经验和策略，这有助于巩固所学知识，同时促进班级内部的交流与合作。

4. 展示个性化的学习成果。英语课堂上学生的个性化成果可以通过多种形式体现，教师可以通过观察学生的表现和交流，了解每个学生的学习特点和需求，制定个性化的教学方案，更好地促进每个学生的英语学习和发展。首先，英语口语表达能力是英语学习中非常重要的一项技能。在课堂或课后，可以通过朗读、演讲、角色扮演等形式，让学生展示自己的口语表达能力，同时也可以通过模仿电影、电视剧等语音资料，让学生模仿不同角色的语音语调，增强他们的语音模仿能力。其次是表演能力。英语表演能力是英语学习中非常有趣的一项技能。在课堂上或者课外作业中，可以通过表演英语短剧、情景剧等形式，让学生展示自己的表演能力，同时也可以通过表演练习，让学生更好地理解英语语言的运用和表达。最后是创新思维。创新思维是英语学习中非常重要的一项能力。在课堂或课后上，通过讨论、辩论等形式，让学生展示自己的创新思维能力，同时也可以通过问题解决练习，让学生学会独立思考和解决问题。

（三）"活力课堂"的评价指标

"活力课堂"的评价指标应该多元化，从多个方面来综合评价其教学质量。同时，这些指标也不是孤立的，而是相互联系、相互影响的。因此，在评价时需要全面、系统地考虑各个方面的因素。为此，我们形成了"活力课堂"的评价指标（见表 6-3）。

表6-3 金城小学"活力课堂"的评价指标

一级指标	二级指标	评 价 点	等 级		
			一般	良好	优秀
学习情境	情境创设	语言情境贴近生活，真实生动，学生感兴趣。			
	情境任务	学生从不同角度分析任务、提出假设和实施解决方案。			
	情境互动	学生与情境中的对象进行互动，如观察、操作、交流等。			
学习方式	自主学习	学生能主动确定学习目标，并为之作出计划和策略。			
	探究学习	学习者能针对某个问题或主题进行深入探究，寻找答案或解决方案。			
	合作学习	学生通过积极参与讨论、分享和协作，在小组中扮演不同的角色，共同完成一项任务或项目，实现共同目标。			
学习评价	评价内容	评价内容全面，包括评价学生的知识掌握、技能应用、态度和价值观。			
	评价方式	评价方式多样化，包括观察、访谈、测验、作品评价进行自我评价与他人评价。			
	评价反馈	评价反馈及时、具体，具有建设性。			
学习成果	知识掌握	学生能理解所学知识点的概念、原理、方法，建立起清晰的知识结构。			
	学习迁移	学生能够将所学知识应用于其他学科或领域，实现知识的迁移和应用，或将所学知识应用于实际生活，解决实际问题或提高生活质量。			

二、成立"活力社团"，提供多彩实践平台

"活力社团"是指以 LIVE（Life-style、Interest-oriented、Value-based、Emotion-involved）理念为指导，由教师组织、师生策划、定期开展活动的社团，如英语

绘本、英语戏剧、英语朗诵、英语辩论等。社团的目的是通过学生自主参与、体验和实践，促进学生的全面发展，提高学生的生活素质和核心素养，增强学生的社会责任感和创新精神，使学生在轻松愉快的氛围中实践英语，增强实际应用能力。

（一）社团组织与运行

有效地组织和运行"活力社团"，可以为学生提供一个充满活力和积极向上的语言交流平台。

1. 确定社团宗旨和目标。在组织"活力社团"时，首要任务是明确社团的宗旨和目标。社团的宗旨是指社团存在的基本目的，而目标则是宗旨的具体化，它为社团的发展指明了方向。为了确保社团的健康发展，宗旨和目标必须清晰明确，让每个社团成员都能理解并认同它们。例如，如果社团的目标是增强口语表达能力，那么社团可以组织一些演讲比赛、口语练习等活动，让成员有更多的机会去锻炼自己的口语表达能力。如果社团的目标是推广语言文化，那么社团可以通过举办文化讲座、展览等活动，向成员介绍其他国家和地区的语言文化，帮助他们更好地了解和欣赏不同的文化。如果社团的目标是结交新朋友，那么社团可以组织一些社交活动，让成员有机会认识新的人，建立新的友谊。明确的目标不仅可以帮助社团成员更好地了解社团的发展方向，还可以为制订合适的发展计划和活动内容提供指导。在制订发展计划时，社团可以根据目标来确定哪些活动是必要的，哪些活动是可以选择的。同时，社团还可以根据目标来确定活动的优先级，确保最重要的活动能够得到足够的资源和支持。

2. 筹建社团组织。筹建一个"活力社团"是一项相当重要的任务，它需要社团发起人具备极高的责任心和组织能力。首先，确定社团的组织架构是至关重要的，它包括社长、副社长、各部门负责人等职位，以确保社团的日常运作和决策的顺利进行。规章制度也是必不可少的，它们规定了社团成员的行为准则、义务和权利，为社团的稳定和长远发展提供了坚实的保障。活动内容及时间安排是社团的核心部分，它们需要充分考虑社团成员的兴趣和时间安排，以确保活动的多样性和参与度。在确定活动内容时，需要考虑到活动的主题、形式、时间、地点等因素，并尽可能地满足社团成员的需求和期望。招募志同道合的社团成员是社团发展的关键环节。在招募过程中，需要积极宣传社团的理念和活动内容，以吸引更多有志之士加入。有效的沟通和协调是确保社团和谐运作的必要条件。社团成员之间需要相互理解、尊重和支持，以共同推动社团的发展。在筹建"活力社团"的过程中，每一个环节都需要精心策划和执行，以确保社团的顺利运作和持续发展。只有通过大家的共同努力，才能让这个社团成为一个真正意义上的成功案例。

3. 确定活动内容和时间。"活力社团"是一个充满活力和创意的学生组织，它致力于为成员提供一个展示自我、锻炼能力、拓宽视野的平台。为了满足成员的不同需求，"活力社团"需要定期举办各种形式的活动，如演讲比赛、文化交流、语言课程等。这些活动不仅可以帮助成员增强语言表达能力、增强自信心，还可以促进成员之间的交流与合作，增强团队凝聚力。在确定活动内容和时间时，"活力社团"需要充分考虑社团成员的实际情况和需求。例如，针对不同年级、专业背景的成员，可以设置不同难度的演讲比赛和文化交流活动；针对成员的学习需求，可以开设不同语种的语言课程。此外，活动时间也需要合理安排，确保成员能够充分参与，同时不会影响他们的学习和生活。为了保证活动效果和成员的参与度，"活力社团"还需要在活动策划和组织方面下足功夫。例如，在活动宣传方面，可以通过海报、微信群、QQ 群等多种渠道进行宣传，确保成员了解活动详情；在活动现场组织方面，需要安排专业的评委和主持人，确保活动公平公正、有序进行；在活动奖励方面，可以根据活动性质和成员需求设置合理的奖项和奖品，激励成员积极参与。

4. 制订年度计划和长期规划。为了确保"活力社团"的持续发展和有序运行，制订年度计划和长期规划至关重要。这些计划不仅应包括明确的活动内容、详细的时间安排、合理的预算制定，还应该考虑到人员分工，确保每个成员都能在社团发展中发挥自己的作用。年度计划和长期规划的制订，需要充分考虑社团的实际情况和长远发展目标，确保计划的可行性和可持续性。只有这样，"活力社团"才能不断进步，实现其长远发展的目标。

5. 积极开展对外合作。社团可以积极与校内外其他语言类社团、组织或机构建立紧密的合作关系，通过共同举办各类活动或分享资源，来扩大自己的影响力，提高社团的知名度。这种合作不仅可以促进社团之间的交流和互动，同时也可以为成员提供更多的机会和资源，帮助他们更好地发挥自己的语言技能和社交能力。通过与其他社团或机构的合作，社团可以拓宽视野，了解更多的行业动态和趋势，同时也可以借鉴其他社团或机构的成功经验和做法，不断完善自己的管理和运作方式。这种合作还可以促进成员之间的交流和互动，让他们更好地了解彼此的文化和背景，增加彼此之间的信任，增进了友谊。因此，"活力社团"应该积极寻找合作伙伴，建立合作关系，通过合作来实现共同发展和成长的目标。

6. 定期评估与总结。社团应该定期对活动效果进行评估，总结经验教训并不断完善。这意味着，"活力社团"应该具备一种机制，能够定期对其所举办的各种活动进行全面的评价和反馈，以了解活动的优点和不足。通过这种方式，社团可以获得宝贵的经验，以便在未来的活动中不断改进和完善。同时，总结经验教训不仅有助于社团的成长和发展，还可以提高社团成员的组织水平和综合素质。"活力社团"还需要关注成员的反馈和建议，及时调整活动内容和形式，确保社团的健康发展和成员的满意度。这意味着，社团应该积极收集成员的意见和建议，并认真分析这些反馈，以便及时调整活动内容和形式。这种互动和沟通可以增强成员的参与感和归属感，同时也可以帮助社团更好地了解成员的需求和期望。通过这种方式，社团可以确保其活动的质量和效果，提高成员的满意度，促进社团的健康发展和成长。

(二)"活力社团"的活动安排

以 LIVE（Life-style, Interest-oriented, Value-based, Emotion-involved）理念为引领，结合师生实际情况，我校开设以绘本社团、戏剧社团、朗诵社团和辩论社团为主的"活力社团"（见表 6-4）。

表 6-4　金城小学"活力社团"简介

活　力　社　团	
社团名称	社　团　目　标
Live · Comic 童梦绘语社团	通过阅读英语绘本，培养学生的阅读兴趣和阅读能力，并通过讨论和分享活动加深对故事内容的理解。
Live · Drama 剧梦飞扬社团	通过戏剧表演，让学生在英语环境中运用语言，培养他们的表达能力、合作精神和舞台表演技巧。

活　力　社　团	
社 团 名 称	社　团　目　标
Live · Sound 声采绽放社团	通过朗诵英文诗歌、演讲和短文，培养学生的发音准确性、语调表达和自信心。
Live · Debate 辩韵风华社团	通过辩论训练，增强学生的口语表达能力、逻辑思维和辩证思维能力，并培养他们的团队合作和辩论技巧。

（三）"活力社团"的评价

每个社团都应有对应的评价方式及评价标准，树立社团成果意识。

Live · Comic 童梦绘语社团（英语绘本）

1. 评价方式。一是观察记录。观察学生在绘本社团活动中的参与程度、合作精神和表现，记录他们的表达能力、阅读理解和互动交流情况；二是作品展示。要求学生在社团活动中制作绘本相关的作品，评价他们的创意、内容表达和艺术呈现；三是口头演示。要求学生向小组或整个社团展示他们阅读的绘本，并分享自己的理解和感受，评价他们的口语表达和自信程度。

2. 评价要点。一是阅读理解。学生对绘本内容的理解程度、细节把握和主题把握能力；二是语言表达。学生在阅读讨论和分享活动中的语言表达能力，包括词汇使用、语法准确性和句子连贯性；三是创意思维。学生在绘本社团活动中展示的创意思维和想象力，如故事延伸、角色创设等；四是合作与互动。学生在小组合作和集体讨论中的合作态度、团队合作能力和积极参与程度；五是自我表达。学生在口头演示或作品展示中展现的自我表达能力和自信心；六是文化意识。学生对绘本中涉及的文化元素的理解和欣赏，包括传统故事、节日习俗等；七是创作能力。学生在制作绘本相关的作品时展示的创作能力和艺术呈现。

Live · Drama 剧梦飞扬社团（英语戏剧）

1. 评价方式。一是观察记录。观察学生在戏剧社团活动中的表演表现、角色扮演和舞台呈现，记录他们的表情、语调、动作和舞台技巧；二是表演评估。进行实际的戏剧表演，评价学生在表演中的角色理解、情感表达和台词演绎；三是反馈讨论。进行小组或整个社团的反馈讨论，让学生互相评价和提供建议，评价他们对他人表演的观察力和批判性思维；四是创作展示。要求学生创作和呈现自己的戏剧作品，评价他们的创意、剧本结构和舞台呈现。

2. 评价要点。一是角色扮演。学生在戏剧表演中对角色的理解和刻画，包括角色形象、情感表达和语言表演；二是舞台表现。学生在舞台上的动作、姿态、表情和声音的运用，包括舞台呈现技巧和演员形象的塑造；三是台词演绎。学生对剧本台词的准确演绎、语音语调的运用和情感表达的质量；四是合作与互动。学生在戏剧表演中的团队合作和角色间的互动，包括对戏搭档的配合和整体演出的协作；五是创意思维。学生在戏剧创作和演出中展示的创意思维和想象力，包括故事情节、舞台布置等方面的创新；六是舞台呈现。学生在舞台布置、道具使用和音效灯光等方面的创意和呈现效果；七是表演技巧。学生在表演中展示的基本演技技巧，如声音控制、姿态运用和表演气场的呈现。

Live·Sound 声彩绽放社团（英语朗诵）

1. 评价方式。一是朗诵表现。观察学生的朗诵表现，包括发音准确性、语调抑扬顿挫、节奏感和语言流畅度等方面的表现；二是音调控制。评估学生对音调的掌控能力，包括音高、音量、音色的运用和转换；三是情感表达。评价学生在朗诵中对情感的表达和情感传递的效果，包括声音的情感变化和语言的情感表现；四是文字理解。通过对学生朗诵的文本内容进行理解评估，包括对词语、句子和篇章的理解和表达；五是舞台表现。观察学生在舞台上的姿态、动作和表情，评价其舞台形象和表演气场的呈现。

2. 评价要点。一是发音准确性。学生的发音是否准确、清晰，是否能正确地发出语音的细节和音标；二是语调抑扬顿挫。学生在朗诵中是否能准确地把握语调的变化、句子的停顿和语句的节奏感；三是流畅度。学生朗诵时是否能够自然流畅地表达，避免断断续续或卡壳；四是情感传递。学生在朗诵中是否能准确地表达文本所要传递的情感，使听者能够感受到其中的情感；五是文字理解。学生对朗诵文本的理解是否准确，是否能够通过朗诵表达出文字的含义和情感；六是舞台表现。学生在朗诵表演中的姿态、动作和表情是否与文本内容相匹配，是否能够给观众带来视觉上的享受。

Live·Debate 辩韵风华社团（英语辩论）

1. 评价方式。一是辩论表现。观察学生在辩论中的表现，包括论点的提出、论证的逻辑性、语言的运用和辩论技巧的展示等方面；二是团队合作。评估学生在辩论团队中的合作能力，包括分工合作、信息共享、团队协作和沟通能力等方面的表现；三是议题理解。评价学生对辩论议题的理解程度和深度，包括对议题的分析、观点的把握和论证的合理性等；四是语言表达。评估学生在辩论中的语言表达能力，包括词汇的丰富性、语法的准确性、口语表达的流利度和语言的地道性等；五是逻辑思维。观察学生在辩论过程中的逻辑思维能力，包括辨别论据的有效性、构建合理的逻辑链条和反驳对方观点的能力等。

2. 评价要点。一是论点清晰度。学生提出的论点是否清晰明确，是否能够有效地支持自己的立场；二是论证逻辑性。学生对论据进行论证的逻辑是否合理，是否能够提供充足的证据和合理的推理；三是辩论技巧。学生是否能够运用辩论技巧，包括论证方法、反驳技巧和逻辑推理等，使辩论更具说服力；四是合作协作。学生在辩论团队中的合作能力和团队协作精神是否表现出色，是否能够有效地分工合作；五是语言表达。学生的语言表达是否准确、流利，是否能够运用丰富的词汇和适当的语言结构；六是反驳能力。学生是否能够有效地反驳对方观点，辨析对方论证的漏洞和不足之处。

三、组织"活力研学"，拓宽学生文化视野

研学旅行是指学生通过参与实地考察、实践活动和体验式学习等形式，在旅行中获得知识、技能和价值观的培养。"活力研学"旅行是一种以学生为主体、融合实践与体验的教育方式，强调将学生的兴趣、价值观和情感融入旅行活动中，使其成为一次有意义的学习和成长的经历。组织参观英语国家的文化遗产、与当地学生交流等，让学生亲身体验英语国家的文化，拓宽视野，增强跨文化交际能力。在研学旅行中，学生可以亲身参与到实际的环境和场景中，通过观察、实践和互动来获取知识和体验，培养创新思维、合作精神和跨文化交流能力。同时，研学旅行也可以帮助学生发展个人品格、拓宽视野，提升对自然、社会和人生的认知。

（一）"活力研学"的安排

我校"活力研学"的安排一方面需要考虑学校和社会资源的可用性以及社会

环境的变化，另一方面需充分考虑学生的实际需求和兴趣，以及研学活动的教育意义（见表6-5）。

表6-5　金城小学"活力研学"安排表

研学主题	简　　介
Harry Potter 魔法之旅	作为英国最大的文化 IP 之一《哈利·波特》在世界范围内拥有众多忠实的书迷、影迷。Harry Potter 魔法之旅将带领学生们打开魔法世界的大门，踏上哈利·波特寻迹之旅，还原经典电影镜头，感受英国文学的魅力，让众多心向世界的学生们走出国门，零距离触及跨文化体验式教育，在沉浸式英语环境和文化氛围中增强语言能力，在独立生活中锻炼自理能力，培养综合素质和国际视野，在行走世界的实践中收获感悟、筑造梦想。
京城外交官	京城外交官研学之旅旨在通过走进"一带一路"成员国驻华大使馆，激发学生了解世界格局、关心全球发展的兴趣，开阔国际视野。学生将在导师的带领下，在大使馆当面与驻华大使交流，了解外交官日常工作及异国文化、风俗等，为其国际文化交流画上浓墨重彩的一笔。

（二）"活力研学"的组织

学校组织"活力研学"旅行需要一定的策划和组织工作。

1. 设定目标和主题。确定研学旅行的目标和主题，例如文化探索、科学考察、社会实践等，确保与学生的学习需求和课程内容相匹配。

2. 确定行程和地点。选择合适的行程和目的地，考虑到行程的可行性、安全性和教育性，确保旅行中有丰富的学习和体验活动。

3. 制订计划和安排。制订详细的旅行计划，包括行程安排、活动内容、参观景点、住宿安排、交通等，并确保合理的时间分配和活动的顺序。

4. 确保安全和监管。制订安全管理计划，包括食宿安全、交通安全、应急处理措施等，确保学生在旅行中的安全。同时，要确保有足够的监管人员陪同学生，负责学生的管理和照顾。

5. 教师引导和指导。派遣适当的教师陪同学生，负责引导和指导他们在旅行中的学习和体验活动。教师要充分了解旅行目的和活动内容，能够有效地引导学生的学习和讨论。

6. 提前预习和后期总结。在旅行之前，学校可以组织学生进行相关的预习活动，提前了解目的地的文化、历史和背景知识。旅行结束后，组织学生进行总结和反思，分享他们的学习成果和体验感受。

7. 家长沟通和参与。及时与学生家长沟通旅行的安排和注意事项，并鼓励家长积极参与旅行活动，提供必要的支持和协助。

（三）"活力研学"的评价要点

学生在"活力研学"旅行中的表现，可以采用多种方式和标准进行评价，以全面评估学生在旅行中的学习、行为和参与程度。一是观察记录，包括日志、行为记录、口头评价等。二是任务完成情况，包括任务的质量、准时完成程度、团队合作等。三是学习成果展示，可以通过展示、演讲、作品展示等方式来评价学生的学习效果和能力发挥。四是口头表达和思考能力，可以通过小组讨论、发言表达、问答等方式来评价。五是团队合作和互助精神，包括与他人合作的态度、贡献和解决问题的能力。六是反思和总结，评价学生对研学旅行的理解和收获，以及对自己的发展意识和规划。

评价标准，可以根据具体情况和旅行目标进行制定，一般包括以下方面的考核。参与度和积极性：学生在旅行中的参与程度和积极性；学习成果和知识掌握：学生在研学旅行中所获得的学习成果和知识掌握程度；行为规范和纪律性：学生在旅行中的行为规范和纪律性表现；团队合作和沟通能力：学生在团队合作和沟通能力方面的表现；思考能力和问题解决能力：学生在思考能力和问题解决能力方面的发挥和展示；自我反思和成长：学生对自己在研学旅行中的表现和成长的反思。

通过综合考虑这些评价方式和标准，学校可以全面评估学生在 LIVE 研学旅行中的表现和成长，并为学生提供有针对性的反馈和指导。

四、开展"活力英语节"，营造浓厚学习氛围

通过举办"活力英语节"活动，如英语演讲比赛、英语歌曲大赛、英语知识竞赛等，鼓励学生展示所学英语知识和技能，培养学生的团队协作精神和竞争意识。学科节日的举办应明确每个节日的主题，制订详细的活动计划，并确保有足够的时间进行准备工作。根据节日主题，设计多样化的活动内容，包括比赛、表演、展览、游戏、讲座等，确保活动涵盖听、说、读、写等多方面的英语技能，并兼顾趣味性和教育性。活动举办后，通过学校媒体、社交媒体等渠道宣传和展

示活动的成果，如发布活动照片、视频、学生作品等，让更多人了解和分享活动的成功和价值，营造浓厚的学习氛围，让英语学科节可以成为丰富英语学习体验、培养学生兴趣和提升英语水平的重要活动。

（一）"活力英语节"的安排

"活力英语节"的目的是激发学生的学习兴趣和参与度，让他们在轻松愉快的氛围中学习英语、感受英语文化的魅力。因此，在安排活动时，需要充分考虑学生的兴趣和参与度。同时，"活力英语节"活动的目标也要与课程目标相互衔接（见表6-6）。

表6-6 金城小学"活力英语节"简介

活 力 英 语 节	
节 日 名 称	节 日 简 介
English Week	在一周的时间内，学校组织各种与英语学习相关的活动，如英语演讲比赛、英语拼字比赛、英语歌唱比赛、英语绘画展览等，通过多样的活动形式增强学生的英语能力和兴趣。
English Drama Festival	学生参与英语戏剧的创作、表演和欣赏，演绎经典的英语剧本或编写自己的剧本，展示英语口语表达和表演能力。
English Reading Day	学生通过朗读英语绘本、英语小说或其他英语阅读材料，展示他们的阅读能力和理解力。可以组织朗读比赛、阅读分享会等活动。
English Cultural Exchange Day	学生展示不同英语国家的文化特色，可以通过展览、演讲、游戏等形式，增进对英语国家文化的了解和交流。

（二）"活力英语节"的评价要点

"活力英语节"的评价要点应包括目标与定位、内容与形式、组织实施、教师角色、学生参与以及效果与影响六个方面。

目标与定位。首先评价活动是否明确目标与定位，是否符合学校的英语教学目标和课程要求，是否有助于增强学生的英语能力和跨文化交流能力。

内容与形式。评价活动的内容是否丰富多样，是否具有趣味性和吸引力，是否能够激发学生的学习兴趣和参与度。同时，也要关注活动的形式是否新颖独特，是否具有创新性和时代感。

组织实施。评价活动的组织是否严密有序，是否考虑到学生的实际情况和需求，是否为学生提供充分的展示和交流机会。此外，还要关注活动的实施过程是否顺畅，是否达到预期的效果。

教师角色。评价英语教师在活动中的角色发挥，是否积极参与活动的组织和指导，是否为学生提供有效的学习支持和帮助。同时，也要关注教师在活动中的专业素养和教学能力是否得到充分体现。

学生参与。评价学生的参与程度、表现和反馈。观察学生是否积极参与活动，他们的英语水平是否得到提高，是否对英语学习产生更浓厚的兴趣。同时，收集学生对活动的意见和建议，以便对活动进行改进和优化。

效果与影响。最后评价活动的整体效果和影响，包括对学生英语学习的促进作用、对校园文化建设的贡献以及在社会上的影响力等。这有助于判断活动的价值和意义，为今后的活动提供有益的参考。

五、组织英语项目化学习，推动知识迁移创新

在新课标的引领下，项目化学习是践行"英语学习活动观"的具体体现。项目化学习是一种通过集中关注学科或跨学科的核心概念和主题，设计驱动性的问题，在学生自主或合作进行基于项目任务的问题解决过程中，积极学习和自主建构，生成知识和培养素养的教学方式。

在"活力课堂"中实施的项目化学习，通过任务阐述、支架搭建、交流改进与成果展示四大步骤，学习语言知识，搜索获取信息，寻找问题答案，在过程中调用听、说、读、写多种学习技能，从而提升学科水平，培育学科核心素养，落实立德树人任务。这是一个探究创新的过程，也是一个情境式体验的过程，还是一个小组协作的过程，符合教育改革趋势。这种更加贴近生活的学习方式，既是超越分学科教学局限、在真实的问题解决中培养学生知识技能跨学科应用的有效方式，又能鼓励和促进学生在项目实施中充分发挥自己的个性特长与创造性，在知识习得与生活应用、问题解决与实践创新的持续双向互动中，不断巩固和优化儿童的认知和非认知发展。

（一）项目化学习的安排

结合我校师生实际情况，在"活力英语"课程理念的引领下，组织包括但不

限于以下项目化学习的实践活动（见表6-7）。

表6-7　金城小学项目化学习的实践活动

项 目 化 学 习	简 　 介
如何熟练运用所学英语知识，有逻辑性地进行自我介绍	自我介绍是让别人了解你的重要方式之一，在很多场合都需要用到。以"All about me"为主题，在自我介绍的时候能有话说，让他人对自己有全方位的了解。
你能否设计一份班级公约	以"Class rules"为主题，观察并反思班级里哪些不文明的现象存在，运用所学短语、句型设计合理的班级公约，同时还帮助学生树立班级主人翁意识，班级管理靠大家。
如何运营校园英语广播站	学好英语，听力先行。如何让校园处处能听到英语呢？校园英语广播站势在必行。
如何设计并制造一艘有端午文化特色的水船	从六年级已学习的 Dragon Boat Festival 单元和七年级将要学习的 How to make a water boat 单元中提炼了"传统文化"这一关键概念，以英语为载体学习中华优秀的传统文化，带领学生们进行创造性实践，帮助学生加深对中华文化的理解。

（二）项目化学习的评价要点

具体的评价标准，可以更准确地评估学生的项目化学习成果，并为他们提供有针对性的反馈和建议。同时，这些标准也有助于教师不断改进和优化教学策略和方法，提高教学质量、增加学习效果。

知识掌握。包括概念理解与信息获取两方面。在自我介绍项目中，指向学生能否准确运用所学的英语知识，包括词汇、语法等，来进行全面、有逻辑的自我介绍；在班级公约项目中，指向学生能否运用所学的英语短语、句型来设计和撰写合理的班级公约；在校园英语广播站项目中，指向学生是否掌握了广播站运营所需的基本英语知识，如广播稿的撰写、播音技巧等；在端午文化特色水船项目中，指向学生是否了解并掌握了与端午节和水船相关的英语词汇和表达。

技能应用。包括工具的使用和操作的能力。在自我介绍项目中，指向学生能否将所学的英语知识灵活应用于实际情境中，进行流畅、自然的自我介绍；在班级公约项目中，指向学生能否观察并分析班级中的不文明现象，运用所学的英语技能设计出切实可行的解决方案；在校园英语广播站项目中，指向学生能否将所学的英语知识应用于广播站的日常运营中，如选择合适的广播内容、进行播音等；在端午文化特色水船项目中，指向学生能否将所学的英语知识与传统文化相结合，设计出具有端午文化特色的水船。

学习态度。包括积极性和责任心两个方面。积极性指评估学生是否对以上四个项目表现出积极的态度，如主动参与、提出问题和建议；责任心指评估学生是否对以上四个项目负责，按时完成任务，并尽力保证项目的质量。

合作能力。包括沟通技巧和协作精神两个方面。沟通技巧指学生在这些项目中是否能够清晰、准确地表达自己的观点和想法，以及是否能够倾听和理解他人的意见；协作精神指评估学生是否能够与其他成员合作，共同完成任务，并尊重他人的贡献。

创新思维。包括解决问题的能力和创新性思维两个方面。解决问题的能力指学生是否能够独立思考，提出新的解决方案或方法来解决项目中遇到的问题；创新性思维指评估学习者是否能够从不同的角度思考问题，提出新的观点或想法。

六、依托"活力课堂"实践，进行跨学科主题学习

就义务教育英语课程来说，跨学科主题学习是以英语学习为立足点的一种学习实践，具体包括以下三个方面的内容：第一，基于英语学科立场，以英语课程内容为依托，整合其他学科课程内容、方法和思维方式，通过学科有机融合，促进学生核心素养的整体发展；第二，通过整合的方式，引导学生形成新的认知和解决问题的方法和能力，通过对知识的整合、运用和不断建构的过程产生新知；第三，以主题为核心和纽带，统领、整合多学科内容，主题为跨学科学习提供语境范围，使多个学科围绕主题有机融合，形成系统化的认知，实现深度学习。

"活力课堂"所倡导的教学方式与跨学科主题学习的主张不谋而合，两者都强调学习活动要以学生为中心，将学生作为实践主体，为学生提供在实践和创造中学习学科与跨学科知识、解决真实问题的机会。

（一）跨学科主题学习的实施方法

在"活力英语"理念的支撑下进行跨学科主题学习，是指基于"活力英语"课程立场，以"活力英语"课程内容为依托，以主题为核心和纽带，统领、整合其他学科的学习内容、方法和思维方式，使不同学科的知识围绕主题有机融合，

从而引导学生在学习和运用语言的实践活动中培养新的相对系统的认知、解决问题的方法和能力，促进学生核心素养的发展。具体实施步骤如下。

1. 确定主题和目标。首先，教师需要确定一个跨学科的主题，以及通过这个主题想要达到的学习目标。主题需要与现实生活紧密相关，能够引起学生兴趣，同时又能涵盖多个学科领域的内容。

2. 整合学科内容。在确定主题和目标后，教师需要梳理和整合与主题相关的各个学科的内容。这包括确定哪些知识点、技能和概念是跨学科学习所必需的，并思考如何将这些内容有机地融合到英语学习中。

3. 设计学习任务。接下来，教师需要设计一系列学习任务，让学生通过完成这些任务来实现跨学科学习。这些任务可以包括研究项目、实验、创作作品等，旨在培养学生的自主学习能力、批判性思维和创新能力。

4. 实施学习任务。在学习过程中，教师需要提供必要的指导和支持，帮助学生克服学习中的困难。同时，教师还需要鼓励学生之间的合作与交流，促进知识的共享和深化理解。

5. 评估与反馈。最后，教师需要对学生的学习成果进行评估，了解学生在跨学科学习中的表现。评估可以通过多种方式进行，如作品展示、口头报告等。在评估的基础上，教师需要给予学生及时的反馈，肯定他们的成绩，指出需要改进的地方，并引导他们进行反思和总结。

在实施跨学科主题学习的过程中，还需要注意以下几点。一是保持各个学科的独特性。虽然跨学科学习强调学科之间的融合，但每个学科都有其独特的价值。因此，在整合学科内容时，需要保持每个学科的独特性，避免简单地拼凑和叠加。二是关注学生的需求。跨学科学习的目的是促进学生的全面发展。因此，在设计学习任务时，需要关注学生的需求和兴趣，确保任务能够激发他们的学习动力。三是强调实践与反思。跨学科学习不仅注重知识的传授，还强调学生实践能力的培养和反思精神的形成。因此，在学习过程中，需要为学生提供足够的实践机会，并引导他们对自己的学习过程进行反思和总结。

（二）跨学科主题学习的评价要点

结合英语学科特点，在"活力英语"课堂中实施跨学科主题学习的评价要点应关注语言运用能力的融合、文化意识的培养、听说读写技能的综合运用、英语学科与其他学科的互补性以及教师跨学科素养的提升等方面。

1. 语言运用能力的融合。英语学科具有跨学科性，因此在跨学科主题学习中，要特别关注英语语言运用能力的融合。评价时应考查学生在跨学科主题学习中是否能够熟练运用英语进行交流、阅读、写作等活动，将英语学科与其他学科内容有机结合，展示他们的语言综合运用能力。

2. 文化意识的培养。英语学科具有国际化特点，跨学科主题学习应注重学生文化意识的培养。评价时关注学生在学习中是否能够了解不同文化背景下的知识、观念和价值观，并尊重和理解多元文化。同时，也要考察他们是否能够运用英语进行跨文化交流，扩大自己的国际视野，增强跨文化沟通能力。

3. 听说读写技能的综合运用。英语学科强调听说读写技能的培养，跨学科主题学习应促进学生这些技能的综合运用。评价时要关注学生在主题学习中是否能够积极参与听说读写活动，如听讲座、参与讨论、阅读相关文献、撰写报告等。同时，也要关注他们是否能够将这些技能有机结合，完成跨学科的学习任务。

4. 英语学科与其他学科的互补性。跨学科主题学习应体现英语学科与其他学科的互补性。评价时要关注英语学科内容与其他学科内容之间的衔接和融合，以及学生在学习中是否能够充分利用其他学科的知识和方法来辅助英语学习，同时也将英语知识应用于其他学科的学习中。

"活力英语"课程通过有活力的英语学科活动，为学生的全面成长与未来生活奠定坚实基础，使得学生既关注英语学科的工具性，又关注其人文性；不但善于学习英语，而且乐于学习英语；不仅活学英语，还活用英语。

（本章主执笔人：昆山市花桥金城小学　嵇铭华）

第七章
评价嵌入：质量标准的对照性与学习过程的增值性

评价是课程教学的一部分。嵌入式评价是教师以一种不受外界干扰、系统化的方式确定具体课程目标，设计各目标的评价量规，根据学生表现对学生学习结果是否达到课程目标评出等级，记录保存用以评价的材料，同时提出课程改进措施的全过程。开展嵌入式评价时，需要以清晰的质量标准评价学习结果，引导师生时刻关注标准，保证教与学的一致性。也需要关注学习过程中的学生的发展性，引导学生对照质量标准与自己比，以提振学生的学习信心。

嵌入式评价是课程教学的一部分，是指"教师以一种不受外界干扰、系统化的方式确定具体课程目标，设计各目标的评价量规，根据学生表现对学生学习结果是否达到课程目标评出等级，记录保存用以评价的材料，同时提出课程改进措施的全过程。"① 嵌入式评价的重要性在于它能够紧密结合课程教学实施，实现对学生学习过程的连续性监测和评估。这种评价方式不仅有助于诊断学生的学习状况，还能对教学效果进行及时反馈，推动教学方法的优化和学生学习效果的增加。通过嵌入式评价，教师可以根据学生的实际表现调整教学策略，使教学更加个性化和目标导向。此外，嵌入式评价强调教师和学生的参与，增加了评价过程的透明度和参与感，从而提高了教育的整体质量。这种评价方式通过系统地集成到课程中，能够保证评价的连续性和一致性，有利于培养学生的综合能力，更好地实现教育目标。

如何实现评价嵌入？首先，需要对照质量标准评价学习结果。著名学者泰勒（Tyler, Ralph W.）指出："评价的目的，是要较全面地检验学习经验在实际上是否起作用，并指导教师去引起所期望的那种结果。换言之，评价是查明学习经验实际上带来多少预期结果的过程。因此，评价过程实质上是一个确定课程与教学实际达到目标的程度的过程。"② 因此，实现嵌入式评价首先需要关注学习结果是否达成学习目标。这需要对照质量标准进行。对照质量标准评价学习结果，需要注意以下事项：一是要增加评价的透明度，教师按照具体课程目标每个目标设定了清晰的评价准则和标准，并带领学生明确了解课程目标和评价标准，从而确保教学和评价活动的一致性。二是评价过程要重点关注学生的学习过程，学生的每一次表现都与预设的质量标准进行对照，通过不断地根据学生的表现来调整和完善教学和评价标准，确保教学活动能够有效地达到教育目标，从而提高教学质量和学生的学习成效，也使评价变得更加具体和具有目标导向。

其次，评价嵌入需要关注学习过程的增值性。增值性评价不是简单地与质量

---

① 钱铭，汪霞. 美国公立大学通识教育课程嵌入式评价 [J]. 现代教育管理，2013（11）：109 - 114.

② 泰勒. 课程与教学的基本原理 [M]. 施良方，译. 北京：人民教育出版社，1994：85.

标准进行比照，根据标准与学生学习起点进行比照，关注的是与自己比，关注的是学生在学习上的发展性、进步程度。这为促进每一个学生的发展建构了可行的机制。学生发展是有差异的。有的学生发展快，有的学生发展慢，如果只关注学生在学习结果上与绝对的标准比照，那些发展较慢的人就会陷入发展困境。转换评价的视角，关注学生的进步程度，可以提振学生的学习信心。

评价嵌入通过持续的评价监测和分析反馈，能为学生提供及时的反馈，帮助他们理解自己的学习强项和弱点，指导他们改进学习策略和方法。也能使教师的课程设计得到科学的数据支持，优化调整更具针对性和有效性，同时也为教师及时调整教学方法，增加教学效果提供了支持，教育管理者可以根据真实的评估数据做出科学决策，提升教育管理水平。

磁性科学：让儿童走进富有引力的科学世界

昆山市花桥金城小学科学组现有专任教师 6 名，其中中小学一级教师 2 名，平均年龄 29 岁，是一支积极向上、奋发进取的年轻队伍。教师团队积极研究教育教学方法，注重学习提升自身素质，整体基本功扎实。科学组指导学生参加各级各类科学赛事，3 名学生获得 2023 年全国青少年纸飞机通讯赛一等奖；2 名学生获得 2024 年江苏省青少年飞北无人机总决赛一等奖。我们依据《教育部关于全面深化课程改革落实立德树人根本任务的意见》《义务教育科学课程标准（2022 年版）》等文件精神，推进我校科学学科课程建设。

第一节　在儿童心中种下科学的种子

科学是人类进步的重要阶梯。为了培养儿童的基本科学素养，使其有科学观念、科学思维能力、科学研究能力，富有好奇心与求知欲和社会责任感，我们的课程以学生生活中科学现象为切入点，以解决实际问题为情境，以探究发现为过程。这种设置是以新版课程标准中的科学课程的性质为依据的。

一、学科课程性质

《义务教育科学课程标准（2022 年版）》指出："义务教育科学课程是一门体现科学本质的综合性基础课程，具有实践性。"[1] "科学探究是科学研究过程的本质特征。"[2] "科学课程应使儿童保持对自然现象的好奇心，从亲近自然走向亲近科学。"[3] 科学需要对儿童有吸引力。

二、学科课程理念

基于上述认识，我们坚信：科学课程最重要的意义在于在儿童心中种下科学的种子，让它生根发芽。我校提出"磁性科学"的科学学科课程理念。"磁性科学"以生活中有吸引力的科学现象为切入点，激发儿童对科学探究的好奇心、求

---

[1] 中华人民共和国教育部. 义务教育科学课程标准（2022 年版）［S］. 北京：北京师范大学出版社，2022，1.

[2] 中华人民共和国教育部. 义务教育科学课程标准（2022 年版）［S］. 北京：北京师范大学出版社，2022，5.

[3] 中华人民共和国教育部. 义务教育科学课程标准（2022 年版）［S］. 北京：北京师范大学出版社，2022，1.

知欲，吸引儿童以小科学家的态度研究科学问题，亲历有趣的科学探究过程，引领儿童走进富有吸引力的科学世界。

（一）"磁性科学"是儿童的科学

"磁性科学"重视儿童在课程学习中的主体地位，面向所有儿童的需求，立足儿童科学核心素养发展，满足儿童对基础科学知识的学习，发展儿童的科学思维能力和科学探索能力，培养儿童正确的科学态度与责任感。

（二）"磁性科学"是生活的科学

"磁性科学"以儿童生活中的科学为切入点，以生活化的科学吸引儿童，使儿童能更容易地投身到科学学习中来，也更容易激发儿童的好奇心与求知欲。根据儿童认知发展水平和知识经验，科学合理安排学习内容，围绕探究问题，设置由易到难的学习内容与活动，并根据学段的不同，形成螺旋式上升、循序渐进的课程结构。

（三）"磁性科学"是探究的科学

"磁性科学"重视儿童亲历探究活动，重视儿童在活动中学习体验。通过巧妙安排有趣的科学探究方式，引导儿童在亲历活动的过程中领略科学的趣味，利用科学家发展科学的事迹，鼓励儿童以"小科学家式"的方式思考问题，激发儿童学习科学的内在动机，让儿童多方面、全身心地加入科学探究的过程中，体验完成学习活动的参与感和成就感，逐步增强科学对儿童的吸引力，促进儿童的自主学习。

（四）"磁性科学"是发展人的科学

"磁性科学"在关注儿童学习能力发展的同时，也关注儿童的态度责任的形成。通过观察儿童在探究实践过程中表现出的发展，重视过程性评价，提升儿童的自信心和参与感。儿童活动中利用多元主体、方法多样的评价方式对儿童的过程以及结果进行评价，尊重儿童，鼓励儿童在探究活动中实事求是，敢于质疑，尊重科学，追求创新。不断激励儿童朝着积极的方向发展，赋予儿童发展人类未来的崇高科学责任感，培养富有人性的儿童科学家。

总之，"磁性科学"是以学生为主体，贴近儿童的生活，吸引儿童走进科学探究，重视发挥儿童思维能力，以探究性实践为载体，注重培养儿童情感，促进儿童科学核心素养得到发展的科学教育新模式。

第二节　在儿童成长中得到满足

　　《义务教育科学课程标准（2022 年版）》指出：科学课程要培养的儿童核心素养，主要是指儿童在学习科学课程的过程中，逐步形成的适应个人终身发展和社会发展所需要的正确价值观、必备品格和关键能力。① 我们认为，科学课程培养理应培养儿童的好奇心和求知欲，激发儿童对未知世界的求知欲，在不断求知的过程中获得内心的满足，让成长成为一场有趣而又奇妙的旅程。

一、学科课程总体目标

　　《义务教育科学课程标准（2022 年版）》总目标指出科学课程旨在培养儿童的核心素养，为儿童的终身发展奠定基础。包括科学观念、科学思维、探究实践、态度责任等方面。科学课程的总体目标如下。②

　　1. 掌握基本的科学知识，形成初步的科学观念。初步认识科学的本质，掌握与认知水平相适应的科学知识，初步形成基本的科学观念，并能用于解释有关的自然现象、解决简单的实际问题。

　　2. 掌握基本的思维方法，具有初步的科学思维能力。掌握分析与综合、比较与分类、抽象与概括、归纳与演绎、联想与想象、重组思维、发散思维、突破定势等基本的思维方法及其在科学领域的具体应用；能基于经验事实抽象概括出理想模型，具有初步的模型理解和模型建构能力；能合理分析与综

---

① 中华人民共和国教育部. 义务教育科学课程标准（2022 年版）［S］. 北京：北京师范大学出版社，2022：1.
② 中华人民共和国教育部. 义务教育科学课程标准（2022 年版）［S］. 北京：北京师范大学出版社，2022：6 – 7.

合判断各种信息、事实和证据，运用证据与推理对研究的问题进行描述、解释和预测，具有初步的推理与论证能力；能对不同观点、结论和方案进行质疑、批判、检验和修正，进而提出创造性见解和方案，具有初步的创新思维能力。

3. 掌握基本的科学方法，具有初步的探究实践能力。掌握观察、实验、测量、推理、解释等基本的科学方法；形成科学探究的意识，理解科学探究是探索和了解自然、获得科学知识、解决科学问题的主要途径，理解科学探究涉及提出问题、作出假设、制订计划、搜集证据、处理信息、得出结论、表达交流和反思评价等要素，具有初步的科学探究能力；理解技术与工程涉及明确问题、设计方案、实施计划、检验作品、改进完善、发布成果等要素，具有初步的技术与工程实践能力；能根据自身特点制订合理的学习计划，监控学习过程，反思学习过程与结果，具有初步的自主学习能力。

4. 树立基本的科学态度，具有正确的价值观和社会责任感。具有对自然现象的好奇心和探究热情；能大胆提出自己的见解，并基于证据和逻辑得出结论，实事求是；不迷信权威，敢于大胆质疑，追求创新；善于与他人合作和分享，包容不同的观点；热爱自然、珍爱生命，具有保护环境、节约资源、推动生态文明建设和可持续发展的责任感；能对与科学技术相关的社会热点问题作出正确的价值判断，尊重科学，反对迷信；遵守科学与技术应用的公共规范、法律法规和伦理道德，维护自身和他人的合法权益，捍卫国家利益。

二、科学课程学段目标

在儿童成长中得到满足，让儿童面对外部世界的好奇心和求知欲得到解答，让好奇和未知伴随着科学教育逐渐绽放，根据《义务教育科学课程标准（2022 年版）》中各年级科学学科课程学习内容，① 结合学生认知发展水平，"磁性科学"的学段目标如表 7-1 所示。

---

① 中华人民共和国教育部. 义务教育科学课程标准（2022 年版）[S]. 北京：北京师范大学出版社，2022：7-15.

表 7 - 1　"磁性科学"课程学段目标表

学　段	目　标
科学观念	
1—2 年级	知道自然界的事物有一定的外在特征，能在教师指导下，观察和描述日常生活中的常见现象。
3—4 年级	知道自然现象是有规律的，能在教师引导下，使用所学的科学知识描述并解释常见现象的外在特征。
5—6 年级	知道自然规律是可以被认识的，能利用所学知识描述现象的变化过程，并初步解释现象发生的原因；能利用所学知识解决简单的科学问题。
科学思维	
1—2 年级	能在教师指导下，描述具体现象与事物的构成要素，比较并描述具体现象与事物的外在特征。 　能在教师指导下，分清观点与事实，根据研究问题提出假设或观点，具有提供证据的意识。 　初步具有从多角度提出观点的意识，能针对事物的外在特征提出多种想法，个别想法具有新颖性。
3—4 年级	能在教师引导下，描述具体现象与事物的结构，分析并表达要素之间的关系，找到它们之间重要的、共同的特征，使用模型解释简单的科学现象。 　能在教师引导下，建立事实与观点之间的联系，根据研究问题提出假设或观点，并能提供支撑性的证据，可以利用控制变量的方法设计简单的实验。 　初步掌握重组思维、发散思维、突破定势等创造性思维的基本方法，能针对事物的外在特征提出有一定新颖性和合理性的观点。
5—6 年级	能分析、解释简单模型所涉及的各个要素及结构，通过分析、比较、综合等方法，抓住简单事物的本质特征，使用模型解释有关的科学现象和过程。 　能针对具体的研究问题和交流情境，基于一定的证据提出自己的假设或观点，利用分析、比较、归纳、演绎等方法，建立证据与观点之间的联系，分析科学实验中的变量控制。 　掌握创造性思维的基本方法，能基于所学的科学原理提出有一定新颖性和合理性的观点，开展初步的创意设计。
探究实践	
1—2 年级	初步具有提出问题和制订计划的意识、收集信息和得出结论的意识、简单交流与评价探究过程和结果的意识，以及了解技术与工程实践的兴趣；具有较好的学习习惯。
3—4 年级	初步具有从具体现象或事物中提出探究问题，以及基于已有经验和知识制订简单探究计划的能力；能描述对象外部特征和现象，初步具有分析处理信息并得出结论的能力；初步具有交流、反思以及评价探究过程和结果的意识；初步具有参与技术与工程实践的意识及使用常见工具的技能；具备良好的学习习惯。

　　　　　　　　学科课程与学科实践的整合设计

学 段	目 标
5—6 年级	初步具有从事物的结构、功能、变化及相互关系等角度提出探究问题和制订比较完整的探究计划的能力，初步具有获取并用科学的方法描述信息、处理信息并得出结论的能力，具有初步的构思、设计、实施和检验的能力，具有初步的制订学习计划、监控学习过程和总结反思的能力。
态度责任	
1—2 年级	在好奇心驱使下，对常见自然现象或生活中的科学现象表现出直觉兴趣。 能如实记录观察到的信息。 知道可以有依据地质疑别人的观点，尝试从多个角度、以多种方式认识事物。 愿意倾听、分享他人的想法，乐于表达、讲述自己的想法。 了解生活中常见的科学技术能给人类生活带来便利，珍爱生命，具有保护身边动植物的意识，知道保护环境的重要性。
3—4 年级	在好奇心驱使下，对常见自然现象的特征或现象发生的条件、过程表现出操作兴趣。 能如实记录和报告观察与实验的信息，尊重事实，具有用事实说话的意识。 能有依据地质疑别人的观点，尝试运用多种材料、多种思路、多种方法完成探究和实践。 愿意分享自己的科学想法，接纳他人的正确观点，完善探究活动。了解科学技术对人类生活方式和生产方式有影响，以及人类的生活和生产活动可能会对环境造成破坏，愿意保护身边的动植物和环境。
5—6 年级	在好奇心驱使下，对现象发生的过程及原因等表现出因果兴趣。不从众，不迷信权威，以事实为依据作出判断，面对有说服力的观点能调整自己的想法。 善于有依据地质疑别人的观点，乐于尝试运用多种材料、多种思路、多种方法完成探究和实践，初步具有创新的兴趣。 愿意沟通交流，乐于与他人就科学想法上的分歧进行沟通交流和辩论，基于证据反思和调整探究。 了解科学、技术、社会、环境之间的相互影响，以及科学研究和技术应用中需要考虑伦理与道德的价值取向；愿意采取行动保护环境、节约资源。

三、科学课程具体目标

在儿童成长中得到满足，科学教育引领儿童在求知的基础上明晰科学原理，建构科学知识体系，以此促进儿童思维的生长，为儿童的进阶学习奠定基础。根据《义务教育科学课程标准（2022 年版）》中各年级科学学科课程学习内容，以六年级上学期为例，课程具体目标如下。①

【第一单元】

1. 能用放大镜点燃一根火柴。

2. 能制作出一杯酸奶，并用显微镜看到酸奶中细菌的样子，并采用合适的方式将显微镜下看到的东西呈现出来。

3. 分组合作完成一个项目，证明看不到的微生物无处不在，并说明其作用。

【第二单元】

1. 能利用手电筒和地球仪等简单道具进行实验，模拟地球的自转和公转，初步展示昼夜交替和四季变化的过程，并且能够用自己的语言简单描述其原理。

2. 能在老师的指导下绘制较为简单的思维导图，梳理地球的构成（如地核、地幔、地壳、大气层、海洋和陆地）、运动（自转和公转的方向、周期）以及产生的自然现象（如昼夜交替、四季变化）等知识，同时能在思维导图中加入一些简单的图画辅助理解。

3. 分组合作完成一个项目，探究校园中植物（如桂花树、月季花、银杏树等）在不同季节的变化（如叶子颜色、花朵开放情况、是否结果等）及原因，通过观察记录、拍照对比等方式收集资料，最后制作一个图文并茂的展示板向全班同学展示探究成果。

【第三单元】

1. 能说出三种常见的简单机械（杠杆、滑轮、轮轴、斜面）的名称和用途。

2. 设计一个对比实验，比较两种简单机械（如滑轮和斜面）在提升重物时的效果，从用力大小、操作难易等方面进行分析。

3. 调研一项现代重大技术（如互联网技术）对社会发展的深远影响，撰写调查报告并进行交流。

4. 分组合作完成一个创新项目，设计一款能解决生活实际问题的新工具或新

---

① 中华人民共和国教育部. 义务教育科学课程标准（2022 年版）[S]. 北京：北京师范大学出版社，2022：7-15.

技术，展示并介绍其优势和应用前景。

【第四单元】

1. 制作一个简单的电路，让灯泡发光，感受电能的作用。

2. 制作一个简易的发电机模型，感受机械能转化为电能的过程。

3. 分析太阳能路灯的工作原理，说明太阳能在照明中的优势。

4. 创作一个科幻故事，想象未来能源利用的新方式和新场景。

第三节　设计科学的学习任务

　　我校"磁性科学"课程为儿童未来生活、工作和学习奠定重要的基础，培养公民的基本科学素养；依托学科特点，满足儿童的个性化学习需求，让儿童经历自主探索的学习过程，培养儿童的创新意识、应用意识和责任感。为了更好地实现课程目标要求，我们据此建构"磁性科学"课程体系，为儿童设计科学的创新学习任务。

一、学科课程结构

　　《义务教育科学课程标准（2022 年版）》指出：小学科学课程设置包含物质与能量、结构与功能、系统与模型、稳定与变化 4 个跨学科概念，将科学观念、科学思维、探究实践、态度责任等核心素养的培养有机融入学科核心概念的学习过程中。[1] 据此，"磁性科学"学科课程分为"磁性物质、磁性结构、磁性系统、磁性变化"四大板块（如图 7 - 1 所示）。

---

[1]　中华人民共和国教育部. 义务教育科学课程标准（2022 年版）[S]. 北京：北京师范大学出版社，2022：16.

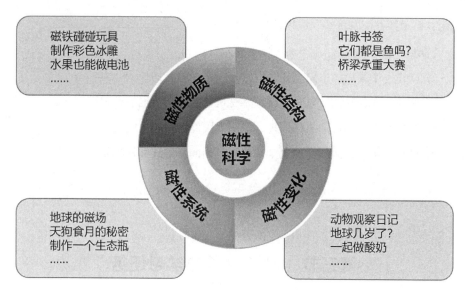

图 7-1 "磁性科学"课程结构

上图中，各板块课程内涵具体描述如下。

（一）磁性物质

内容为物质和能量相关的科学。开设的课程有"磁铁碰碰玩具""制作彩色冰雕"等。"物质与能量"是小学科学的重要领域，开设此部分课程旨在帮助儿童认知物质的结构与性质、物质的运动与变化、能量的转化与守恒等，认识我们生活在一个物质世界，培养儿童科学的世界观。

（二）磁性结构

内容为结构与功能相关的科学。开设的课程有"叶脉书签""桥梁承重大赛"等。"结构与功能"是小学科学的重要领域，课程注重发展儿童对动植物、自然物体和人造物体的结构与功能的认识，经历观察发现的过程，体会结构与功能的关系，感受科学之美。

（三）磁性系统

内容为系统与模型相关的科学。开设的课程有"天狗食月的秘密""制作一个生态瓶"等。"系统与模型"是小学科学的重要领域，开设此课程，注重发展儿童的数据分析观念，经历在实际问题中收集和处理数据、利用数据分析问题、获取信息的过程，掌握数据收集、整理和分析的方法，能对数据进行归类，体验

　　　　　　　学科课程与学科实践的整合设计

数据中蕴涵的信息，理解系统运行规律并尝试建立模型。

（四）磁性变化

内容为稳定与变化相关的科学。开设的课程有"动物观察日记""一起做酸奶"等。"稳定与变化"是小学科学的重要领域，开设此课程，在于帮助儿童发现周围的物质和生活的世界处于变化之中，同时也处于相对稳定的状态，稳定与变化是科学世界运行的基本规律，让儿童体会到自然的神奇与美妙。

二、学科课程设置

除了国家课程之外，我校"磁性科学"拓展课程设置如表7-2所示。

表7-2 "磁性科学"拓展课程设置表

类别内容		磁性物质	磁性结构	磁性系统	磁性变化
一年级	上学期	涂鸦纸飞机	叶脉书签	太阳的秘密	美丽的流星雨
	下学期	我来分分类	制作简易天平	月亮会发光吗	动物观察日记
二年级	上学期	简单废物再利用	校园生物大搜寻	地球的磁场	天气变变变
	下学期	磁铁碰碰玩具	人体第一道屏障	自制一枚指南针	制作月相模型
三年级	上学期	制作彩色冰雕	它们都是鱼吗?	地球上的水域	水的变形日记
	下学期	鸡蛋的沉浮	做一个蝴蝶标本	天狗食月的秘密	地球几岁了
四年级	上学期	宇航服的秘密	人工耳蜗的秘密	没有摩擦力的世界	酸碱度检测
	下学期	制作岩石标本	鱼怎么呼吸	我来当小电工	植物观察日记
五年级	上学期	神奇的夜视仪	做一个地球模型	模拟血液循环	现代计时技术
	下学期	自制保温杯	制作电动小船	制作一个生态瓶	外来生物大入侵
六年级	上学期	水果也能做电池	古代生物知多少	奇妙太阳系	一起做酸奶
	下学期	制作多彩水晶	桥梁承重大赛	制作星座挂件	人类探索宇宙的历史

三、学科拓展课程目标

根据《义务教育科学课程标准（2022 年版）》中各年级科学学科课程内容,[①] 并结合我校自身特点,"磁性科学"拓展课程具体目标如下。

一年级上学期

【磁性物质】飞行梦想家

目标：让学生通过涂鸦和制作纸飞机来理解飞行原理，培养创造力和动手能力。

【磁性结构】叶脉探秘

目标：让学生了解植物的结构，特别是叶脉的功能，并制作叶脉书签。

【磁性系统】如果我变成太阳

目标：让学生探究太阳对地球的影响，理解太阳的基本特性。

【磁性变化】要是没有流星雨

目标：让学生了解流星雨的天文现象，培养观察能力和科学兴趣。

一年级下学期

【磁性物质】分类我最棒

目标：让学生通过实践活动理解分类的重要性，并能够根据多个标准对物品进行分类。

【磁性结构】制作简易天平

目标：用自己制作的天平称量给定物品的重量，看谁的天平精确。

【磁性系统】月光探秘：月亮的光从哪里来

目标：让学生通过观察、实验和研究来探索月亮发光的原理。

【磁性变化】记录蜗牛的生活

目标：以动物观察日记为载体培养学生的观察能力、表达能力，探究兴趣。

二年级上学期

【磁性物质】变废为宝

---

① 中华人民共和国教育部. 义务教育科学课程标准（2022 年版）[S]. 北京：北京师范大学出版社，2022：16.

目标：让学生通过废物再利用的活动，理解资源循环的重要性，并激发创造力。

【磁性结构】建立校园生物档案

目标：让学生了解校园内生物的多样性，并学习如何为生物制作介绍词。

【磁性系统】发现地球的磁场

目标：让学生了解地球磁场的基本概念，并探究磁场对日常生活的影响。

【磁性变化】天气预报家

目标：让学生了解天气变化的科学原理，并学会记录和预测天气。

二年级下学期

【磁性物质】磁铁碰碰玩具

目标：让学生在制作和玩磁铁碰碰玩具的过程中，深入理解磁铁的性质和作用力。

【磁性结构】人体第一道屏障

目标：了解皮肤作为人体第一道屏障的基本功能，认识到皮肤能够保护人体免受外界环境的伤害。

【磁性系统】自制一枚指南针

目标：知道指南针的主要组成部分，认识到指南针中的指针是一个小磁针，可以指示南北，并完成指南针的制作。

【磁性变化】月有阴晴圆缺

目标：理解月相变化的基本原理，发现月相变化的规律和特点，设计月相模型的制作方案。

三年级上学期

【磁性物质】制作彩色冰雕

目标：认识水能溶解一些物质，知道水结冰的温度，根据已有经验探索制作彩色冰块，并使用安全刻刀进行简单雕刻，制作不同造型的彩色冰雕作品。

【磁性结构】识鱼达人

目标：仔细观察常见的鱼的活体或者标本，描述观察到的外形特征，归纳鱼的共同特征，判断哪些生物属于鱼。

【磁性系统】给地球仪涂上不同的蓝色

目标：了解地球上的不同水域，区分它们所属类别，并给地球仪涂上不同的蓝色。

【磁性变化】水的变形日记

目标：了解水在环境中循环过程，在水循环过程中水的状态变化，查阅相关资料，根据自己的理解，绘制地球水循环示意图。

三年级下学期

【磁性物质】鸡蛋的沉浮

目标：了解不同物体有各自的密度，知道物体在液体中沉浮与液体的密度有关，通过提示尝试调整液体密度影响鸡蛋的沉浮现象。

【磁性结构】做一个蝴蝶标本

目标：初步学会制作简单的蝴蝶标本的方法，了解蝴蝶的身体结构，并尝试制作蝴蝶标本。

【磁性系统】天狗食月的秘密

目标：了解月食的原因，简单描述并解释月食的原理，了解地球、月球、太阳的基本运行规律，探究并模拟重现月食现象。

【磁性变化】地球几岁了？

目标：了解地球的形成与发展，知道地球生态环境不是固定不变的，而是随着时间的推移发生相应变化，如板块漂移、温度变化、地形变化等，尝试画一画地球发展的简单图示。

四年级上学期

【磁性物质】我来设计宇航服

目标：了解宇航服的构造和功能，发展对航天科技的兴趣和热情，展示自己设计的未来宇航服。

【磁性结构】制作人耳模型

目标：了解人耳的构造和工作原理，利用黏土制作人耳模型。

【磁性系统】设计拔河比赛鞋

目标：了解摩擦力的概念、作用和影响，探究摩擦力在拔河比赛中的作用，设计一款拔河比赛鞋。

【磁性变化】酸碱度颜色画

目标：理解酸碱度的概念，了解酸碱度对生活和科学实验的重要性，学会使用 pH 试纸检测溶液酸碱度的方法，利用 pH 试纸所呈现的颜色完成色彩画。

四年级下学期

【磁性物质】制作岩石标本

目标：了解岩石的基本种类和特征，理解岩石标本的制作过程和注意事项，亲自动手制作岩石标本，加深对岩石特征的理解。

【磁性结构】在水中呼吸

目标：了解鱼类的呼吸器官和呼吸方式，理解鱼在水中是如何进行呼吸的，提出人类要在水中能呼吸的设计方案。

【磁性系统】我来当小电工

目标：了解电的基本知识和安全用电常识，以及电线、插座等常用电器的使用方法，利用学生实验电路材料，为玩具屋中电灯等电器接通电路使其正常工作。

【磁性变化】植物观察日记

目标：知道植物的基本结构和生长过程，以及观察和记录植物生长变化的方法，通过观察和记录植物生长的过程，记录为植物观察日记档案。

五年级上学期

【磁性物质】制作光学密函

目标：了解不同颜色的物质会吸收不同的光的原理，制作一张必须使用特定颜色的玻璃纸才能读懂的密函。

【磁性结构】做一个地球模型

目标：理解地球的基本结构，在制作过程中选择合适的材料，设计合理的模型结构，并通过不断调整优化模型。

【磁性系统】制作预防血栓的公益宣传片

目标：制作血液循环模型，并使用该模型向成人介绍血栓的形成过程，研究预防血栓的途径，并将解说制成视频、漫画进行宣传。

【磁性变化】制作一个计时器

目标：通过观察、分析和比较不同类型的计时器，发现其工作原理和性能特点，利用材料制作一个能计时的简易装置，比比谁的计时器更准确。

五年级下学期

【磁性物质】自制保温杯

目标：理解热传导的基本原理，以及保温杯如何通过减少热传导来保持水温。亲自动手制作保温杯，体验材料选择、结构设计等过程对保温效果的影响，加深对热传导原理的理解。

【磁性结构】水上环保交通工具

目标：通过观察和分析环保交通工具的运行过程，选择合适的材料、设计合理的结构、组装和调试，制作能在水上运行并载重的交通工具模型。

【磁性系统】雨水收集自动定时喷淋装置

目标：通过对自动定时装置的结构与原理的学习，为校园植物设计制作一个雨水收集自动定时喷淋装置，使植物盆栽在不下雨的天气也能获得水分。

【磁性变化】外来生物入侵的研究报告

目标：理解外来生物入侵的概念，认识到外来生物对当地生态系统可能产生的影响，写一份外来生物入侵的研究报告。

六年级上学期

【磁性物质】水果也能做电池，让电灯亮起来

目标：认识电池能产生电能的原理，利用所学知识学会制作水果电池。在教师的引导下思考分析水果电池的运行原理，组装水果电池，并建立简单电路。

【磁性结构】古代生物我演我说

目标：列举已知的古代生物，能对一两种古代生物进行简单说明，通过查阅资料了解古代生物的信息，并对它们进行分析比较，分类归纳，演出古生物的特点，让其他学生猜一猜是哪一种。

【磁性系统】奇妙太阳系模型

目标：认识太阳系中的主要天体，了解各天体的特点，了解太阳系的特殊性与在宇宙中的地位，根据所获得的数据信息，模拟制作太阳系模型，选择合适的模拟材料，并合作演示太阳系的运行，对自己的模型进行合理的说明，并能够反思、优化自己的模型。

【磁性变化】一起做酸奶

目标：认识乳酸菌，知道微生物能让食物发生变化，学会制作简单的酸奶，分析乳酸菌是如何让牛奶变酸的，合作制作酸奶，并把成功的酸奶进行分享和品尝，表达品尝后的感想。

六年级下学期

【磁性物质】制作多彩水晶

目标：了解水晶的形成原理，学会制作人工水晶，根据教师引导，制订制作方案，合作体验制作彩色水晶，并观察记录水晶的形成。

【磁性结构】桥梁承重大赛

目标：了解世界知名桥梁，了解桥梁承重的基本原理，分析、比较不同结构的桥梁模型的承重能力，提出多种不同的桥梁设计方案，制作桥梁模型，参加桥梁承重大赛，比比谁的桥梁承重最大。

【磁性系统】制作星座挂件

目标：知道常见的星座，了解划分星座的意义，依据相关星座资料，选定合适的制作挂件的材料，发挥设计理念创新精神，制作属于自己的星座挂件。

【磁性变化】人类探索宇宙的历史科普宣传报

目标：了解人类在探索宇宙的过程中的重要历史事件，知道探索宇宙使用的相关工具和技术，通过查阅相关资料，整理归纳人类探索地球的资料，形成一本科普小册子。

第四节　在实践中培养儿童的科学思维

《义务教育科学课程标准（2022年版）》指出：科学教学要以促进儿童核心素养发展为宗旨，以儿童认知水平和已有经验为基础，加强教学内容整合，注重教学方法改革，精心设计教学活动。[①] 为此，我校"磁性科学"从建构"磁性课堂"、开发"磁性课程"、创建"磁性社团"、激活"磁性研学"、设计"磁性科

---

① 中华人民共和国教育部. 义务教育科学课程标准（2022年版）［S］. 北京：北京师范大学出版社，2022：16.

学节"等五大方面入手，在实践中培养儿童的科学思维，让儿童走进富有吸引力的科学世界。

一、建构"磁性课堂"，提升科学教学质量

"磁性课堂"是吸引儿童积极参与、探究、合作、交流、分享和创新的课堂，通过多种手段和策略，注重教师与儿童互动与合作，构建积极、有趣、多样的学习环境，激发儿童主动探究、积极思考、自主学习的活力和兴趣。构建符合我校科学学科的"磁性课堂"，需要从实践操作和评价标准两个方面入手。

（一）"磁性课堂"的实践操作

我们在确定教学目标、组织教学内容、进行教学设计、开展教学活动时，应紧扣"磁性课堂"特点。

1. "磁性课堂"应紧紧围绕核心素养，包括科学观念、科学思维、探究实践和态度责任等方面。引导儿童在学习过程中能够形成对科学的基本认识，发挥科学思维和科学探索能力，并培养积极的科学态度。

2. "磁性课堂"应紧密联系生活实际，科学来源于生活，又应用于生活。以生活化的科学来吸引儿童，可使儿童更容易投身于科学学习活动中。"磁性课堂"积极创设生活化情境、组织生活化实践和探究生活化实验，可达到科学问题生活化、生活经验科学化的效果。

3. "磁性课堂"应坚持儿童是学习的主体，他们应该成为课堂的活跃者和创造者。教师应该通过多种方式，鼓励儿童参与到课堂中来，例如组织小组讨论、实验、游戏等活动，使儿童在互动中学习。

4. "磁性课堂"应坚持探究实践，重视儿童的活动体验。"磁性课堂"是实践性很强的课程，教师应该注重实践学习，尽可能地让儿童亲自动手做实验，让儿童从实践中体验科学的奥妙，从而使儿童对科学产生浓厚的兴趣和热情。

（二）"磁性课堂"的评价标准

《义务教育科学课程标准（2022年版）》指出：课堂教学中，可以从儿童的学习兴趣、思维活动、学习方法、知识理解、学习困难及其原因等方面进行

评价，重点关注儿童的学习方法与学习过程。① "磁性课堂"的评价量表见表7-3。

表7-3 "磁性课堂"教学评价量表

授课者：	授课课题：	授课日期：				
评价指标	评 价 标 准	评 价 等 级				
		5	4	3	2	1
学习目标 （10分）	1. 依据课程标准、考纲设置					
	2. 准确表达出科学观念、科学思维、探究实践、态度责任方面的具体要求					
学习难点 学习重点 （10分）	1. 学习难点从学生立场设置					
	2. 学习重点依据考纲、学生易错点设置					
学习任务 （40分）	1. 学习任务围绕学习目标设计					
	2. 紧密联系儿童生活经验					
	3. 以探究性任务组织内容					
	4. 学生对学习任务兴趣浓厚					
学习氛围 （10分）	1. 气氛活跃					
	2. 参与度高					
学习反馈 （10分）	1. 评估题目依据目标设计					
	2. 评估题目能促进学生学习					
学习效果 （20分）	1. 学习目标达成度高（题目正答率）					
	2. 学生喜欢程度高、比例大					
评价者：		总分：				

---

① 中华人民共和国教育部. 义务教育科学课程标准（2022年版）[S]. 北京：北京师范大学出版社，2022：121.

二、开发"磁性课程"，强化科学课程特色

《义务教育科学课程标准（2022年版）》指出：科学课程资源是指有助于进行科学教学活动的各种资源。合理使用这些资源，有助于激发儿童学习科学的兴趣，提高教学活动的质量。教材编写者、教学研究人员、教师等有关人员依据课程标准，有意识、有目的地开发和利用各种科学资源。① "磁性课程"根据课程理念、学科性质、课程目标等方面，在国家基础类课程基础上，研发拓展类跨学科课程。

（一）"磁性课程"的设计要点

为了强化科学课程的特点，开发"磁性课程"需要从以下三方面入手。

1. "磁性课程"符合课程标准要求。"磁性课程"强调探究实践，鼓励儿童通过亲身实践和体验来获取科学知识，这种探究实践的方法有助于培养儿童的科学思维和实践能力；"磁性课程"强调儿童的主体性，即儿童在科学学习中的主动参与和探究，这种以儿童为中心的教学方式有助于激发他们的学习兴趣和动力，促进自主学习和独立思考；"磁性课程"注重培养儿童的科学素养，包括科学观念、科学思维、探究实际和态度责任等方面，这种全面性的关注有助于儿童在科学学习的过程中形成正确的科学观念，培养良好的科学素养；"磁性课程"强调跨学科学习的重要性，通过整合不同学科的知识和方法来促进跨学科学习，这种跨学科的学习方式有助于儿童全面理解科学知识，提高综合素质。

2. "磁性课程"实行多元主体开发。"磁性课程"链接学校、家庭和社会等优质资源，开发跨学科实践课程。设计有吸引力和实用性的课程内容，注重与实际生活结合，让儿童知识学习与生活、社会实践相结合，提高他们的学习积极性和学习主动性。如邀请家长走进课堂，分享他们的职业经验、人生经历中蕴含的科学知识，为儿童提供不同的视角和观点。

---

① 中华人民共和国教育部. 义务教育科学课程标准（2022年版）［S］. 北京：北京师范大学出版社，2022：130.

3.“磁性课程”贴近教与学的实际。教师要善于选择与组合各种适宜自身教学实际的课程资源，创设真实教学情境，给儿童操作、体验、探究、实践等提供支持。“磁性课程”应以丰富的课程门类、优良的课程品质吸引儿童，着力适应每一个儿童的全面发展，提升每一位教师的专业素养。

（二）“磁性课程”的评价标准

“磁性课程”评价关注学科课程、学科教学、学科学习、学科团队这四个学科课程建设的核心要素，具体评价标准如下（见表7-4）。

表 7-4 “磁性课程”评价表

维度	评 价 指 标	权重	得分	评价方式
课程哲学	呼应学校课程哲学	5%		查看课程方案
	呼应磁性科学理念	5%		
课程目标	是国家课程的有益补充	5%		查看课程方案、科学学科课程纲要
	有效培育科学核心素养	5%		
课程内容	重视儿童生活体验	10%		查看课程方案
	以探究性任务组织教学内容	10%		
课程实施	学生参与度高	10%		查看教学设计现场观摩教学
	学习兴趣浓厚	10%		
课程效益	学生喜欢	20%		问卷调查
	学生获得感强	20%		
综合评定	A级（85分以上）B级（70—85分）C级（60—70分）D级（60分以下）	100%		学校课程中心评定

三、创建“磁性社团”，发展科学学习兴趣

《义务教育科学课程标准（2022年版）》倡导设计儿童喜闻乐见的科学活动，创设愉快的教学氛围，保护儿童的好奇心，激发儿童学习科学的内在

动机。① 基于"磁性科学"的课程理念，我校"磁性社团"意在捕捉儿童的兴趣点，将课内外知识相结合，让儿童在玩中学，在学中玩，以儿童自主选择为主，以教师引导为手段，以学校制度为保障，充分体现儿童的主体性。

（一）"磁性社团"的实践操作

我校成立了"金牌飞行员""科创之星""航海博物馆"等科学学习社团，为儿童提供多样化、个性化的自由展示空间，让儿童张扬个性，感受科学的魅力之处。

"磁性社团"的实践与操作如下。

1. 确定社团目标。"磁性社团"是我校在国家科学课程基础上，根据不同学段儿童的年龄特征、兴趣爱好和需求来确定社团学习目标。

2. 制订社团计划。教师根据个人特长和学科特点，自主选择社团课程，同一学段同一课程的辅导教师为 2—3 人。根据社团目标和成员特长，制订社团活动计划，包括科学实验、科技创新、科普讲座、参观考察等。

3. 激发学习兴趣。在活动中鼓励儿童提出问题，并引导他们进行科学探究与实践，调动其学习的积极性和创造力，要让儿童觉得参与社团活动是一件有趣的事情。

4. 提供良好的学习环境。要为儿童提供一个好的学习环境，包括设备、资料和空间等。社团要有固定的活动地点，且要保证环境安全、卫生和宽敞。

以"金牌飞行员"航空模型社团为例："金牌飞行员"成立于 2020 年，基于航模科技，促进学生认识航空、了解航空、开发智力、开拓视野和增强综合能力，是我校的一个非常受欢迎的社团。"金牌飞行员"社团成员主要由不同年级对航空模型有浓厚兴趣的学生组成，由我校 5 位教师担任指导工作。该社团集体育、教育、科技于一体，致力于航空模型的制作、研究和展示，并为学生提供了一个良好的交流平台，让他们可以相互交流、切磋技艺，共同提升自己的模型制作水平。社团会定期举办各种展览和比赛活动，向广大师生展示他们的成果。他们的模型作品不仅在外观上栩栩如生，还可以实际飞行。这些模型不仅仅是一件艺术品，更是一项工程成果。社团成员们通过模型的展示，也向大家展示了航空领域的创新和技术发展。

---

① 中华人民共和国教育部. 义务教育科学课程标准（2022 年版）[S]. 北京：北京师范大学出版社，2022：3.

（二）"磁性社团"的评价标准

结合科学学科特点，"磁性社团"从教师、儿童两方面进行评价，评价标准如下（见表7-5、表7-6）。

表7-5 "磁性社团"教师评价表

评价内容	评 价 标 准	评 价 等 级			
		优秀	良好	合格	待改进
目标设计	定位准确				
	目标具体				
社团理念	符合磁性科学理念				
活动设计	学生喜欢				
	参与度高				
	发挥学生主体作用				
	评价利于促进学生学习				
安全管理	身心安全保障制度合理				
场地设计	文化设计新颖				
育人成效	满意度高				
	获得感强				

表7-6 "磁性社团"儿童评价表

评价内容	评 价 标 准	评价等级 优秀、良好、合格、待合格			
		自评	他评	组评	师评
积极参与性	优秀：参与意识强，具有积极的态度，按时参加活动，勇于表现自己。				
	良好：有参与意识，态度较积极，能按时参加活动。				
	合格：能按时参加活动。				

评价内容	评 价 标 准	评价等级 优秀、良好、合格、待合格			
		自评	他评	组评	师评
实践创新能力	优秀：独立思考并解决问题的能力强，对知识有独到的见解。				
	良好：勤于思考独立分析，对知识有一定的认识。				
	合格：有独立思考的意识，能够提出问题。				
合作探究能力	优秀：积极踊跃地参与合作学习，有较强的独立思考与协作能力。				
	良好：积极参与合作学习，主动提供帮助。				
	合格：愿意合作与交流，能够听取别人的意见，并给予支持。				
作品成果展示	优秀：按时完成社团活动任务，质量高，有创意。善于收集整理社团相关成果。大胆展示，乐于分享。				
	良好：能按时完成社团活动任务，态度端正。能够收集整理社团相关成果。尝试表达，展示自我。				
	合格：能完成大部分社团活动任务，有收集整理成果的意识。能够呈现最后的成果。				
我的收获					

四、激活"磁性研学"，做实科学课程整合

《义务教育科学课程标准（2022年版）》提出：注重社会资源的开发与利用。要发挥各类科技馆、博物馆、天文馆等科普场馆和高等院校、科研院所、科技园、高新技术企业等机构的作用，把校外学习与校内学习结合起来，因地制宜设立科学教育基地，补充校内资源的不足。要利用学校周围的自然资源和社会资

源，通过实地考察、研学实践、环保行动等途径，进行科学学习。学校应充分发挥科技工作者对科学教育的重要作用，聘请专家参与教师培训、课程开发和科学教育活动。[①] 随着科技的不断发展和人们对素质教育的重视，研学活动已经成为许多学校推广的一种教学方法。"磁性研学"是一种以问题为导向、以探究为基础的，集观察、实验、讨论和创新于一体的积极主动学习方式，是一个多学科、多因素的纵向贯通的课程综合实践活动。

（一）"磁性研学"的实施策略

科学课程整合是课程资源和学习方式的整合，也是科学与实践科学的整合，更是跨越学科的整合。为此，我校"磁性研学"可开发以下形式。

1. 整合区域资源

结合区域特有的历史文化、民俗文化、农耕文化和丰富的动、植物自然资源，按照研学相关文件要求，细化研学课程，可为学生提供一个丰富多元的实践教育平台。以"湿地课程"为例，天福国家湿地公园坐落于花桥，我校可利用这一地方区域资源，通过打造"磁性科学湿地课程"的跨学科实践，融合科学、美术和劳动等多学科内容，引导儿童在这个自然大课堂中观察、调查、获取信息，学习科学，在真实情境中实现课程整合。以教科版小学科学四年级上册《植物的生长变化》单元为例，学完单元内容后，学生在老师的带领下来到花桥天福国家湿地公园参加"我是一棵树——植物的生命意义"课程实践：聆听讲座、蒙眼摸树叶、听大树的心跳、拓印纪念包等，在实践中完成对植物的研究学习。

2. 整合社会资源

学校需要研究社会资源和学校资源如何结合，探索合作方式。以"科学科普"为例，发挥各类科技馆、博物馆、天文馆等科普场馆和高等院校、科研院所、科技园、高新技术企业等机构的作用，将校外学习与校内学习结合起来，拓宽儿童的视野，激发儿童的学习兴趣，让儿童在实践探究中体验科学、发现科学、创造科学。

---

① 中华人民共和国教育部. 义务教育科学课程标准（2022 年版）[S]. 北京：北京师范大学出版社，2022：132.

3. 整合校园资源

"磁性研学"不仅要跟着课本去旅游，还要回到校园实践。以"5C 科学院"为例，我校设计"5C 科学院"活动区域，目的是充分利用校园环境建设与科学有关的资源。"5C 科学院"配备一些日常用品和材料，开发创新科学实验，让实验更贴近生活，课堂更有趣，使儿童有更多动手实验的机会，此外还配备内容丰富、形式多样的科技图书、期刊、报纸等，引导儿童阅读，扩大视野，让校园成为科学研学大课堂。

（二）"磁性研学"的评价标准

为进一步关注儿童在研学中表现的特质，我校从家长评价、儿童自评、老师评价三个方面进行评价（见表 7-7）。

表 7-7　"磁性研学"评价表

评价内容	评价标准	评价等级 优秀　良好　合格　待改进		
		自评	组评	师评
乐于参与	优秀：参与意识强，具有积极的态度，按时参加活动，勇于表现自己。			
	良好：有参与意识，态度较积极，能按时参加活动。			
	合格：能按时参加活动。			
留心观察	优秀：在活动中善于观察，发现活动中的问题，扎实解决问题，并从中获得启示。			
	良好：在活动中会观察、会思考、能直面自己的问题，并尝试解决。			
	合格：有留心观察的意识，尝试发现问题。			
合作分享	优秀：在活动中具有团队意识，善于组织活动，和同伴合作，乐于分享。			
	良好：在活动中具有团队意识，懂得在活动中和同伴合作，懂得分享。			
	合格：愿意合作与交流，能够听取别人的意见，并给予支持。			

　　　　　　　学科课程与学科实践的整合设计

评价内容	评 价 标 准	评价等级 优秀　良好　合格　待改进		
		自评	组评	师评
勤于动笔	优秀：按时完成活动记录，质量高，有创意。善于收集整理活动相关成果作业，大胆展示。			
	良好：能按时完成活动记录，态度端正。能够收集整理活动相关成果作业，尝试表达，展示自我。			
	合格：有意识地在活动中收集整理资料，能够呈现最后的成果作业。			
我的收获				

五、设计"磁性科技节"，浓郁科学课程氛围

《义务教育科学课程标准（2022 年版）》提出：强化课程综合性和实践性，推动育人方式变革，着力发展儿童核心素养。凸显儿童主体地位，关注儿童个性化、多样化的学习和发展需求，增强课程适宜性。坚持与时俱进，反映经济社会发展新变化、科学技术进步新成果，更新课程内容，体现课程时代性。[①]"磁性科技节"紧紧围绕课程目标要求，结合学校特色，是我校推广科学教育和增强科技意识的重要活动。

（一）"磁性科技节"的活动设计

"磁性科技节"采取静态、动态相结合的形式，分年级举行活动，旨在激发儿童学习科学的兴趣，浓郁学习科学氛围。整个"磁性科技节"共有 6 个活动板块。

1. 守护未来——创意树叶画竞赛

参加对象：一年级学生

竞赛要求：为培养儿童热爱祖国、热爱自然，热爱生活的情感，结合我校青

---

① 中华人民共和国教育部. 义务教育科学课程标准（2022 年版）[S]. 北京：北京师范大学出版社，2022：2 - 3.

少年科技节活动，组织开展树叶画创作大赛。捡几片落叶，捧起一颗爱国心，完成一幅树叶画的作品。一起行动，秀出创意，秀出童趣，留住美好！

2. 畅想未来——创意折纸大赛

参加对象：二年级学生

竞赛要求：选择日常生活中的经过设计的广告宣传纸、废旧的可利用纸张等，利用传统的折纸技法，发挥想象力和创造性，进行巧妙折叠乃至艺术加工，形成全新的设计作品（甚至立体的作品），并借此增强节约用纸的意识和行动。

3. 创意未来——变废为宝竞赛

比赛年级：三年级学生

竞赛要求：本次活动以"环境保护"为主题。参赛作品所使用的材料必须用废弃的物品，如：包装材料（包装纸、瓶、盒、罐、箱等）装潢废弃物、废弃的生活用品等，可制成玩具、工具文具、教材、装潢品、生活用品等（但禁用对人体安全与健康有害的材料）。

4. 飞向未来——纸飞机飞行竞赛

参加对象：四年级学生

竞赛要求：纸飞机必须由选手亲自用手投掷，不能借助其他工具。投掷时不能采用奔跑和快走等助跑形式。投掷时选手至少要有一只脚没有离地，抬起的脚落地时不能超过比赛起始线。每人投掷 3 次，取最远一次直线距离作为该选手的最终比赛成绩。

5. 承载未来——纸桥承重竞赛

参加对象：五年级学生

竞赛要求：用纸张搭建桥梁进行承重，要求比赛选手用废弃的 A4 纸和透明胶水或者双面胶，搭建一个跨度不低于 30 厘米（固定）、高度不低于 10 厘米、宽度小于 10 厘米的桥梁；桥梁中央设计一个长度不小于 10 厘米、宽度不小于 10 厘米的承重平台。以纸桥承重的重量与纸桥自重之比评定比赛成绩。

6. 翱翔未来——空气火箭竞赛

参加对象：六年级学生

竞赛要求：参赛选手制作一个纸火箭，大小、形状无限制。用压缩塑料瓶喷气使纸火箭飞行，发射时可让一名同学做助手。塑料瓶大小种类不限，不得预先充气。发射装置自带。比赛进行一轮，以飞行距离排定名次。

（二）"磁性科技节"的评价标准

"磁性科技节"可以分两种形式评价：一种是竞赛性评比，一种是积分制评价。

1. 竞赛性评比。在各班初选的基础上，分年级进行比赛。通过投票和评分人打分，综合评选出一、二、三等奖，并颁发证书。我们会针对不同的比赛选出不同的奖项，比如"小小创意之星""科创之星""科学小能手""科学建筑师"等。

2. 积分制评价。根据儿童个性差异，我们采取"存折积累，积分换购"的方式，做到人人参与，让"磁性科技节"成为每一位学生自己的节日。

当今社会，科学技术日新月异，对于学生们来说，掌握科学知识和科学思维能力的重要性愈加凸显，而小学阶段正是培养儿童科学素养的重要时期。"磁性科学"课程通过精心设计丰富多彩的科学活动，让儿童能够亲身感受科学的吸引力和奥妙，发挥儿童的主体性和创造力，充分激发其学习科学的兴趣。与此同时，"磁性科学"课程也针对儿童的认知水平和学科能力的不同阶段，提供多元化的评价标准，确保每位儿童都能够在学习过程中得到适当的指导和帮助。

通过参与"磁性科学"课程，儿童将在发现和解决问题的过程中，逐步建立起科学的思考方式和方法。他们将学会观察、实验、分析、合作、推理和判断等关键技能，逐渐拥有独立思考、勇于创新和解决问题的能力，为以后的学习和生活奠定坚实的基础。

总之，"磁性科学"课程将让儿童走进一个富有吸引力的、丰富多彩的科学世界，从而成为一名富有素养和智慧、追求真理和创新的人。

（本章主执笔人：昆山市花桥金城小学　顾宇涛）

第八章
管理到位：课程主体的在场性与要素耦合的扎根性

斯滕豪斯认为，课程即研究假设，课堂即实验室，教师即研究者。由此可以认为，教师是课程的主体，在课程管理中需要充分发挥教师在课程开发中的主体作用，这是课程主体在场的关键。教师在课程开发的过程中，对课程的要素：课程理念、目标、内容、实施、评价的设计以满足教育教学实践需求为依据，这是课程具有扎根性的保证。

斯滕豪斯认为:"课程即研究假设""课堂即实验室""教师即研究者。"① 课程的开发及实施是一个需要教师持续研究的过程,这使得教师在课程建设中的主体身份得到确认。教师在课程变革过程中的作用是至关重要的。教师在课程开发中以研究者的身份,审视、反思、研究自己的教学实践,不断地修正、改进、发展课程各要素。在这种行动中,建立起一种研究者和学习者相结合的教师成长模式。② 教师以研究者的身份参加课程的开发,以研究者与实践者融合的视角改进课程各要素,能提高课程的品质。课程管理制度设计的关键,在于保证教师在课程开发中的充分参与,以及建立课程品质的监控机制,对课程要素的耦合关系进行有效调控和强化。

以金城小学萤火虫课程为例,谈课程管理流程。一是价值引领。价值引领是我校课程管理的核心。教师坚信,教育不仅仅是传授知识,更是培养具有正确价值观、能够独立思考和具有创新精神的未来公民。因此,在课程设置、教学设计和实施过程中,教师始终坚持价值引领,注重培养儿童的品德、情感和态度,以促进儿童全面发展。二是组织建设。组织建设是课程管理的重要保障。我校建立了完善的课程管理组织体系,包括课程学科教研组和教学团队等。这些组织在课程规划、开发、实施和评价等方面发挥着重要作用,确保课程管理的科学性和有效性。三是制度建构。我校制定了一系列课程管理制度和规范,包括课程设置方案、课程实施方案、教学管理制度和课程评价制度等。这些制度和规范,为课程管理提供了制度保障和规范化管理的基础,确保了课程管理的有序进行。四是评价导航。这是课程管理的重要环节。我校建立了多元化的课程评价体系,包括儿童评价、教师评价、家长评价和社会评价等。这些评价方式不仅关注儿童的学习成果,还关注儿童的学习过程、情感态度和价值观等方面的发展。同时,教师还注重评价结果的反馈和利用,以促进教学质量的提升和课程管理的优化。五是课

---

① 王立忠,刘要悟."课程即研究假设"、"教师即行动研究者"——斯滕豪斯课程观之要义 [J].大学教育科学,2010,2(2):97-100.

② 纪德奎. 斯滕豪斯"过程模式"探微 [J]. 沈阳师范大学学报(社会科学版),2005(2):19-22.

程研修，研究和培训。课程研修和研究是我校课程管理的重要特色。教师鼓励教师参与课程研修和课题研究，以提升教师的专业素养和课程开发水平。同时，教师还聚焦课程教学中的热点和难点问题，组织教师进行专题培训和交流，以推动课程教学的创新和发展。最后，时间管理和课时安排是课程管理的基础工作。我校注重合理安排儿童的学习时间和课程时间，确保儿童有足够的休息和锻炼时间，同时也保证了课程教学的有效进行。教师还根据儿童的年龄特点和学科特点，灵活调整课时安排和教学内容，以满足儿童的个性化需求和发展。

综上所述，教师通过参与课程行动研究和集体审议，不仅提升了自身的专业素养和教学水平，还在实践中不断成长和进步。学校通过深入分析课程主体的在场性与要素耦合的扎根性，加强教学过程的优化和管理策略的调整，可以进一步提升课程实施的质量和效果，教师在课程管理中的主动参与和课程各要素的有机结合，使课程管理更加科学和有效，课程建设和教师专业发展实现了互相促进和共同提升的良性循环，为儿童的全面发展提供更加有力的支持。

智创科技：用创新的思维打开科技新大门

昆山市花桥金城小学信息科技学科现有专任教师 2 名，具有较强的研究能力和教学能力。指导学生参加各项科技类比赛，3 名学生获省级比赛一等奖，4 名学生获苏州市级比赛一等奖。为提高信息科技学科教学质量，依据《教育部关于全面深化课程改革落实立德树人根本任务的意见》《义务教育信息科技课程标准（2022 年版）》等文件精神，推进我校"智创科技"学科课程建设，取得明显成效。

第一节　智启未来，思考科技新篇章

《义务教育信息科技课程标准（2022 年版）》指出："信息科技是现代科学技术领域的重要部分，主要研究以数字形式表达的信息及其应用中的科学原理、思维方法、处理过程和工程实现。"当代高速发展的信息科技对全球经济、社会和文化发展起着越来越重要的作用。科技课程具有的特质是课程研发中必须要关注的内容。

一、学科课程性质

义务教育信息科技课程具有基础性、实践性和综合性，为高中阶段信息技术课程的学习奠定基础。信息科技课程旨在培养科学精神和科技伦理，提升自主可控意识，培育社会主义核心价值观，树立总体国家安全观，提升数字素养与技能。[①] 据此，教师认为信息科技课程有外显和内隐两个维度的价值：一是外显的价值，在工具层面上，信息科技可以便捷生活，可以帮助儿童更快地获取知识，丰富学习方式，增强实践能力；二是内隐的价值，在精神层面上，信息科技可以增强儿童的学习动机和兴趣，培养创新意识。一句话，信息科技课程体现着信息科技学科的核心素养（信息意识、计算思维、数字化学习与创新、信息社会责任）。

二、学科课程理念

基于上述认识，教师提出我校信息科技学科理念为"智创科技"。因此，学

[①] 中华人民共和国教育部. 义务教育信息科技课程标准（2022 年版）［S］. 北京：北京师范大学出版社，2022：1.

校的"智创科技"是以培养儿童的信息素养为基础,进而培养儿童创造性问题解决能力的信息科技。让儿童们在思考中开启科技新篇章。

(一)"智创科技"是引领成长的科技

《义务教育信息科技课程标准(2022年版)》指出:"坚持以习近平新时代中国特色社会主义思想为指导,全面贯彻党的教育方针,落实立德树人根本任务。发挥课程育人功能,帮助全体儿童学会数字时代的知识积累与创新方法,引导儿童在使用信息科技解决问题的过程中遵守道德规范和科技伦理,培育儿童正确的世界观、人生观、价值观,促进儿童在数字世界与现实世界中健康成长。"[①] 在"智创科技"的教学中,教师可以通过设计和选择不同的教育内容和方式,来达到引导儿童树立正确的价值观和世界观的目的。比如,在教授一个知识点的同时,也可以引导儿童思考"智创科技"在人类社会中的地位和作用,以及"智创科技"研究所面临的伦理和社会问题,从而培养正确的人生观。

(二)"智创科技"是"科""技"并重的科技

《义务教育信息科技课程标准(2022年版)》指出:"面向数字时代经济、社会和文化发展要求,吸纳国内外信息科技的前沿成果,基于数字素养与技能培育要求,遴选课程内容。从信息科技实践应用出发,注重帮助儿童理解基本概念和基本原理,引导儿童认识信息科技对人类社会的贡献与挑战,提升儿童知识迁移能力和学科思维水平,体现'科'与'技'并重。"[②] 将基本原理传授给儿童,可以帮助他们更好地理解技术的原理和机制,并为将来的学习和实践活动奠定坚实的基础。然而,仅仅学习理论知识远远不够,要想学以致用,培养实践操作能力同样重要。通过实践操作,儿童可以将理论知识转化为实际技能,并更好地掌握技术应用。因此,"智创科技"注重儿童基本原理和实践应用的培养,并将两者视为同等重要的。这种教育方式能够帮助儿童建立完整的知识结构,并培养他们的实际技能能力,从而更好地适应今后职业和生活的需要。

---

① 中华人民共和国教育部. 义务教育信息科技课程标准(2022年版)[S]. 北京:北京师范大学出版社,2022:2.

② 中华人民共和国教育部. 义务教育信息科技课程标准(2022年版)[S]. 北京:北京师范大学出版社,2022:2-3.

（三）"智创科技"是注重实用的科技

《义务教育信息科技课程标准（2022 年版）》指出："创新教学方式，以真实问题或项目驱动，引导儿童经历原理运用过程、计算思维过程和数字化工具应用过程，建构知识，提升问题解决能力。注重创设真实情境，引入多元化数字资源，提高儿童的学习参与度。支持儿童在数字化学习环境下进行自我规划、自我管理和自我评价，鼓励'做中学''用中学''创中学'，凸显儿童的主体性。"[①]传统的教育方式往往会偏重于理论知识的灌输，忽略了儿童的实践操作能力的培养。而"智创科技"则着重于培养儿童的实践能力，例如让儿童从实际问题中寻找并解决问题、让儿童通过实践活动来掌握并运用知识等。

（四）"智创科技"是多元评价的科技

《义务教育信息科技课程标准（2022 年版）》指出："注重评价育人，强化素养立意。坚持过程性评价与终结性评价相结合，加强学习结果的评估和应用，服务教育教学质量管理。坚持基本知识考核与实践应用考核相结合，综合运用纸笔测试、上机实践、作品创作等方法，全面考查儿童学习状况。坚持自评和他评相结合，增强儿童自主学习能力。"[②]"智创科技"则可以为儿童提供更多样化的评价方式，例如创建个人网站、制作实践报告、参加竞赛活动等，这些活动可以反映儿童的创造力、协作能力、实践能力等综合能力。这样，儿童在多元化的评价中能够更全面、更准确地了解自己的优势和不足，发展自己的特长，增加学习效果，培养起终身学习的意识和能力。

总之，我校的"智创科技"课程坚持以儿童学科核心素养成长为目标，培养儿童的创造力、解决问题的能力。该课程把儿童们带入到广阔的科技天地，用他们的聪明才智去创新建设未来。课程一经实施，在很短的时间内就获得了儿童和家长的一致好评，并在花桥区域内产生了不错的社会反响。

[①] 中华人民共和国教育部. 义务教育信息科技课程标准（2022 年版）［S］. 北京：北京师范大学出版社，2022：3.

[②] 中华人民共和国教育部. 义务教育信息科技课程标准（2022 年版）［S］. 北京：北京师范大学出版社，2022：3.

第二节 智筑思桥，跨越科技灵感溪流

《义务教育信息科技课程标准（2022年版）》指出："信息科技课程目标要围绕核心素养，体现课程性质，反映课程理念。核心素养是课程育人价值的集中体现，是儿童通过课程学习逐步形成的正确价值观、必备品格和关键能力。信息科技课程要培养的核心素养，主要包括信息意识、计算思维、数字化学习与创新、信息社会责任。这四个方面互相支持，互相渗透，共同促进儿童数字素养与技能的提升。"[①] 让儿童们通过独立思考，积极探寻，发现更深、更有趣的科技创新知识。

一、学科课程总体目标

根据《义务教育信息科技课程标准（2022年版）》，通过"智创科技"课程学习，要达成以下目标。[②]

1. 树立正确价值观，形成信息意识

认识到数据对社会发展的作用和价值，自觉辨别数据真伪，判断和评估所获取信息的价值，增强信息交流的主动性和友善性，树立正确的信息价值观。根据解决问题的需要，有意识地寻求恰当方式检索、选择所需信息。掌握和运用信息科技手段表达、交流与支持自己的观点，根据信息价值合理分配注意力，增强学习信息科技的兴趣；增强数据安全意识，认识到原始创新对国家可持续发展的重要性。

[①] 中华人民共和国教育部. 义务教育信息科技课程标准（2022年版）［S］. 北京：北京师范大学出版社，2022：4.

[②] 中华人民共和国教育部. 义务教育信息科技课程标准（2022年版）［S］. 北京：北京师范大学出版社，2022：4－6.

2. 初步具备解决问题的能力，发展计算思维

知道数据编码的作用与意义，掌握信息处理的基本过程与方法，体验过程与控制的场景，验证解决问题的过程，初步具备应用信息科技解决问题的能力。了解算法在解决问题过程中的作用，领会算法的价值。能采用计算机科学领域的思想方法界定问题、分析问题、组织数据、制订问题解决方案，并对其进行反思和优化，使用简单算法，利用计算机实现问题的自动化求解。能有意识地总结解决问题的方法，并将其迁移到其他问题求解中。

3. 增强数字化合作与探究的能力，发扬创新精神

围绕学习任务，利用数字设备与团队成员合作解决学习问题，协同完成学习任务，逐步形成应用信息科技进行合作的意识。适应数字化学习环境，针对问题设计探究路径，通过网络检索、数据分析、模拟验证、可视化呈现等方式开展探究活动，得出探究结果。利用信息科技平台，开展协同创新，在数字化学习环境中发挥自主学习能力，主动探索新知识与新技能，采用新颖的视角思考和分析问题，设计和创作具有个性化的作品。

4. 遵守信息社会法律法规，践行信息社会责任

领悟网络空间命运共同体对信息社会发展的重要意义，具备自觉维护国家信息安全、网络安全的意识，认识到自主可控技术对国家安全的重要性。采用一定的策略与方法保护个人隐私，尊重他人知识产权，安全使用数字设备，认识信息科技应用的影响。正确应对人工智能对社会的影响，认识到人工智能对伦理与安全的挑战。能遵循信息科技领域的伦理道德规范，明确科技活动中应遵循的价值观念、道德责任和行为准则。按照法律法规与信息伦理道德进行自我约束，积极维护信息社会秩序，养成在信息、社会中学习、生活的良好习惯，能安全、自信、积极主动地融入信息社会。

二、学科课程学段目标

为了跨越科技灵感的溪流，"智创科技"根据《义务教育信息科技课程标准（2022 年版）》中的"信息科技课程学段目标是总目标在各学段的具体化，旨在指导教师在遵循儿童身心发展阶段特征的基础上进行教学"。小学阶段的学段目

标如表 8 - 1 至表 8 - 4 所示。①

表 8 - 1 信息意识素养方面目标

学　段	目　　　　标
第一学段 （1—2 年级）	1. 在日常生活中，具有主动使用数字设备的兴趣与意识。知道数字设备使用的基本规范。合理安排数字设备的使用时间，养成数字设备使用的好习惯。 2. 体验文字、图符、语音等多种输入方式的表达与交流效果，有意识地使用数字设备处理文字、图片和声音。 3. 知道信息有真实与虚假之分。能选用恰当的数字化方式表达个人见闻和想法，乐于与他人分享信息。
第二学段 （3—4 年级）	1. 了解数据的作用与价值。列举数字设备对社会发展和人们生活的影响。 2. 知道数据编码的作用与意义，理解数据编码是保持信息社会组织与秩序的科学基础。 3. 在网络应用过程中，合理使用数字身份，知道数字身份对个人日常学习与生活的作用和意义，规范地进行网络信息交流。
第三学段 （5—6 年级）	1. 体验物理世界与数字世界深度融合的环境。感受应用信息科技获取与处理信息的优势。 2. 根据学习与生活需要，有意识地选用信息技术工具处理信息。崇尚科学精神、原创精神，具有将创新理念融入自身学习、生活的意识。 3. 针对简单问题，确定解决问题的需求和数据源，主动提取、筛选、分析数据，解决问题。

表 8 - 2 计算思维素养方面目标

学　段	目　　　　标
第一学段 （1—2 年级）	1. 在教师指导下，体验使用数字设备解决问题的过程。知道信息的多种表示方式。 2. 对于给定的简单任务，能认识到任务实施的主要步骤，用独特的方式进行表达。 3. 在实际应用中，能按照操作流程使用数字设备，并能说出操作步骤。
第二学段 （3—4 年级）	1. 能根据需要选用合适的数字设备解决问题，并简单地说明理由。能基于对事物的理解，按照一定的规则表达与交流信息。体验信息存储和传输过程中所必需的编码及解码步骤。 2. 在简单问题的解决过程中，有意识地把问题划分为多个可解决的小问题，通过解决各个小问题，实现整体问题解决。 3. 依据问题解决的需要，组织与分析数据，用可视化方式呈现数据之间的关系，支撑所形成的观点。

---

① 中华人民共和国教育部. 义务教育信息科技课程标准（2022 年版）［M］. 北京：北京师范大学出版社，2022：7 - 11.

学　段	目　　标
第三学段 （5—6 年级）	1. 通过生活中的实例，了解算法的特征和效率。能用自然语言、流程图等方式描述算法。知道解决同一问题可能会有多种方法，认识到采用不同方法解决同一问题时，可能存在时间效率上的差别。 2. 对于给定的任务，能将其分解为一系列的实施步骤，使用顺序、分支、循环三种基本控制结构简单描述实施过程，通过编程验证该过程。 3. 在问题解决过程中，能将问题分解为可处理的子问题，了解反馈对系统优化的作用。

表 8-3　数字化学习与创新素养方面目标

学　段	目　　标
第一学段 （1—2 年级）	1. 在教师指导下，尝试使用数字设备及数字资源开展学习活动，丰富学习手段，改进学习方法。 2. 通过对数字设备的合理使用，了解数字设备的使用过程和方法，激发对信息科技的好奇心和学习兴趣，产生对信息科技的求知欲。 3. 能利用数字设备，通过文字、图片、音频、视频等方式记录自己在学习与生活中发生的事情，将记录结果分类、保存，需要时进行提取。能创建简单的数字作品。
第二学段 （3—4 年级）	1. 利用在线平台和数字设备获取学习资源，开展合作学习，认识到在线平台对学习的影响。 2. 比较线上线下学习方式的异同。依据学习需要，在教师指导下，有效地管理个人在线学习资源。 3. 借助信息科技进行简单的多媒体作品创作、展示、交流，尝试开展数字化创新活动，感受应用信息科技表达观点、创作作品、合作创新、分享传播的优势。
第三学段 （5—6 年级）	1. 通过学习身边的算法，体会算法的特征，有意识地将其应用于数字化学习过程中，适应在线学习环境。 2. 能利用在线平台和工具寻找生活中的过程与控制场景。能设计用计算机实现过程与控制的方案，并在实验系统中通过编程等手段加以验证。 3. 在学习作品创作过程中，利用恰当的数字设备规划方案、描述创作步骤。在反思与交流过程中，对学习作品进行完善和迭代。

表 8-4　信息社会责任素养方面目标

学　段	目　　标
第一学段 （1—2 年级）	1. 自觉保护个人隐私，能在家长和教师的帮助下辨别信息真伪。 2. 在浏览他人数字作品时，能友善地发表评论。在分享他人数字作品时标注来源，尊重数字作品所有者的权益。 3. 在公共场合文明使用数字设备时，自觉遵守社会公共秩序。

学 段	目 标
第二学段 （3—4 年级）	1. 认识到数字身份的唯一性与信用价值，增强保护个人隐私的意识，提升自我管理水平，形成在线社会生存的安全观。 2. 了解威胁数据安全的因素，能在学习、生活中采用常见的防护措施保护数据。 3. 用社会公认的行为规范进行网络交流，遵守相关的法律法规。
第三学段 （5—6 年级）	1. 了解算法的优势及对知识产权保护的作用，认识到算法对解决生活和学习中问题的重要性。 2. 认识到自主可控技术对保障网络安全和数据安全的重要性。

三、学科课程具体目标

跨越科技灵感的溪流，根据《义务教育信息科技课程标准（2022 年版）》，制定了"智创科技"课程 1 至 6 年级的具体目标，以六年级上学期为例（见表 8-5）。

表 8-5 "智创科技"课程六年级上学期具体目标设置表

	项目名称	项 目 目 标
六年级上学期	项目 1 走近机器人的奇妙世界	1. 学生不仅能够识别出日常生活中的机器人实例（如扫地机器人、自动售卖机、智能语音助手等），还能通过小组讨论和创意绘画，构想并描绘出未来可能出现在我们生活中的新型机器人，包括它们的外观、功能及如何改善人类生活。 2. 学生在引导下能够通过时间线制作、角色扮演（如扮演不同时代的机器人发明家）等活动，深入探索机器人技术的演进过程。同时，学生可以结合当前科技趋势（如人工智能、物联网、生物技术等），预测并讨论机器人技术未来的发展方向和可能面临的挑战。 3. 学生学习完皮带、链、齿轮三种传动方式的理论知识后，可以设计并搭建一个包含多种传动机制的小型机器人模型。并能够在搭建过程中探索不同传动方式的组合效果，理解其对机器人运动性能的影响。 4. 学生在不同背景条件（如城市街道、丛林探险、太空旅行等）下，可以选择合适的传动方式。 5. 学生围绕机器人及其传动机制，能够创作属于自己的机器人故事。故事中需融入传动原理的解释、机器人任务的设定以及编程解决问题的过程。 6. 通过项目式学习，激发学生对新科技特别是机器人技术的浓厚兴趣，培养他们主动探索、解决问题的能力和持续学习的习惯。同时培养学生的综合素养，包括语言表达能力、逻辑创新思维能力。

	项目名称	项　目　目　标
六年级上学期	项目2　机器人的基础活动	1. 学生团队合作，能够利用所学编程知识和机器人技术，结合日常生活中的问题或未来生活场景，如智能家居、环保清理等，自主设计并制作出具有特定功能的机器人。 2. 学生能够将机器人学习与STEM（科学、技术、工程和数学）或其他学科如艺术、语文等相结合，比如"机器人故事叙述者"项目。学生需编程机器人，根据预设的文本内容，结合动作和声音效果，讲述一个故事或表演一段戏剧。 3. 学生在引导下能够设计并制作一款能够根据不同环境（如光线变化、地面材质差异）自动调整行为策略的机器人。通过引入灰度传感器、红外传感器等多种传感器，让学生在实践中深入理解传感器的工作原理及其在机器人智能决策中的重要性。此外，鼓励学生探索如何使机器人更加智能化，如加入自适应算法，以提高其在复杂环境中的适应性和稳定性。
	项目3　机器人与生活体验	1. 学生能够结合日常生活场景，如智能家居、校园辅助、环保监测等，设计并制作具有创新功能的机器人。学生需综合考虑机器人的硬件结构、传感器选择、程序编写及外观设计等多个方面，以解决实际问题为导向，展现机器人技术在日常生活中的广泛应用潜力。 2. 组织一场跨学科的机器人挑战赛，要求学生团队结合科学、技术、工程、艺术、数学（STEAM）等多领域知识，设计并完成一个具有特定功能的机器人项目。 3. 学生在引导下能够将机器人技术应用于社区服务项目中，如老年人陪伴机器人、社区环境监测机器人等。学生需进行需求调研、方案设计、机器人制作、程序编写及实地测试等全过程，确保机器人能够有效服务于社区。

第三节　智动协作，学科课程体系学习

《义务教育信息科技课程标准（2022年版）》指出："依据核心素养和学段目标，按照儿童的认知特征和信息科技课程的知识体系，围绕数据（数据来源的可靠性——数据的组织与呈现——数据对现代社会的重要意义）、算法（问题的步骤分解——算法的描述、执行与效率——解决问题的策略或方法）、网络（网络搜索与辅助协作学习——数字化成果分享——万物互联的途径、原理和意义）、信息处理（文字、图片、音频和视频等信息处理——使用编码建立数据间内在联系的原则与方法——基于物联网生成、处理数据的流程和特点）、信息安全（文明礼仪、行为规范、依法依规、个人隐私保护——规避风险原则、安全观——防范措施、风险评估）、人工智能（应用系统体验——机器计算与人工计算的异同——伦理与安全挑战）六条逻辑主线，设计义务教育全学段内容模块，组织课程内容，体现循序渐进和螺旋式发展。① 教师的"智创科技"为儿童学习科技知识设计了完整的课程体系。

一、学科课程结构

《义务教育信息科技课程标准（2022 年版）》中呈现："具体学习内容由内容模块和跨学科主题两部分组成。第一学段包括'信息交流与分享''信息隐私与安全''数字设备体验'，第二学段包括'在线学习与生活''数据与编码''数据编码探秘'，第三学段包括'身边的算法''过程与控制''小型系统模拟'，第四学段包括'互联网应用与创新''物联网实践与探索''人工智能与智慧社会''互联智能设计'。"② 基于此，"智创科技"主要分为"智创信息""智创设备""智创编码""智创编程"和"智创生活"五大类，如图 8-1 所示。

在图 8-1 中，各板块课程内涵如下。

1. 智创信息：在教师的帮助下，儿童尝试使用数字设备交流、分享个人感受，发表想法，初步产生学习和使用信息科技的兴趣。

2. 智创设备：教师采用模拟推介会的方式，激发儿童尝试数字设备的好奇心，引导儿童接触了解数字设备，在交流分享中了解更多数字设备的用途。活动

---

① 中华人民共和国教育部. 义务教育信息科技课程标准（2022 年版）［S］. 北京：北京师范大学出版社，2022：12.

② 中华人民共和国教育部. 义务教育信息科技课程标准（2022 年版）［S］. 北京：北京师范大学出版社，2022：12-13.

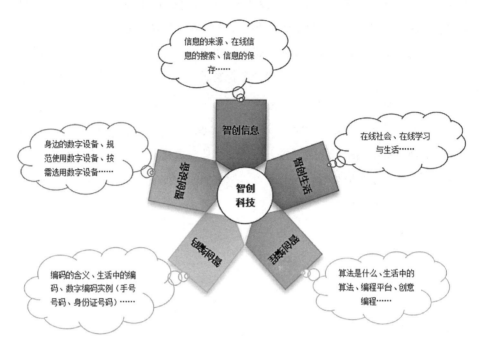

图 8-1　"智创科技"课程结构图

中综合运用信息科技、语文、道德与法治等知识，增强儿童的信息意识和数字化学习与创新能力。

3. 智创编码：儿童了解数据（包括大数据）这种信息社会中的新型生产要素，体会数据在信息社会中的重要作用，明确数据编码让信息得以有效利用的意义。在学习中，儿童能够掌握数据编码的基础知识，根据需要运用不同的编码对信息进行表达，并认识数据编码的价值与意义。

4. 智创编程：由生活中的算法和过程与控制系统引出利用算法和过程与控制系统求解简单问题的基本方式，培养儿童初步运用算法思维和过程与控制系统的习惯，并通过实践形成设计与分析简单算法和过程与控制系统的能力，学会利用编程解决实际问题。

5. 智创生活：将所学知识与生活实际联系起来。设置情境，让儿童解决实际问题，在这个过程中掌握知识和操作技能，体会智能生活的便利。

二、学科课程设置

除了基础课程之外，我校"智创科技"1—6年级共计12个学期的课程设置如表8-6所示。

表8-6　"智创科技"拓展课程设置

	智创信息	智创设备	智创生活	智创编码	智创编程
一年级上	智能生活小设计师：家庭日程表			创意编码启蒙1：图形与指令的奇妙之旅	
一年级下	语音与视频小主播：信息交流的多媒体盛宴			创意编程启蒙2：小小程序员的符号编程之旅	
二年级上	信息宝藏探索家：信息的多样性与记录整理			小小编程探险家：图形化编程与信息安全	
二年级下	安全小卫士：数字设备的隐私守护			编程小卫士：安全编程实践	
三年级上	数字创意工坊：时间管理海报设计			创意编程小能手：时间管理器	
三年级下	云端对话：在线交流新视界			飞天梦想家：航空知识探索与创意编程	
四年级上	智创信息小报设计师			智创编码初体验：WPS宏的简单应用	
四年级下	WPS演示创意秀	云盘与移动交流大师	信息技术与未来展望	超链接与动作按钮的魔法	智创编程小挑战：小车动起来
五年级上	智创生活编程家：Scratch创意生活应用设计				
五年级下	智创生活设计师：3D建模与Scratch编程融合实践				
六年级上	机器人时空之旅	机械结构挑战赛	跨界编程展示周	巧编机器人故事	机器人运动会
六年级下	智慧农场主：物联网技术在现代农业方面的革新				

第四节　多元评价，点燃科技创新之火

《义务教育信息科技课程标准（2022 年版）》指出："信息科技课程的教学要以落实立德树人根本任务为导向，以培养儿童数字素养与技能为目标，以儿童已有的知识、技能和经验为起点，遵循儿童学习规律，系统设计学习活动，突出用信息科技解决学习、生活中的问题，为儿童创设自主、合作、探究的学习情境和知、情、意、行融合发展的成长环境。"① 为此，我校根据"智创科技"的课程理念、学科性质，课程目标等方面的要求，将从构建"智创课堂"，组织"智创社团"，开展"智创研学"，举办"智创科技节"，策划"智创赛事"等五个方面进行课程实施与评价。通过多渠道实践和多元评价，让儿童们开启科创世界的新大门。

一、构建"智创课堂"，提升课堂教学质量

"智创课堂"致力于激发儿童的创造性思维和问题解决能力。通过项目式学习和跨学科的内容设计，让儿童面对实际问题时能够运用信息技术进行创新性的解决，培养独立思考和解决问题的能力。构建"智创课堂"的重点在于让儿童不仅仅是运用信息技术，更要理解其背后的原理，培养智慧的信息科技应用能力。儿童需要深入了解技术的本质，理解其在实际应用中的意义，从而更好地适应科技发展的变革。

（一）"智创课堂"的实践与操作

"智创课堂"通过实际的项目、案例和活动，让儿童亲身参与，注重实践与

---

① 中华人民共和国教育部. 义务教育信息科技课程标准（2022 年版）［S］. 北京：北京师范大学出版社，2022：12.

　　　　学科课程与学科实践的整合设计

操作，使所学知识得以巩固和应用，这有助于培养儿童的动手能力和实际解决问题的经验。"智创课堂"还强调跨学科融合，将信息科技与其他学科结合起来，使儿童在学习和使用信息科技的同时，也能够融合数学、语文、科学等学科的内容，促进知识的综合运用。例如，设计一个"数字故事创作"项目，儿童需要结合数学概念、编程技能和创意写作，创作一个结构完整的数字故事。儿童不仅需要运用 Scratch 等编程工具实现故事情节的互动，还需在故事中融入数学问题，激发儿童对数学的兴趣。

在"智创课堂"中引入项目式教学方法，采用互动式、合作式的学习方法，鼓励儿童参与实际问题解决，激发儿童学习兴趣，培养团队协作和创新思维，同时也能够为儿童提供适度的自主学习空间。例如，在实施"小小程序员团队项目"时，让儿童分成小组，每个小组负责设计一个简单的计算机程序，如小游戏或动画。通过团队合作，儿童将学到的编程知识应用到实际项目中，并在最后的展示中分享他们的创作成果。

构建"智创课堂"时，要确保课堂配备必要的信息技术设备，利用计算机、互联网，以及适当的软硬件工具，支持儿童的实际操作，使儿童能够更好地应用科技知识。例如，在"数字故事创作"项目中，儿童可以使用 Scratch 等图形化编程工具，这样可以降低学习门槛，让更多儿童能够快速上手，并专注于创意表达而非编程语法。

（二）"智创课堂"的评价要点

《义务教育信息科技课程标准（2022 年版）》指出："要树立正确的评价观念，坚持以评促教、以评促学，体现'教—学—评'一致性。要引导教学落实立德树人根本任务，践行社会主义核心价值观；引导教学顺应时代发展、技术创新和社会变革，推进教与学方式改革，着力发展儿童核心素养。"[①]

通过课堂评价，可以了解儿童在智创科技课程中的学习成果。这包括他们在课堂中掌握的知识、掌握的技能，以及能够应用这些知识和技能解决实际问题的能力。通过评估儿童在课堂上的参与度、学习兴趣、学科表现等方面，可以指导

---

① 中华人民共和国教育部. 义务教育信息科技课程标准（2022 年版）［S］. 北京：北京师范大学出版社，2022：48.

教师进行课程调整，优化教学策略，增加教学效果。发现儿童的兴趣点，教师可以更好地设计课程内容，激发儿童对科技的热情，培养他们对科技领域的长久兴趣。

在"智创课堂"中，教师要结合日常表现、项目作业、课堂参与等多个方面进行评价，注重儿童的思维过程和实际应用能力。例如，在"小小程序员团队项目"中，评价不仅包括最终项目的完成情况，还关注儿童在小组中的角色扮演、团队合作以及对同学提出建议的能力，以全面评估其综合素养。

二、组织"智创社团"，促进儿童创新实践

"智创社团"可以设立各类智能科技相关的主题，以满足儿童多样化的兴趣。通过不同主题的社团，帮助儿童找到自己感兴趣的领域，激发学习的主动性。社团活动的内容可以包括编程设计、科技创新竞赛、数码制作、网站建设等多种形式，让儿童能够在实践中掌握信息技术的应用和创新能力。

（一）"智创社团"的实践与操作

"智创社团"需要针对儿童的兴趣和学科特长，设立多元化的社团主题，如编程社团、机器人社团、数字艺术社团等。设立"编程小达人社团"，以培养儿童的编程技能为主题，在此社团中，儿童可以将学到的编程知识应用于小型项目，编写简单的游戏或应用程序。确立好主题后，教师可以依据主题设计项目任务，鼓励儿童合作完成，增强儿童的能力。在"机器人创客社团"中，儿童可以共同设计和搭建一个小型机器人，然后编写程序实现特定功能，如避障、跟随等。这样的项目实践将锻炼儿童的团队协作和创新思维。

在"智创社团"中，要给儿童提供展示成果的机会，培养他们的表达和沟通能力，同时激发对信息科技的兴趣。可以定期组织社团成员进行项目成果展示，并鼓励儿童参与校内外的创意比赛。例如，在学校内，举办"智慧科技创意展"，让"智创社团"的儿童将他们的项目展示给学校师生。

（二）"智创社团"的评价要点

"智创社团"的评价从儿童的信息素养、创造性问题解决能力、智慧的信息科技应用、项目实践成果、创意展示与分享、社区服务与责任感和创意比赛参与

几方面进行，全面了解儿童表现情况，提升儿童在科技创新和实践领域的参与度和表现。旨在深入了解儿童在社团中的团队协作、创新项目实施和科技竞赛中的表现。这种评价不仅关注儿童在社团中的个体发展，更注重培养团队合作、领导力和解决实际问题的综合能力。具体内容如表8-7所示。

表8-7 "智创社团"评价表

评价要点	评价内容	评价方法	具体实例
信息素养	儿童在项目中获取信息的能力、对信息的分析和处理水平、对伦理和安全问题的考虑。	观察儿童在项目中的信息搜索和利用情况，结合小组讨论，评估儿童在项目中对信息伦理和安全的关注程度。	儿童通过小组合作，利用互联网搜集关于人工智能的信息，并在小组讨论中分享彼此的信息，评价其信息搜索和分享的质量。
创造性问题解决能力	儿童在解决问题中的创新性思维、团队协作和沟通能力、对复杂问题的分析和解决方案设计。	通过观察儿童在项目中的角色扮演、小组讨论和实际问题解决过程，结合项目成果评估创新性和团队合作能力。	儿童在小组内模拟公司团队，共同制订并实施一个人工智能应用的项目计划，评价其在团队中的协作和创新能力。
智慧的信息科技应用	儿童对信息技术原理的理解、实际项目中的信息技术应用水平、对新兴科技的关注。	结合导师的指导和观察儿童在项目中的实际应用情况，通过儿童的项目展示和反思报告评估其信息技术应用能力。	儿童使用编程工具（如Scratch）设计一个简单的人工智能应用，通过展示和报告，评价其对信息技术原理的理解和应用水平。
项目实践成果	儿童在项目中的任务分工和贡献、项目的创新性和实用性、团队整体执行能力。	结合项目计划和实际执行情况，通过小组评价和导师反馈，评估儿童在项目中的表现和整体成果。	儿童设计并实施一个人工智能教育应用，通过小组内部和导师的评价，确定每个成员在项目中的具体贡献和团队整体的表现。
创意展示与分享	儿童在展示中的表达能力、对观众提问的回应能力、展示内容的创意度。	观察儿童在展示中的表现，结合观众提问和评审小组的反馈，评价其表达能力和展示内容的创意度。	儿童通过展示介绍其人工智能教育应用的设计理念、功能和实际效果，观察其表达方式和回应观众问题的能力。
社区服务与责任感	儿童在社区服务项目中的参与度和贡献、对社会问题的关注、团队与社区的互动。	结合社区服务项目计划和实施情况，通过社区反馈和儿童的自我评价，评估儿童在服务中的参与度和责任感。	儿童通过设计一个面向社区的人工智能解决方案，参与社区活动并得到社区居民的反馈，评价其在社区服务中的实际效果和责任感。

评价要点	评价内容	评价方法	具体实例
创意比赛参与	儿童在创意比赛中的参与度和表现、项目创新性和适应比赛规则的能力。	结合创意比赛的评审意见和儿童的自我反思，评估其在比赛中的表现和项目的创新性。	儿童通过参与一个人工智能创意比赛，根据比赛评审和儿童反思，评价其在比赛中的创意发挥和比赛规则的遵守。

三、开展"智创研学"，增强科技知识在实际场景中的应用能力

研学旅行是小学信息科技教育的一种有效方式。通过参观科技企业、科技馆等机构，儿童可以深入了解信息技术的应用领域和发展趋势，同时也能够感受信息技术的魅力和实用性。

（一）"智创研学"的实践与操作

"智创研学"可以组织儿童参观本地或国内的科技企业，了解科技企业的发展历程、产品展示和研发过程；可以组织儿童参观科技展览，了解最新的科技产品和应用，拓宽儿童的科技知识面；还可以带领儿童进行科技实地考察和实践活动，如生态考察、实验探究等，增强儿童的实践能力。

（二）"智创研学"的评价要点

全面了解和推动儿童，通过实地考察、科技企业参观以及科技展览等形式，深入了解科技领域的最新发展和应用。旨在了解儿童在研学活动中的参与态度、学习收获以及实践能力的增强情况。这种评价不仅关注儿童对科技企业和科技展览的认识，更强调培养儿童的实际应用能力、科技素养和对科技领域的全面理解。

"智创研学"要求儿童在研学活动后撰写学习报告，对所参观和考察的科技企业或展览进行总结和评价。当然，还要评价儿童在研学活动中的参与态度和学习收获，包括是否积极参与、能否获得新的知识和体验等。最后，通过实地考察和实践活动，评估儿童的实践能力和动手能力的增强情况。

四、举办"智创科技节",推动学科实践和课堂理论的有机结合

"智创科技节"是面向全体儿童,通过创意、科技、信息技术等方面的展示与体验,激发儿童的兴趣与探索欲望,全面培养儿童的信息素养、创造性问题解决能力和智慧的信息科技应用能力,推动学校创新文化建设,为儿童提供更广阔的未来发展空间。

(一)"智创科技节"的实践与操作

"智创科技节"的举办需要先确定主题和内容,包括科技展示、科技竞赛、科技讲座等。鼓励儿童积极参与"智创科技节"的筹备和组织工作,与教师和其他专业人士进行面对面交流,获得专业意见和指导,增强儿童的组织能力和领导力。

(二)"智创科技节"的评价要点

为确保"智创科技节"活动的顺利开展和科技创新水平的提高,制定明确的评价标准至关重要,如表8-8所示。

表8-8 "智创科技节"评价表

评价标准	评价内容	分值	示 例
科技创新项目	创意性	40分	项目是否具有独创性、新颖性,是否能够引起观众兴趣。
	实用性与应用价值	30分	项目解决了实际问题吗?是否有潜在的实际应用价值。
	技术难度	20分	项目的技术难度是否体现了儿童在相关领域的深入学习和应用。
	展示效果	10分	项目展示的方式是否生动、清晰,能否有效地传递项目的信息。
团队协作与沟通能力	团队合作	40分	团队成员是否紧密合作,共同完成项目,是否分工明确,各司其职。
	沟通技能	30分	儿童在展示项目时是否能够清晰表达自己的观点,是否能够回答评审团的问题。

评价标准	评价内容	分值	示　　例
团队协作与沟通能力	解决问题的能力	20分	在项目遇到困难时，团队是否能够迅速调整计划并解决问题。
	主动参与	10分	是否有团队成员积极参与策划、展示和评价环节。
专业评审团	专业知识	40分	评审团成员是否具备与项目相关的专业知识，能够准确理解和评估项目。
	公正与客观	30分	评审团成员是否公正、客观地对待每个项目，不受主观偏见影响评分。
	对儿童鼓励与引导	20分	评审团是否在评价的同时能够给予儿童鼓励和有益的建议。
	评价标准是否明确	10分	评审团是否在评价过程中使用了清晰、明确的标准。
活动组织与执行	策划与组织	40分	活动策划团队是否有明确的活动方案，组织是否周密、合理。
	活动执行	30分	活动执行过程中是否有高效的协调，是否有应对突发情况的应变能力。
	观众参与度	20分	活动是否能够吸引观众积极参与，达到预期的社区效应。
	媒体宣传效果	10分	活动的宣传效果如何，是否通过各种媒体有效传达了活动信息。
儿童和社区反馈	儿童满意度	50分	儿童对活动的满意度如何。是否有积极的参与和反馈。
	家长反馈	30分	儿童家长对活动的反馈如何，是否有积极的参与和期待。
	改进建议	20分	儿童和家长是否提出了对活动改进的建议，是否值得借鉴。

五、策划"智创赛事"，提供学科实践和理论学习深层次结合的机会

智创赛事是为儿童提供参与科技竞赛和挑战的平台。在"智创赛事"中，儿童可以运用所学的智创科技知识和技能，与其他儿童进行切磋和竞争。让儿童在

实践中掌握信息技术的应用和创新能力，同时也能够培养儿童的自主学习能力和终身学习意识。

（一）"智创赛事"的实践与操作

通过"智创赛事"的实施，全面培养儿童的信息素养、创造性思维和解决问题的能力，使其在信息科技领域更为全面、深入地发展。

在此活动中，要致力于培养儿童的信息素养，使其具备信息获取、处理和利用的基本能力。例如，赛事的主题和项目设计应注重引导儿童运用信息科技手段解决实际问题，促使他们主动获取和分析信息。

创办这个活动旨在激发儿童的创造性思维，培养其独立思考和解决问题的能力。例如，赛事项目的设置要具有启发性，鼓励儿童提出创新点子，挑战传统思维，培养他们勇于尝试新方法的勇气。

通过"智创赛事"的实施，儿童能够在解决实际问题的过程中培养问题分析和解决的能力。例如，赛事中的项目设置要能够让儿童面对复杂问题，通过合作、实践和反思逐步解决问题，培养其问题解决的综合能力。

教师需要不断引导儿童理解信息科技的智慧应用，使其具备运用科技手段解决实际问题的能力。例如，赛事项目应涉及信息技术的创新应用，让儿童能够在实践中体验科技的魅力，同时理解科技对社会发展的积极影响。

儿童在活动中通过团队合作的方式，培养儿童的协作和沟通技能，让他们能够在团队中有效地分工合作。例如，赛事中的项目设计鼓励儿童组成团队，每个团队成员在项目中扮演不同的角色，培养其协同工作的经验。

当然，还要鼓励儿童积极参与创新型科技项目，培养他们对科技创新的兴趣和热情。赛事的设置要能够引导儿童深入了解科技前沿，激发他们对科技创新的好奇心，并给予他们展示成果的机会。

（二）"智创赛事"的评价要点

为"智创赛事"设置多元化评价标准具有重要的意义。这不仅有助于全面评估儿童的创新项目，更能激发儿童在多方面的发展，包括创意性、团队协作、社会影响力等。通过考量不同层面的素养和能力，多元化评价标准提供了更全面、客观、公正的评估体系，促使儿童在信息科技领域展现多元化的潜能，培养综合素养，推动创新教育的深入发展。具体评价标准如表 8-9 所示。

表 8-9　"智创赛事"评价表

评价标准	分值	定　义	评价依据
创意性	15 分	项目是否具有独创性、新颖性，是否能够引起观众兴趣。	项目解决方案是否在某方面有创新的设计，是否展现了儿童独特的思考和创造性。
实用性与应用价值	10 分	项目解决了实际问题吗？是否有潜在的实际应用价值。	评估项目对实际问题的解决效果，以及其对社会、环境等方面的潜在应用价值。
技术难度	5 分	项目的技术难度是否体现了儿童在相关领域的深入学习和应用。	评估项目所涉及的技术难点，儿童是否克服了挑战，展示了在信息科技领域的技术能力。
团队合作	10 分	团队成员是否紧密合作，共同完成项目。是否分工明确，各司其职。	评估团队成员之间的合作默契，团队是否有明确的组织结构和协作方式。
沟通技能	10 分	儿童在展示项目时是否能够清晰表达自己的观点，是否能够回答评审团的问题。	评估儿童在展示和答辩过程中的语言表达能力、逻辑思维能力以及对项目的深入理解。
解决问题的能力	15 分	在项目遇到困难时，团队是否能够迅速调整计划并解决问题。	评估儿童在项目开发过程中面对问题时的反应和解决能力，包括灵活应对变化的能力。
专业知识	5 分	评审团成员是否具备与项目相关的专业知识，能够准确理解和评估项目。	评估评审团对项目所涉及领域的专业了解程度，确保评审的专业性和准确性。
社会影响	5 分	评估项目的社会影响力，是否能够对社会、环境等方面产生积极影响。	考察项目的可持续性、社会责任感，以及其对社区和社会的潜在贡献。
学科兴趣与探究	5 分	赛事是否能够激发儿童对信息科技学科的兴趣，是否促使他们深入学习和探究。	考察儿童在项目中表现出的学科兴趣，以及是否有继续深入学习的意愿。
展示效果	20 分	项目展示的方式是否生动、清晰，能否有效地传递项目的信息。	考察儿童在展示中使用的多媒体、图表等手段，以及展示效果对观众的吸引程度。

　　通过以上多元化的评价标准，能够全面而有深度地评估"智创赛事"中儿童的表现，促进其在信息科技领域的全面发展。

第五节　智慧管理，做好课程领航人

在今日这个信息爆炸、知识更新日新月异的时代，教育者们肩负着前所未有的重任。作为课程领航人，教师不仅要具备深厚的学科知识，更要有前瞻性的眼光和创新的思维，来应对不断变化的教育环境。智慧管理，正是教师做好课程领航人的关键所在。

智慧管理意味着教师需要善于运用现代科技手段。在数字化、智能化的时代背景下，教师可以通过各种教育软件、在线平台等工具，实现资源的共享、优化和个性化推送。这不仅能让教师的教学内容更加丰富多元，还能满足不同学生的学习需求，增加教学效果。

智慧管理也要求教师具备数据分析和处理能力。通过收集学生的学习数据、行为数据等，教师可以更准确地了解学生的学习情况，发现存在的问题，并及时调整教学策略。同时，这些数据也能为教师提供宝贵的反馈，帮助教师不断完善课程设计，提高教学质量。

智慧管理还需要教师注重团队协作和沟通。作为课程领航人，教师需要与同事、家长、学生等多方进行有效沟通，共同推动课程的发展。通过团队协作，教师可以集思广益，共同解决教学中的难题，提升整个团队的教学水平。

智慧管理更是一种理念和态度。它要求教师不断学习、不断进步，始终保持对教育事业的热情和初心。只有这样，教师才能做好课程领航人，为学生指引前行的方向，为他们的未来奠定坚实的基础。

在未来的教育道路上，让教师携手共进，用智慧管理点亮教育的明灯，为学生的成长和发展贡献教师的力量。正如本章开头所述，教师在课程变革过程中的作用是至关重要的。斯滕豪斯认为，课程变革是一个持续研究的过程。教师把课堂当作实验室，把自身作为研究者，能够更好地理解自己的课堂，审视、反思和研究发展的计划，不断修正、改进、发展课程，建立研究者和学习者相结合的教师成长模式。

综上所述，我校开展的"智创科技"是以构建"智创课堂"，组织"智创社团"，开展"智创研学"，举办"智创科技节"，策划"智创赛事"等五个方面进行的课程实施。"智创科技"是以培养儿童的数字素养为基础，进而培养儿童创造性问题解决能力及智慧的信息科技课程。

（本章主执笔人：昆山市花桥金城小学　江聪颖）

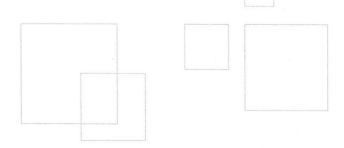

后　记

　　昆山市花桥金城小学始建于 2020 年 9 月，作为学校的第一任书记、校长，我万分荣幸，同时倍感责任重大。到底要办一所怎样的学校呢？带着思考，我提出"办一所有品、有光、有活力的新样态学校"这一办学愿景，那么如何让这一愿景成为现实呢？我想，这需要整体部署，做好顶层设计，有序有效推进。我们在做好学校发展规划的基础上，开展新课改背景下的学校课程建设与教学研究，促进教师专业成长。

　　2023 年 2 月，我们成立了学科课程建设团队，每个学科由 1 位学科负责人和若干位骨干教师组成研究团队，引领学校学科课程建设与学科教学研究。团队在上海市教育科学研究院普通教育研究所专家团队的引领下，不断更新教育理念，掌握研究的逻辑和方法，让老师们具有主动探究的能力。在团队的共同努力下，完成了《昆山市花桥金城小学整体课程规划》和八个特色学科建设方案。各学科的老师们依据学科课程方案，有效落实学科实践，形成金城小学的学科课程特色，促进了师生的共同成长，加速了学校的内涵发展。

　　结合理论与实践，我们提炼了学科课程与学科实践整合设计的八个关键，在上海市教育科学研究院普通教育研究所专家团队的悉心指导下完成了《学科课程与学科实践的整合设计》一书。本书是我们学校团队集体智慧的结晶：前言，王凤芳；第一章，王凤芳；第二章，张寻；第三章，何静珠；第四章，姜晓成；第五章，许月红；第六章，嵇铭华；第七章，顾宇涛；第八章，江聪颖。书中列举了八个特色学科建设方案，分别是由王凤芳、许月红、江聪颖、蒋蕴颖、曹羽柔、阮紫薇、倪如玉撰写的《明亮语文：用语言照亮精神世界》，由姜晓成、顾宇涛、杜宇倩、唐建辉、叶莹莹撰写的《情智数学：进入情智共生的数学世界》，由嵇铭华、郭咪、方祎、邵飒、罗小华撰写的《活力英语：让生命元气满满》，由张寻、张韵茹、康玲玲、邵倩撰写的《大美音乐：用旋律之美浸润心灵》，由李维、陈晨、窦泽方、郑静远撰写的《乐智体育：让儿童在快乐世界中智慧生长》，由孙启政、季小枫、陆锦文、陈君撰写的《童韵美术：走进富有儿童味的色彩世界》，由程佳陈、杨良姣、龚婷撰写的《磁性科学：让儿童走进富有吸引力的科学世界》，由陈伊杰、高子娟撰写的《智创科技：用创新的思维打开科技新大门》。

感谢上海市教育科学研究院普通教育研究所专家团队给予的悉心指导和热情鼓励，感谢华东师范大学出版社编辑对本书成稿的倾力相助，是他们使本书如此及时、如此精致地呈现在读者面前。

金城小学是一所年轻的学校，我们经历了规范稳定、优质均衡、特色发展的成长之路，彰显了一所新办学校的教育活力。"金色童年，快乐城堡"是全体金城人对学校的昵称，每一位学生在这里度过自己美好的童年，每一位教师在这里成就自己美好的事业。未来，全体金城人必将继续秉承"明于道亮于行"的校训，务实创新、明亮前行⋯⋯

王凤芳

2024 年 11 月 4 日于昆山市花桥金城小学

"品质课程" 阅读书目

学校整体课程规划 18 问
学校整体课程规划的七个关键
学校整体课程规划

课程治理现代化丛书

阳光阅读的校本设计与特色创建
CIM 课程：创客教育的要素设计与实践探索
高品质学校课程体系
个性化学校课程体系
家校共育的 20 个实践模式
进阶式生涯教育
跨学科学习创意设计
美术特色课程设计与实施
体育，让儿童嗨起来：悦动体育课程的设计与实施
小剧场学校：激活戏剧课程的育人价值
小课题探究：激活学习方式
小切口课程设计：劳动教育的创意实施

新质课程文化丛书

实践性学习的七重逻辑
面向每一个生命的课程
多模态学科实践
大规模因材施教的课程模式
为未来而学：未来课程的校本建构与深度实施
面向每一个学习者的课程设计
可感的学习经历：习性教育课程体系探索
单元课程要素统整与深度实施
具身学习与课程育人
把学生放在心上：学校课程变革之道

课程治理新范式丛书

以学生为中心的教育治理
实践型学科课程设计与实施
共享式课程治理：集团化办学的课程治理方略
高具身性课程实施：路径、策略与方法
幼儿园课程平衡的九个维度
学科课程与学科实践的整合设计

特色学校聚焦丛书

让个性自然发荣滋长："引发教育"的理论寻源与实践探索

面向每一个生命的教育
让每一个生命澄澈明亮："小水滴"课程的旨趣与创意
新劳动教育：时代意蕴与实践创新
自信教育与个性生长
好学校的精神特质
教育，让个性舒展："有氧教育"的模样与姿态
唤醒教育：触发生命的感动
生命的颜色与教育的意蕴
人格教育的四个关键点
做精神澄澈的教师
做精神富足的教师

特色课程建设丛书

幼儿园特色课程的框架与实施
课程是鲜活的："大视野课程"的旨趣与活性
指向核心素养培育的学校课程图谱
让儿童生活在美的世界里：幼儿园全景美育的课程探索
核心素养与学习需求：学校课程建设导引
儿童自然探索课程
幼儿园视觉艺术创意活动设计与实施
连续性课程：特色课程发展的实践探索
幼儿园户外艺术创想活动设计与实施

课堂教学新样态丛书

课堂，与美最近的距离：基于学科核心素养的课堂教学变革
协同教学：意蕴与智慧
决胜课堂 28 招
一百个孩子，一百个世界：基于差异的教学变革
课堂如诗："雅美课堂"的姿态
在教室里眺望世界：基于 BYOD 的教学方式变革
课堂教学的资源设计与方式变革
境脉教学的实践范式与创意设计
任务驱动与学科实践
课堂教学的智慧属性与意义增值："灵动课堂"的六个关键词
如溪语文：诗意流淌的语文教育
I-DO 学习模式的创意与实践

"一校一策"课程体系建设丛书

课程坐标及其应用：教师专业视角
"一校一策"课程规划
"一校一策"课程实施